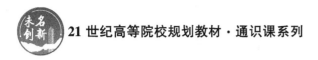21 世纪高等院校规划教材·通识课系列

创新写作教程

主　编　袁学敏　蒋秀碧
主　审　胥　刚

图书在版编目(CIP)数据

创新写作教程/袁学敏,蒋秀碧主编.—北京:北京大学出版社,2014.11
(全国高等院校规划教材·通识课系列)
ISBN 978-7-301-24992-5

Ⅰ.①创… Ⅱ.①袁… ②蒋… Ⅲ.①汉语—写作—高等学校—教材
Ⅳ.①H15

中国版本图书馆 CIP 数据核字(2014)第 232183 号

书　　　名：创新写作教程
著作责任者：袁学敏　蒋秀碧　主编
策 划 编 辑：桂　春
责 任 编 辑：王　莹
标 准 书 号：ISBN 978-7-301-24992-5/I·2826
出 版 发 行：北京大学出版社
地　　　址：北京市海淀区成府路 205 号　100871
网　　　址：http://www.pup.cn　新浪官方微博:@北京大学出版社
电 子 信 箱：zyjy@pup.cn
电　　　话：邮购部 62752015　发行部 62750672　编辑部 62756923　出版部 62754962
印 刷 者：北京虎彩文化传播有限公司
经 销 者：新华书店
　　　　　　787 毫米×1092 毫米　16 开本　18.5 印张　425 千字
　　　　　　2014 年 11 月第 1 版　2021 年 8 月第 3 次印刷
定　　　价：42.00 元

未经许可,不得以任何方式复制或抄袭本书之部分或全部内容。
版权所有,侵权必究
举报电话:010-62752024　电子信箱:fd@pup.pku.edu.cn

编 委 会

主　编　袁学敏　蒋秀碧
副主编　吴军华　张　琳　王一茹　赵　艳　田茂东
编　委　袁学敏　蒋秀碧　吴军华　张　琳　王一茹　田茂东
　　　　赵　艳　方青松　孔　凯

前 言

写作是人们运用书面语言进行的一种创造性的活动。自古以来,人们为把自己对自然现象、社会生活的认识成果用于当时,传之后世,坚持不懈地探索写作文章的理论,同时给后人留下了许多极为丰硕的文章遗产。可以这样说,写作是人类自身发展的需要。没有写作,便没有历史,没有文章,便没有今日的文明世界。

编写组立足于服务社会,从社会发展和生产实践的实际需要、从应用型人才培养的实际需要出发,将文学写作和应用写作结合起来,编写了本书。本教材既建立了理论教学和实践教学并重的教学方法体系,又为社会各界提供了各类文书的写作参考,实现为社会服务的目的。

本书编写的原则是突出科学性、实用性、创新性以及学生能力的培养。本书可用于高校基础写作的教学和应用文写作的教学,还可供有需要的社会人士参考。

本书编写的特点有如下几个方面。

1. 体系完整,涵盖面广,难易适中,实用性强。

2. 设计有文章赏析。文章赏析是本书的亮点,目的是借鉴他人的写作经验,进一步强化写作理论,培养欣赏能力,促进理论向能力的转化。

3. 着重培养写作方法。本书特别注重指导学生参照例文进行初步的写作实训的尝试,在每章后均附有实训项目,帮助学生练习各种写作方法。

本书的编写分工如下。

绪　论(袁学敏)

上　编　文学写作

　第一章　诗歌写作(袁学敏)

　第二章　散文写作(蒋秀碧)

　第三章　小说写作(田茂东)

　第四章　其他文体写作

　　第一节　新闻写作(方青松)

　　第二节　报告文学(袁学敏)

　　第三节　学术论文(袁学敏)

　　第四节　网络写作(方青松)

下　编　应用文写作

　第五章　公文 (吴军华)

第六章　事务文书
　　第一节　事务文书概述(袁学敏)
　　第二节　计划　总结(赵艳)
　　第三节　简报　规章(赵艳)
　　第四节　调查报告(蒋秀碧)
　　第五节　其他事务文书(赵艳,袁学敏)
第七章　生活应用文书(袁学敏)
　　第一节　自荐信　个人简介(袁学敏)
　　第二节　其他生活文书(赵艳);实训（袁学敏)
第八章　经济文书(孔凯)
第九章　法律文书（王一茹)
第十章　申论(张琳)

　　本书希望通过系统介绍,将理论与实践结合起来,提高写作者的阅读、欣赏与写作能力,帮助他们独立写出观点正确、中心突出、思想健康、结构合理、语言畅达的文章,以适应将来工作的需要。

袁学敏
2014 年 7 月

目 录

绪 论 ………………………………………………………………… (001)
 第一节 写作基本理论 ………………………………………… (001)
 第二节 写作的基本步骤 ……………………………………… (003)

上编 文学写作

第一章 诗歌写作 ……………………………………………… (015)
 第一节 诗歌概述 ……………………………………………… (015)
 第二节 诗歌鉴赏 ……………………………………………… (032)
 第三节 鉴赏案例 ……………………………………………… (040)
 第四节 诗歌写作 ……………………………………………… (049)
 实 训 …………………………………………………………… (052)

第二章 散文写作 ……………………………………………… (054)
 第一节 散文概述 ……………………………………………… (054)
 第二节 散文鉴赏 ……………………………………………… (070)
 第三节 散文写作 ……………………………………………… (082)
 实 训 …………………………………………………………… (088)

第三章 小说写作 ……………………………………………… (091)
 第一节 小说概述 ……………………………………………… (091)
 第二节 小说鉴赏 ……………………………………………… (095)
 第三节 小说创作 ……………………………………………… (101)
 实 训 …………………………………………………………… (106)

第四章 其他文体写作 ………………………………………… (107)
 第一节 新闻写作 ……………………………………………… (107)
 第二节 报告文学 ……………………………………………… (118)
 第三节 学术论文 ……………………………………………… (122)
 第四节 网络写作 ……………………………………………… (133)
 实 训 …………………………………………………………… (137)

下编　应用文写作

第五章　公　文 (141)
 第一节　公文概述 (141)
 第二节　请示　报告　批复 (148)
 第三节　通告　通报　通知 (153)
 第四节　公告　决定 (158)
 第五节　其他常用公文 (161)
 实　训 (167)

第六章　事务文书 (169)
 第一节　事务文书概述 (169)
 第二节　计划　总结 (170)
 第三节　简报　规章 (176)
 第四节　调查报告 (190)
 第五节　其他事务文书 (199)
 实　训 (211)

第七章　生活应用文书 (213)
 第一节　自荐信　个人简介 (213)
 第二节　其他生活文书 (215)
 实　训 (219)

第八章　经济文书 (220)
 第一节　招标书　投标书 (220)
 第二节　产品说明书 (223)
 第三节　导游词 (224)
 实　训 (226)

第九章　法律文书 (227)
 第一节　法律文书概述 (227)
 第二节　常用民事诉讼法律文书 (230)
 第三节　常用非诉法律文书 (235)
 实　训 (251)

第十章　申　论 (252)
 第一节　申论基础理论 (252)
 第二节　申论的构成及相应的准备 (255)

第三节　申论各基本题型的写作要求 …………………………………（259）
　　实　训 ……………………………………………………………………（267）
附　录　党政机关公文格式 ………………………………………………（273）
参考文献 …………………………………………………………………………（285）

绪 论

第一节　写作基本理论

一、关于写作

（一）写作的概念

写作就是通过复杂的思维活动,运用语言文字符号,以规范的形式,将人们对客观世界的某种认识(包括思想、情感、主张)表达出来,写成文章。

写作换言之,就是写稿子,制作文章。文章,包括文学作品和非文学作品。写作是以文字为媒介,进行思维活动和心理活动,并将其成果有序化、篇章化地表达出来,传递给读者,以引起他们的共鸣与反应的一种活动和过程,是思维的深入化、周密化、物化成形的复杂过程。

可见,写作既是一种语言运用现象,更是一种心理现象、思维现象;是思想、感情、知识等信息的发生和形成,也是思想、感情、知识等信息的表达、表现。其本质问题是认识和感受问题、表述问题。

因此,在研究和训练"写"的同时,要更加深入地研究和训练认识、感受、思维、心理,更加准确地揭示和把握认识、感受与表达、表现的辩证关系和相互转化,是一种动态的行为过程,也就是用语言符号创造精神产品文化传承过程,是民族的记载,同时为人类所共享。

（二）写作的基本特点

(1) 个体性。如个人的思维、才华、认识、观念等。每个人的写作能力和水平,是有差异的。

(2) 创造性。如灵感运用。

(3) 综合性。如主观、客观条件。

(4) 实践性。如目的。写作总是为了表达某种感受、思想、主张,或是反映某种事物、事理。

（三）写作的构成

写作活动由主体、客体、载体和受体四大系统构成。

主体,即作者。在整个写作活动过程中,写什么、怎么写、写得怎么样,主体始终处于主导和统领地位。

客体,即被写作的对象。包括客观的生活、形象的事物和抽象的事理等。主、客体之间是相互作用的。

载体,是主体思维结果的物化形式,即有一定的篇章结构的书面语言形态。

受体,即读者。读者接受了文章所传达的信息,产生各种共鸣反应,并将其反馈给主体,进一步影响主客体的相互作用和文章的再制作,或者创作。

（四）写作在现代社会的作用

(1) 写作是进行科学文化、知识传播的手段。

(2) 写作是宣传教育的工具。

(3) 写作是教师、新闻工作者的一项必备技能。

二、写作的规律

（一）写作的规律

写作的规律是构成写作活动的诸因素之间的本质联系。写作的根本规律是"物—意—文"的双重转化。社会生活是写作的基础,社会活动、情感体验都可以通过符号表述。明代宋濂云:"感事触物,必形于言,有不能自已也。"

总之,写作活动源于生活实践,写作主体是"瞻万物而思纷"的,是"登山则情满于山,观海则意溢于海"的,也就是说,因"物"而得"意"。任何一篇文章或作品的诞生都需要经由"物"到"意"再由"意"到"文"的双重转化(如图所示)。

从"物"到"意"的转化为第一重转化,从"意"到"文"的转化为第二重转化。这条写作的规律的关键,就在于"转化"。

（二）写作的过程

人们在长期的写作实践中,不断地摸索、探讨,总结出了写作的基本规律,那就是"采集—构思—表述"的动态规律,即"物—意—文"的双重转化规律。

1. 采集阶段

某种感受与理解相融合的状况会引发作者的写作冲动,进而明确写作目的。

采集阶段主要是获取写作素材,引发写作欲望,明确写作目的。

2. 构思阶段

这一阶段是主客体相互作用、相互影响、相互交融的继续发展。

在这一阶段中,作者在写作目的的驱动下,依靠大脑的机制,调动智力和非智力因素,对积累的材料进行分析、综合、加工、改造、提炼,从而产生新的观念、意象。在此基础上,进一步选择材料、提炼主题、理顺思路、选择表现的方法和技巧,在心灵的屏幕上绘制出文章的蓝图,形成文章的胚胎。

一方面,映入作者头脑中的客观事物的外在特征和内在本质,以及作者对它们的认识、感受和体验,不断地激活作者的记忆、想象和联想。

另一方面,作者凭借自己的观念、情感、意志和个性对客体进行分析、综合、联系和推导,产生新的情思和意象,提炼主题,选择合适的材料,理顺思路,经过心营意造,孕育出文章的胚胎,构设出文章的蓝图。

从采集到构思的过程,也就是由物到意的转化过程。

3. 表述阶段

表述阶段,就是通过载体形式即语言文字的排列、组合和编码,把构思的成果物化成形,使其凝集成写作成品——文章。

如果说构思是借助于内部语言进行的,其成果是存在于主体心理深层的一种精神形态的话,它的意义只有主体自己知道,必须借助于一定的载体形式才能使众人知晓。即将内部语言表现为书面语言形态。因此,对其成果的表述要借助于外部语言。

表述阶段由构思到表述的动态过程,也就是由意到文的转化过程。

当然此过程是有阶段性的,其中包含着丰富、复杂的心理活动和心理反应,如感觉、知觉、情感、冲动、联想、想象、认知、理解、判断、逆转、反复、比较、推敲……就其思维方式看,有抽象思维、形象思维、灵感思维等。

就思维方法看,有线性思维、发散思维、侧向思维、逆向思维等,所运用的技巧也是多样化的,如正反、虚实、抑扬、曲直、开合、张弛、剪裁、组合、夸张、变形等。

表述阶段规律,古今中外皆有论述。

陆机在《文赋》中说:"恒患意不称物,文不逮意。盖非知之难,能之难也。"他从反面说明了"物—意—文"转化的规律。比陆机稍晚一些的刘勰在《文心雕龙·物色》中说:"情以物迁,辞以情发……写气图貌,既随物以宛转;属采附声,亦为心而徘徊。"他这里使用了"物—情—辞"的表述形式,认为作者的主观情意要随着客观外物而曲折变化,而文辞表现又要考虑表达主观情意的需要而推敲定夺,说的就是写作过程中的双重转化问题。

国外学者也有人论述了这一规律,如苏联学者阿·科瓦廖夫在《文学创作心理学》中认为:"创作过程不是别的,而是双重的变换过程。就是:第一,把外部刺激的能量变换成知觉的显示或现实的形象;第二,把形象变换成形象客观化、物质化的体现的文字描写。"

可见,这一艺术规律在中外也是相通的。

值得注意的是,艺术规律是相对的,并不是僵死的、直线的推进过程。

第二节　写作的基本步骤

一、写作准备——材料的储备与选用

(一) 关于材料

在文学写作中,材料(素材、题材)是一个复杂的问题。

根据不同的标准,材料可以分为:事实性材料、观念性材料、个别性材料、综合性材料、历史性材料、现实性材料。

1. 材料、素材、题材和资料的概念

（1）材料：是一个外延广泛的概念，是作者为了某一写作目的，从生活中搜集、摄取并写入文章的一系列事实和理论。

（2）素材：又称原始材料，原型材料，指作者从现实（包括历史的、现在的、未来的现实）生活中观察积累到的，还未加工处理，未写进文章的原始（或原型）材料，它有原始感性的、零乱无章的特点。

（3）题材：有广义和狭义之分。广义的题材，是指各艺术门类作品所描写（反映）的社会现象的某些方面。狭义的题材，是指构成一篇或一部、一幅艺术作品真实的生活现象。

题材具有典型性、概括性、艺术性的特点。

素材和题材的概念，一般在艺术创作范畴内使用，尤其用于文学艺术写作居多，而在其他写作活动中，如公务文书写作及政治、经济、军事、司法等方面的实用文体的写作活动时一般不使用素材、题材的概念。

（4）资料：一般指理论研究、应用写作所使用的材料，有的文学作品的材料也选用资料来写作。

文章是客观事物的反映，材料是文章的物质基础；材料与主题的关系，材料与文章形式的关系等，都是写作的基础问题。

2. 材料的种类

材料的种类很多，根据不同的划分标准对材料进行分类，可以分出多种不同类别。

根据材料的来源，可分为直接材料、间接材料、发展材料。

根据材料的特点，可分为事实材料、观念材料。

根据材料存在的时间，可分为历史材料、现实材料。

根据材料的性质，可分为正面材料、反面材料。

根据材料获得的情况，可分为第一手材料、转手材料。

（二）储材的途径与方式

（1）储材，即储存材料，亦即积累材料，是指在生活中广泛地搜集、占有材料的过程。

写文章是一个信息的输出，如果没有输入、储存，就没有条件输出，而储材实际上是一种信息的输入和信息的储存。如观察记录，生活札记，调查、采访结果笔记，读书笔记等，都是储材方式。

选材的原则：服从主题，文体，去粗取精（生动、新颖），鉴别材料的真假、典型与否。

（2）如何选材。

① 在结构方面，加强"适应性"。一是适应体裁的需要，二是适应读者的需要。如文学选材应注重形象性、感染性，议论文选材应注重真理性、权威性、概括性，说明文选材应注重选择有助于解释事物、事理特征的材料，新闻类选材应注重"时效性"与"真实性"。

② 在联系主旨方面,选择自己最熟悉、最动情、最理解、最具有意义的事物。一是材料数量的多少,二是表述材料的语言,两方面均需注意。

③ 对材料真实度的把握(根据作品类型)。应用文体中的公文、通用公务文书、法律文书、新闻文体、调查报告、工作研究、学术论文必须真实,而文学类作品可以虚构。在此,应注意历史文学类作品和游记类中的材料真假杂糅的问题。

二、关于立意

(一)立意的含义和在写作中的地位

1. 立意

立意即命意,指确立文章的主旨。作者对复杂多样的客观材料和主观情思,经过反复研究、提炼,抓住实质,把握特征,从而确立统贯文章内容的主要思想或感情,即是立意的实质。

非文学作品称之为"确立中心",文学作品则称之为"确立主题"。

叙事性文章,多显示意蕴和对生活的看法、评价;抒情性文章,抒发感情,呈现意境、情趣、哲理;议论文,阐明观点、主张;说明文,说明事物的性质、特征、原理;应用文,反映事实和写作目的、意图。

(1)立意的特点。

集中性,立意要集中体现文章的全部内容。

具体性,立意要让读者可以感受到。

有机性,立意要与材料、结构、语言的选择使用互相联系,使之和谐。

(2)立意的意义。

文以意为主。历代都把立意放在写作过程的首位。

立意是作者写作目的的集中表现。

2. 非文学作品的立意方法、要求

非文学作品的立意方法:

依写作意图而确立。如公文、法律文书、通用文书、商务文书。

在挖掘材料过程中确立。如调查报告,工作、学术研究,预测性报告,可行性分析等。

从时代关注的焦点问题出发,依时代性的社会需求而确立。如新闻报道、评论、宏观行为,诸如国策、富国之路、环保等方面显示舆论价值倾向和指导性的文章。

非文学作品的要求:

实际、单一、鲜明。至于是否正确,需要通过历史来检验。

3. 文学作品的立意方法、要求

文学作品的立意方法:

研究材料、由表及里、开挖取意。如鲁迅的《风筝》和契诃夫的《小公务员之死》。

调整角度,发现新的内涵。尤其对有多重性质的事物、人、理,作同中求异的思考。

以小见大、见微知著,通过引申、发挥,揭示具有普遍意义的主旨。如《背影》《一件小事》《麦琪的礼物》《项链》。

借物命意。即因物兴感,把自己主观的情思移置到物象上去。如《黍离》《桃夭》。

反映时代精神风貌。如当今和平、发展、民主、个性自由、正当权利、环保、宽容等思想观念,正当而且流行的、超前时代的思想观念。

文学作品的立意要求:

真实,符合客观规律,具有真实的评价及情感。

深刻,品位高低,涉及精神等级。

新颖,独创性。

含蓄,有回味,呈现出意蕴。

(二)审题与标题

审题的主要任务:对题目揣摩、审查、把握,涉及确定体裁、立意,确立材料取舍,确立语言、表现技法等。

标题种类:单行、双行、多行,小标题。

制作要求:确切、简洁、醒目。

三、结构、思路

(一)关于结构

1. 结构

结构是指文章内容的组织构造,是作者依据表意和审美目的,对材料进行有机的组合编排。

要求:(1)逻辑严谨。(2)浑然一体。(3)主次分明,完整统一。

2. 结构的基本原则

(1)正确反映客观事物的发展规律和内在联系。

(2)服从主题表达的需要。

(3)适应文体的要求。

(二)结构的基本内容

结构的类别大体有这样几项:(1)逻辑结构,(2)时空结构,(3)心理结构。因为文章的结构的基本关系就是层次顺序,即层次、段落、过渡、照应、开头、结尾,它体现了作者思路的条理性和严密性。

层次和段落:

逻辑层次清楚,段落分明,是对一篇文章的基本要求,层次和段落在文章中关系密切,但又有明显的区别。

(1)层次。

层次是文章思想内容表现次序的体现,即文章展开的步骤。

层次与段落不同,层次着眼于思想内容的划分,而段落则侧重于文字表达的需要。

叙述性文体层次常用的方法:

① 以时间的推移为序安排层次。

② 以空间转换为序安排层次。

③ 以时间为"经",以空间为"纬",采用纵横交叉的办法来安排层次。

④ 以作者的感情、认识发展的变化为序来安排层次。

这种布局要求情真意切,不可矫揉造作。

说理性文章层次:总分式,并列式(论证的材料是并行排列的),递进式(论证的材料各层次之间是逐层论证的)。

(2) 段落。

段落,亦称自然段,它是文章最基本的构成单位,代表作者思路发展的一个步骤,段落有明显"换行""空行"的标志。

划分段落的目的是为了把作者的思路有步骤地表达出来,帮助读者领会各层次的意思,掌握全文的思想内容。

划分段落的原则:

① 注意段落的单一性与完整性。

② 划分段落要根据内容长短适度。

③ 处理好段旨。

(3) 过渡与照应。

过渡:是指层次与层次,段落与段落之间的衔接和转换。

过渡主要起承上启下和标明插叙的起、讫点的作用,使文章自然流畅。主要形式有:① 过渡段,② 过渡句,③ 过渡词语。

照应:是指前后文的彼此配合和呼应。

照应安排得好,可以使文章前后连贯,首尾呼应,结构更加周密严谨。

(4) 开头和结尾。

一段文章都由开头、主体、结尾三大部分组成。古人以动物作比,把文章的开头比作动物的头,把主体比作动物的躯干,把结尾比作动物的尾巴,对这三部分的要求是:"凤头、猪肚、豹尾。"

① 开头。好的开头应具备四个条件:切题、新颖、简明、自然。

② 结尾。结尾历来是作者非常重视的,怎样才能写好文章的结尾呢?除了点题、新颖之外,还应简洁、含蓄,止于当止,含义深刻。

文章结尾的写法很多,常见的有:A. 总结全文,B. 展示未来,鼓舞斗志,C. 委婉含蓄,发人深省。

四、写作的几种基本表达方式与技巧

(一) 描写

1. 描写的概念

描写就是对人、事、物进行具体形象的描绘和刻画,它是记叙性文章最基本的表达方式之一。主要用于文艺性写作。

① 表现人物的外貌、言谈、举止和心理,刻画栩栩如生的人物形象。

② 表达人物活动,事件发展的背景和环境。

③ 表现事物的状态和特点。

2. 描写的种类

描写的种类,从不同的角度可有不同的划分。

(1) 从描写的角度来分:有直接描写和间接描写。

(2) 从描写的手法(风格)来分:有细描和白描。

① 细描:也叫"工笔",它像绘画中的工笔画一样,用细致逼真的笔法对描写的对象进行精雕细刻的描绘,使被描写对象的形态、特征生动逼真地再现出来,给读者以如闻其声、如见其形的感觉。

② 白描:白描一词是借用绘画方面的术语,原意是指用质朴、简洁的语言绘声绘色地对客观事物进行描绘的方法。

(3) 从描写的对象分:有人物描写、环境描写、细节描写以及场面描写等。

① 人物描写。

人物描写是刻画人物形象的主要手段,对人物的描写范围很广,包括肖像描写、语言描写、行动描写、心理描写等。

A. 肖像描写。

肖像描写,也叫外貌描写,来自绘画中的肖像画,即对人物的容貌、体态、神情、服饰等外部特征的描写。

B. 语言描写。

语言描写是通过描写人物的语言来表现人物的思想性格的方法。"言为心声",一个人讲话的内容和方式常常体现出一定的思想性格和心理状态,所以语言描写就成为刻画人物的重要手段之一。包括人物的独白和对话。

C. 行动描写。

行动描写是对人物行为动作的描写。

D. 心理描写。

心理描写是对人物在特定情境下的内心状态所作的描写。描写人物心理活动的方法也是多种多样的,常见的有直接描写、内心独白和通过对话、梦境、幻觉等进行描写。

② 环境描写。

环境描写是对人物所处的具体环境或事件发生的具体背景的描写,主要包括自然环境描写和社会环境描写,也要为表现主题、刻画人物服务。

A. 自然环境描写。

自然环境描写是指对山川河流、花草树木、鸟兽虫鱼、风雨雷电、日月星辰、城镇村落等景物的描写,在文章中起着交代背景、缓和气氛、展示地域风貌、显示人物内心活动和性格特点等作用。

B. 社会环境描写。

社会环境描写是环境描写的重点,它描写的内容很丰富,小至布置陈设、房间住宅、街道市场,大至城乡地区及至国度、社会场、风土人情、时代风云等,一一都在社会环境的描写之内。社会的环境的描写,不仅起着交代背景、渲染气氛,提供人物活动的典型环境的作用,而且还可以表现人物的性格特点,增强文章的时代感和生活感。

③ 细节描写。

细节描写是对人物某些细小的举止行动或对细微事件的描写。

描写细节的方法有:

A. 以小见大增加表现力。

B. 细节要典型。所谓典型细节,就是那些具有较强表现力的细节,如某一特有语言、动作等。

C. 细节要真实。所谓"真实"不必是曾有的事实,但一定是会有的事实。

④ 场面描写。

场面描写在叙事性的文章和作品中经常出现,是对以人物活动为中心的生活画面的描绘,它可以推进情节的开展,也可以用来表现人物或烘托气氛。

A. 场面描写的要求有三条:第一,有条不紊;第二,写出特定场合的气氛;第三,运用多种手法、技巧来描写场面。

B. 场面描写的方法有两种。一是全景式,二是特写式。

(二) 抒情

1. 抒情的概念

抒情即作者的主观感受和思想感情的表现与抒发。

抒情在各类文章中的不同要求如下。

(1) 在议论类文章中,阐明自己的观点时要求客观公正,但这并不排斥在阐述观点时表明作者的爱憎好恶,只不过是融情于理,故而精彩的议论无不饱含着感情。

(2) 在叙事类文章中,因作者对所描写的事物充满感情,所以在叙述、描写中必然融进情感因素。

(3) 在描写类文章中,因为作者的写作本意就是状物表情,所以抒情是不可少的,大多融情于描写对象之中。

(4) 在说明类文章中,不需抒情,但在对某些问题的说明介绍中也渗透着作者的感情。

(5) 在抒情类文章中,抒情是一种主要的表达方式。它是以表现作者的主观感情为主的文章,具体直接地抒发主体对生活独特的情感认识,一般情况下采用第一人称的写法,以纷繁多样的手法倾吐强烈的感情,以激起读者的共鸣。

2. 抒情的方法

(1) 直接抒情。

(2) 间接抒情。

间接抒情因媒介物的不同,又可分为① 寓情于事,② 寓情于景,③ 寓情于理,④ 通过比喻抒情。

(三) 说明
1. 说明的概念
说明是用言简意明的文字把事物的形状、性质、成因、特征、功用、关系等解说清楚的一种表述方式。
2. 说明的方法
(1) 概念性说明。
(2) 诠释性说明。
(3) 举例性说明。
(4) 比较性说明。
(5) 引用性说明。
(6) 分类性说明。
(7) 数字性说明。
(8) 图表性说明。
(9) 方位性说明。
(10) 时间性说明。

五、修改

(一) 修改的范围
1. 主旨的修改
2. 增删材料
3. 结构的调定
4. 语言推敲
5. 修改行款格式和标点符号
行款格式包括标题、署名、分段、引文、对话以及行文中的强调和序码、页码等内容,标题要写在第二行的中间,署名可在标题下一行,或者文末。
(二) 修改的方法
文章的修改有两种情况:一种是大修大改,需要全篇重写或部分重写;一种是小修小改,一般用增、删、换、调等方法。但不论哪种,目的只有一个,即改好文章。但修改的方法却因人而不同,古人有数易其稿的说法,如司汤达对《红与黑》的修改,列夫·托尔斯泰对安娜形象的提炼。
对于修改,一般运用以下几种方法:
1. 读改法
2. 冷却法
3. 求助法
总之,修改应达到全面完美地表达需要表达的意思的效果。

六、文面

文面,是文章的外表,是文章语言的视觉化,是作者书写风格和文化素养的综合体现。

(一) 讲求文面的意义

1. 有助于读者方便地阅读

2. 有助于准确地表达文章的内容

3. 有助于养成严肃认真的文风和学风

(二) 文面的具体要求

1. 稿纸的选择(略)

2. 文字书写

如繁体字、简体字的选择,有些符号的运用等。应做到:(1)不写错字。尽量不用已经废除的旧字形、异体字和古体字。(2)不写别字。(3)正确使用标点符号。

(三) 关于标点符号

标点符号在文面中是相当重要的,正确使用标点符号,是准确表达文章内容的需要,是书面语言不可缺少的辅助工具,它能够帮助作者正确精密地表达思想感情。

1. 标点符号的种类

主要有句号、问号、感叹号、逗号、顿号、分号、冒号、引号、括号、破折号、省略号、书名号、间隔号等。

2. 标点符号的书写位置

文面中标点所占的位置也应有统一的规范,它有助于我们准确地表达文章的内容,其规定如下。

(1) 句号"。"、逗号","、顿号"、"、冒号":"、分号";"、问号"?"、感叹号"!"等七种符号,在书写时占一格的位置,紧随字后在一格的左下方或左侧标出。

(2) 引号""""、括号"()",标在文字的前后,各占一格。

(3) 省略号"……"为六个实心圆点,破折号为一长横线,各占两格。

(4) 着重号在字下。间隔号占一格,点在格中心。

(5) 标点符号的转行。七种符号不能标在一行的开头,下引号、下括号、下书名号也不能标在一行的开头,应紧随字后,标在上行的末尾。上引号、上括号、上书名号不能标在一行的末尾,而应紧随一字,标在下行的开头。省略号、破折号不能分写在两行。

(6) 标题中的标点符号,标题句末一般不能用标点符号,但表示疑问或感叹时可用"?"或"!",如:《为语言的纯洁而斗争!》《少我一个没关系吗?》。标题中间的停顿还可用逗号、顿号、破折号等。如:《别了,司徒雷登》《永别了,武器》《狗、猫、鼠》。标题中也可使用引号、省略号、破折号、书名号。

(四) 行文格式

行文格式是人类在书面交往中约定俗成的习惯和规定,遵守写作的格式是必须的,否则就不能为人们接受,要求如下。

1. 卷面排列有序

2. 标题居中

3. 序码清楚

4. 分段体现明确

5. 引文有标注
6. 参考文献
7. 署名
8. 附注

附注主要有以下四种(可加括号或者以小号字体标明)。

(1) 段中注。
(2) 页中附注。
(3) 章、节附注。
(4) 全文或全节的附注,即尾注。

上 编

文 学 写 作

引 言

　　本编以文学写作为主,主要介绍了诗歌、小说、散文以及其他常用文体,对其基本理论进行了阐释,对写作方法进行了详尽探讨,尤其是纳入了几大主要文体的阅读与欣赏方法,使文体概念、经典品读、文章写作一体化,在了解中形成概念,在欣赏中学习借鉴,在训练中掌握。

　　本编第一大特点,是在于对中外古今的优秀作品进行了评析,提供了鉴赏思考,使学习者不仅了解了基本文体知识,还能学习把握经典作品的写作技巧,在鉴赏中提高审美能力,学习写作。

　　本编第二大特点,是在各章后面,安排了实训,使学习者能够把理论与实践相结合,完成写作成果化。

第一章 诗歌写作

> **学习要求**

1. 了解诗歌的基本知识。2. 培养诗歌的赏析能力。3. 掌握诗歌的写作方法。4. 进行诗歌的写作训练。

第一节 诗歌概述

导语:诗歌产生于远古,伴随着人类走过了漫长的岁月,诗歌是人类心灵的朋友,与人类不离不弃。

现代人最怕丢失的是财富,而最先丧失的是精神,诗可以使我们在物欲横流、灵魂放逐的年代,有一块属于自己的精神家园,在一切都被推向市场的时候,不要用数字符号取代自己。尽管我们不可能诗意地栖居,但是,对诗意生存的追求却是人性中永不泯灭的一面。

一、什么是诗歌

1. 诗歌的概念

诗歌是文学体裁的一种,是各种文学体裁中产生最早的艺术形式之一。它以高度凝练、有一定的节奏韵律的语言,独特的审美形式,强烈的情感,特殊的形象,表达思想和感情,集中地反映社会生活,愉悦心灵。《毛诗·大序》言:"诗者,志之所之也。在心为志,发言为诗。"

在中国古代文学中,把不合乐的称为"诗",合乐的称为"歌",现在一般统称为**诗歌**。

2. 诗歌的特点

高度的概括性,生动的形象性,强烈的抒情性,鲜明的音乐性。

(1) 诗歌具有独特的艺术形式。
(2) 诗歌具有独特的语言美:凝练、形象、节奏感。
(3) 具有强烈的抒情性。
(4) 具有丰富的想象性。
(5) 具有审美愉悦性:音、意、形。

3. 诗歌的作用

宋代严羽《沧浪诗话》云："诗者,吟咏性情也。"我们可以通过欣赏诗歌,领略中华民族的心路历程,如缠绵悱恻的情怀,恬淡宁静的田园,清新优美的山水,悲壮苍凉的边塞,壮阔激愤的时代,雄浑沉郁的历史。

诗歌,赋予了对生命、对大自然的无限深情,如古埃及的诗歌:"享受每一天/把它当作神圣的假日/不要让你活泼的生命疲倦/不要让你的真爱停止。"

诗歌,通过享受简朴的生活为中国人保存了圣洁的理想:如陶渊明的"采菊东篱下""归去来兮,田园将芜胡不归",引得林泉激荡、岩穴来风,千载之下,令人追慕不已。

诗歌,诉诸浪漫主义,使人们超越现实的辛劳,获得感情的升华,让我们的心灵坚强,如海涅的《决死的哨兵》所写的:"我的心摧毁了/武器没有摧毁/我倒下了/并没有失败。"还有雪莱说:"如果冬天来了,春天还会远吗?"

诗歌,可告知人们生活的目标,如普希金说:"我只愿意歌颂自由/只向自由奉献诗篇/我诞生到世上/而不是为了用羞怯的竖琴讨取帝王的欢心。"

诗歌,通过悲愁的艺术来净化人们的心灵,"以严峻和欢乐的眼光"(普希金《自由颂》),去希望明月几时有,把酒问青天,但愿人长久,千里共婵娟。

诗歌,教会人们用怜爱去对待采桑的罗敷,琵琶弦上的相思,失去儿子的母亲,以及饱受战乱的百姓;怜爱乡间小径上的朵朵百合,体会游子之情,以及小桥、流水、人家……静听雨打芭蕉的声音,欣赏村舍炊烟缕缕升起,依恋于山腰晚霞的景色。

诗歌,还教会人们知道时光的有形流逝,春则觉醒欢悦,春江花月;继而阴阴夏木啭黄鹂;落叶摇情,秋风萧瑟;雪中采诗。使"心中的一切又重新苏醒"。

总之,诗歌在短短的方寸之间为我们不仅展示了过去的琼楼玉宇,逼真地复制了在过去的岁月中也许早已为人们淡忘了的生动故事,而且还为我们塑造了一个个活生生的形象,一种生活的韵味,一片奇妙的风光。

二、诗歌的分类

由于诗歌的种类繁多,综合中西方的划分方法,常见的分类如下。

(一) 根据内容和表达方式分,有抒情诗和叙事诗

1. 抒情诗

抒情诗以抒发感情为主要表达方式,作者直抒胸臆地表达对现实生活的感受、体验及其爱憎,并透过它去反映现实,感染读者。一般不具体叙述生活及事物的全过程,没有完整的故事情节,也不塑造完整的人物形象,只是通过具有强烈主观色彩的语言,对一些生活片段或事物形象的描绘,表达诗人内心的情感。这就是陆机说的"诗缘情而绮靡"。如徐志摩的《再别康桥》,雪莱的《西风颂》,泰戈尔的《生如夏花》等。

2. 叙事诗

叙事诗通过叙述故事,制造情节,塑造人物形象来反映社会生活,书写作者对社会、人生的认识和情感。

(1) 叙事诗的特点:形式介于小说与诗之间,它和小说不同,它的时间、空间、事件、叙述都具有跨越性、概括性、情感性。

（2）叙事诗的形式：一般性叙事诗和史诗性叙事诗。

① 一般性叙事诗：分小型叙事诗和大型叙事诗。小型叙事诗篇幅不长，故事内容单一，如中国的《孔雀东南飞》《木兰诗》《王贵与李香香》等。大型叙事诗篇幅长，叙事完整，有小说的特点，如西方的《神曲》《唐璜》等。

② 史诗性叙事诗：一种长篇叙事诗，是一种庄严的文学体裁，内容为民间传说或歌颂英雄功绩的长篇叙事诗，它涉及的主题可以包括历史事件、民族、宗教或传说。如中国的《格萨尔王》，古希腊的《荷马史诗》，印度的《摩诃婆罗多》等。①

（二）按表现形式分，有格律诗、自由诗、民歌、散文诗

1. 格律诗

格律诗是中国古代诗歌发展到一定时期的产物，按严格的定格写成，体式字数、平仄、对仗、韵脚都有严格的规定，定行、定字、定韵。

中国的格律诗主要形式有：律诗、绝句、词、曲等。

欧洲的格律诗主要形式是"十四行诗"。

十四行诗是欧洲普遍运用的一种从形式到音律都很严格的格律诗。十四行诗的格律主要包含行数（十四行）、韵脚、音节、音调、结构（前后两个部分）等。（如："彼得拉克体"由两节四行诗（共8行）和两节三行诗（共6行）组成，"斯宾塞体、莎士比亚体"由三节四行诗（共12行）和一节二行诗（共2行）组成，普希金的"奥涅金诗节"由两节四行诗（共8行）和两节三行诗（共6行）组成，或者由三节四行诗（共12行）和一节二行诗（共2行）组成，形成起承转合的趋势。）

2. 自由诗

自由诗相对诗歌的格律限制而言，就是诗歌的句式、语言、章法、押韵都比较自由，作者根据抒情的需要，可以自由组织排列字句，包括标点符号。但非"绝对的自由"，仍要有语言和节奏形成的韵律。如戴望舒的《雨巷》，阿波利奈尔的图画诗《被刺杀的和平鸽》，马雅可夫斯基的"楼梯诗"等。

3. 民歌

民歌由民间歌谣发展并口耳相传，有浓厚的生活与劳动气息，感情真挚，格调清新刚健，形式活泼自由，语言朴实，常用比兴和夸张来创造诗歌意象。如《上邪》。

4. 散文诗

散文诗是近、现代发展起来的，兼有抒情诗和抒情散文的特点的一种文学体裁。作品中有诗的意境和激情，采用暗喻和象征，富有哲理，注重自然的节奏感和音乐美，篇幅短小，像散文一样不分行、不押韵，诗的某些表现性元素与散文的某些再现性元素巧妙地融合，情景交融。如鲁迅的《野草》，高尔基的《海燕》等。

（三）按中国诗歌发展与形式分：一般分为古代诗和现代诗

由于中国古代文学以诗歌为正宗，时间漫长，不断完善，形成了诗歌格式，有相对定格的要求，文人写诗都按照古人格式要求进行。白话文运动以后，且西学东渐，加之社会生活方式改变，人们诗歌创作也以白话诗为主了。

---

① 现代人把那些反映内容广，结构宏伟，背景庞大、思想丰富，人物众多，时间跨度长的优秀叙事作品也称为史诗，如《战争与和平》。

所以,新文化运动是分界:之前的诗谓之古代诗,之后不按定格要求写作的诗称为现代诗,或称自由诗、白话诗。

1. 古代诗

中国古代诗歌主要有古体诗、近体诗、词、曲、回文诗等形式。

(1) 古体诗:包括古诗(唐以前的诗歌)、楚辞、乐府诗。"歌""歌行""引""曲""吟"等古诗体裁的诗歌也属于古体诗。古体诗不讲对仗,押韵较自由。

古体诗的发展轨迹:《诗经》→楚辞→汉赋→汉乐府→魏晋南北朝民歌→建安诗歌→陶诗等文人五言诗→唐代的古风、新乐府。

① 楚辞:是战国时期楚国屈原所创的一种诗歌形式,其特点是运用楚地方言、声韵,具有浓厚的楚地色彩。西汉刘向编辑的《楚辞》,全书17篇,以屈原作品为主,而屈原作品又以《离骚》为代表作,后人因此又称楚辞体为"骚体"。

② 乐府:乐府是自秦代以来朝廷设立的管理音乐机构,汉武帝时期大规模扩建,从民间搜集了大量的诗歌,后人统称为汉乐府。后来乐府成为一种诗歌体裁。在乐府诗的发展过程中,五言、七言的句式日渐引人注目,到汉末出现了《古诗十九首》,五言诗这种诗体便基本成熟了。

乐府的重要标志是强烈的现实感。如《陌上桑》《孔雀东南飞》《木兰诗》等,都是中国古代叙事诗中的瑰宝。

(2) 近体诗:与古体诗相对的近体诗又称今体诗。

近体诗是唐代形成的一种格律体诗,分为"绝句"和"律诗"两种。其字数、句数、平仄、用韵等都有严格的规定。

绝句:每首四句,分五言、七言绝句;五言简称五绝,七言即七绝,如李白的《静夜思》和《望庐山瀑布》。

五言绝句:《静夜思》

床前明月光,疑是地上霜。
举头望明月,低头思故乡。

七言绝句:《望庐山瀑布》

日照香炉生紫烟,遥看瀑布挂前川。
飞流直下三千尺,疑是银河落九天。

律诗:有八句或多句,分五言、七言;五言称五律,七言称七律,超过八句的称为排律(或长律)。如杜甫的《秋兴八首》。

律诗格律极严,五言、七言篇有定句、定字、定韵定位(押韵位置固定),字有定声(诗中各字的平仄声调固定),联有定对(律诗中间两联必须对仗)。

(3) 词:又称为诗余、曲子、长短句、乐府等。词的一段叫一阕或一片,第一段叫前阕、上阕、上片,第二段叫后阕、下阕、下片。词有单调和双调之分,双调就是分两大段,两段的平仄、字数是相等或大致相等的,单调只有一段。

词的基本要求:调有定格,句有定数,字有定声。

长调91字以上,中调59—90字,小令58字以内。

(4) 曲:又称为词余、乐府。元曲主要指散曲。

散曲产生于金,兴盛于元,体式与词相近。散曲包括有小令、套数(套曲)两种。

套数是连贯成套的曲子,至少是两曲,多则几十曲。每一套数都以第一首曲的曲牌作为全套的曲牌名,全套必须同一宫调。小令如《天净沙·秋思》。

散曲的特点:可在字数定格外加衬字,使用较多口语。它只供清唱,无宾白科介。

(5)回文诗:是中国古典诗歌中一种较为独特的体裁。回文诗,也写作"回纹诗""回环诗"。文体上称之为"回文体",它是汉语特有的一种使用词序回环往复的修辞方法,是中华文化独有的一朵奇葩。唐代吴兢《乐府古题要解》的释义为:"回文诗,回复读之,皆歌而成文也。"刘坡公《学诗百法》曰:"回文诗反复成章,钩心斗角,不得以小道而轻之。""情新因意得,意得逐情新",正读倒读皆成章句,读来回环往复,绵延无尽,给人以荡气回肠、意兴盎然的美感。

回文的形式,盛行于晋代以后,而且在多种文体中被采用。回文诗有很多种形式,如:"通体回文""就句回文""双句回文""本篇回文""环复回文"等。

通体回文是指一首诗从末尾一字读至开头一字,另成一首新诗。

就句回文是指一句内完成回复的过程,每句的前半句与后半句互为回文。

双句回文是指下一句为上一句的回读。

本篇回文是指一首诗词本身完成一个回复,即后半篇是前半篇的回复。

环复回文是指先连续至尾,再从尾连续至开头。

回文诗的特点:回文诗是一种按一定法则将字词排列成文,回环往复都能诵读的诗。这种诗的形式变化无穷,非常活泼。能上下颠倒读,能顺读倒读,能斜读,能交互读。只要循着规律读,都能读成优美的诗篇。正如清人朱存孝说的:"诗体不一,而回文优异。"

回文诗在创作手法上,充分利用汉语以单音节语素为主和以语序为重要语法手段这两大特点,进行造句、写诗、填词、度曲,反复咏叹,来达到其"言志述事"的目的,产生强烈的回环叠咏的艺术效果。

明代冯梦龙《醒世恒言》中有一篇《苏小妹三难新郎》的典故,讲到秦少游与苏氏兄妹书函的两幅环形图如【例1-1】所示。

【例1-1】

左图是一首四句七言诗：

　　　　　　　　静思伊久阻归期,久阻归期忆别离。
　　　　　　　　忆别离时闻漏转,时闻漏转静思伊。

这是一首连环诗,从图中"静"字顺时针旋转起,"静思伊久阻归期",第二句从前句第四个字读起,第三句又从第二句第五个字读起,第四句又从第三句第四个字读起,即成一首七言诗。所谓连环诗,就是用"顶针"的修辞法,使相邻的词句,首尾衔接,上递下接,使篇章结构紧凑,语气贯通,起到独特的艺术效果。

右图的诗应读为：

　　　　　　　　采莲人在绿杨津,在绿杨津一阙新。
　　　　　　　　一阙新歌声嗽玉,歌声嗽玉采莲人。

2. 现代诗

(1) 纯自由体：长短不限,韵律自由,语言自由,句式自由(许多人用),如【例 1-2】所示。

【例 1-2】

雨　巷

戴望舒

撑着油纸伞,独自
彷徨在悠长,悠长
又寂寥的雨巷,
我希望逢着
一个丁香一样地
结着愁怨的姑娘。

她是有
丁香一样的颜色,
丁香一样的芬芳,
丁香一样的忧愁,
在雨中哀怨,
哀怨又彷徨。

她彷徨在这寂寥的雨巷,
撑着油纸伞
像我一样,
像我一样地
默默彳亍着,
冷漠,凄清,又惆怅。

她静默地走近
走近,又投出

太息一般的眼光。
她飘过
像梦一般地
像梦一般地凄婉迷茫。

像梦中飘过
一枝丁香地,
我身旁飘过这女郎;
她静默地远了,远了,
到了颓圮的篱墙,
走尽这雨巷。

在雨的哀曲里,
消了她的颜色,
散了她的芬芳,
消散了,甚至她的
太息般的眼光,
丁香般的惆怅。

撑着油纸伞,独自
彷徨在悠长,悠长
又寂寥的雨巷,
我希望飘过
一个丁香一样地
结着愁怨的姑娘。

(2) 半自由体:长短不限,有一定韵律(一韵到底和转韵),语言自由,句式整齐(段间句数大同)。

三、中国诗歌的发展

诗歌是中国传统文化的一个重要组成部分,在发挥社会功能方面具有重要的作用,诗歌有着悠久的历史和深邃的内涵,是中华艺苑里的一朵奇葩。如《论语·阳货》中云:"小子何莫学夫诗。诗,可以兴,可以观,可以群,可以怨。迩之事父,远之事君。多识于鸟兽草木之名。"

1. 先秦时期

中国的诗歌产生于文字发明之前,是在人们的劳动、歌舞中渐渐形成和发展起来的。中国古代诗歌发展从原始时代的歌谣开始初见端倪,原始时代的歌谣由劳动人民创作,口耳相传。

两千年前,中国历史上第一部诗歌总集——《诗经》问世,它是最早的一部诗歌总集,是中国文学现实主义源头的代表作,开创了中国文学现实主义诗歌传统。

《诗经》是公元前11世纪至公元前6世纪的诗歌总集,也是中国第一部诗歌总集,共305篇,按音乐的不同,分为"风""雅""颂"三类。它是中国诗歌现实主义的源头。

公元前4世纪,战国时期的楚国以其自身独特的文化基础,加上北方文化的影响,孕育出了伟大的诗人屈原。屈原以及深受他影响的宋玉等人创造了一种新的诗体"楚辞"。开创了中国文学现实主义和浪漫主义的诗歌传统。

《诗经》和"楚辞"是中国古代诗歌的两个典范。

2. 秦、汉时期的诗歌

继《诗经》、"楚辞"之后,在汉代诗歌又出现了一种新的形式,即汉乐府民歌。汉乐府民歌流传到现在的共有一百多首,其中很多是用五言形式写成,后来经文人的有意模仿,在魏、晋时期成为主要的诗歌形式。代表作是《孔雀东南飞》,它是汉乐府长篇叙事诗的最高峰。

五言诗是中国古典诗歌的主要形式,到东汉末年,文人五言诗日趋成熟。《古诗十九首》是五言诗达到成熟阶段的主要标志。

3. 魏晋南北朝时期的诗歌

汉末建安时期,继承汉乐府民歌的现实主义传统,并普遍采用五言形式,第一次掀起了文人诗歌的高潮。

代表作家有"三曹""七子",他们的诗作体现了时代精神,具有慷慨悲凉的阳刚气派,形成为后世称作"建安风骨"的独特风格。

"三曹"(曹操、曹丕、曹植),曹氏父子是建安文坛的风云人物,其中,曹植所取得的艺术成就最高。

"七子"(孔融、陈琳、王粲、徐幹、阮瑀、应场、刘桢),七子中成就最高的是王粲,其代表作《七哀诗》三首是汉末战乱现实的写照。

竹林七贤是在建安时代之后形成的,以阮籍为代表,他的《咏怀诗》进一步为抒情的五言诗打下基础。还有嵇康,他的诗愤世嫉俗,锋芒直指黑暗的现实。他们二人的诗风基本继承了"建安风骨"的传统。

两晋时期的诗歌创作逐渐走上形式主义道路,诗歌内容空泛。继承和发扬"建安风骨"传统的诗人是左思。他的《咏史诗》八首,借古事讽喻时事,思想性很强。

"田园诗人"的代表是陶渊明,他把田园生活作为重要的创作题材。谢灵运与陶渊明差不多同时,是开创山水诗派的第一人。

南北朝时期最杰出的诗分为乐府诗和文人诗两类。乐府诗又分为南朝乐府和北朝乐府,南朝乐府保存下来的诗有近五百首,一般为五言四句小诗,几乎都是情歌。北朝乐府除以五言四句为主外,还创造了七言四句的七绝体,并发展了七言古诗和杂言体。

北朝乐府最有名的是叙事诗是《木兰诗》,它与《孔雀东南飞》并称为中国诗歌史上的"双璧"。

南齐永明年间,"声律说"盛行,诗歌创作都注意音调和谐。这样,"永明体"的新诗体逐渐形成。代表诗人是谢朓。他的新体诗对唐代律诗、绝句的形成有一定影响。

4. 隋唐时期的诗歌

诗歌发展到唐代,迎来了高度成熟的黄金时代。在唐代近三百年的时间里,留下了近五万首诗,伟大诗人的名字灿若群星,独具风格的著名诗人批量产生,约五六十个。产生了"诗仙""诗圣""词帝"。

"初唐四杰"为王勃、杨炯、卢照邻、骆宾王。他们的诗虽然因袭了齐梁风气,但诗歌题材在他们手中得以扩大,五言八句的律诗形式也由他们开始初步定型。

陈子昂承前启后,他明确提出提倡"汉魏风骨"反对齐梁诗风。《感遇诗》38首,就是他具有鲜明革新精神之作,《登幽州台歌》千古传诵。

盛唐时期诗人群星闪烁,达到诗歌繁荣的顶峰。这个时期,各体齐备:乐府、歌行、律诗、绝句。群雄逐鹿:现实主义、浪漫主义相辅传扬。边塞派、山水田园诗派,异彩纷呈。

李白是浪漫主义代表诗人,世人尊称他为"诗仙",诗风豪放飘逸,擅长五言、七言绝句。

杜甫是现实主义代表诗人,世人称之为"诗圣",诗风沉郁顿挫,擅长七言律诗。

除此之外,这个时期还有很多成就显著的诗人。他们大致可分为两类:一类是以孟浩然和王维为代表的山水田园诗人。一类是边塞诗人,他们中以高适和岑参取得成就最高。

中唐诗歌再显辉煌。

白居易是中唐时期最杰出的现实主义诗人。他继承并发展了《诗经》和汉乐府的现实主义传统,从文学理论和创作上掀起了一个现实主义诗歌的高潮,即新乐府运动。这一运动中的重要诗人还有元稹、张籍等。

这一时期的其他诗人,如韩愈、孟郊、李贺等,他们的诗歌艺术比之白居易另有创造。

晚唐时期的诗歌气韵悠长,代表诗人是杜牧、李商隐。

晚唐后期,出现了一批继承中唐新乐府精神的现实主义诗人,代表人物是皮日休。其诗直指时弊,锋芒毕露。

5. 宋、元、明、清时期的诗歌:诗、词

(1) 诗

诗发展到宋代已没有唐代的辉煌灿烂,但却有其独特的风格,即抒情成分减少,叙述、议论的成分增多,大量采用散文句法,使诗歌与音乐渐行渐远。

宋初的苏舜钦与梅尧臣并称"苏梅",为宋诗奠定了基础。

宋诗特色的代表者是苏轼和黄庭坚。

黄庭坚诗风奇特拗崛,他与陈师道一起开创了宋代影响最大的"江西诗派"。

南宋时期国难深重,诗作常充满忧郁、激愤之情。陆游是这个时期的代表诗人。

文天祥是南宋最后一位大诗人,高扬着宁死不屈精神的《过零丁洋》是他的代表作。

后世诗歌式微。

明清诗歌是在拟古与反拟古的反反复复中前行的,无杰出诗人和作品出现。诗作上数清末龚自珍(1792—1841)以其先进的思想,打破了清中叶以来诗坛的沉寂,领近代文学史风气之先。他的诗常着眼于以社会、历史和政治的观点来揭露现实,使诗成为对现实社会的批判工具。

(2) 词。

词源于唐代,鼎盛于宋代。"词帝""词仙""词神""词圣",蔚为大观。

① 唐末。

温庭筠第一个专力作词。他的词辞藻华丽,多写妇女的离别相思之情,被后人称为"花间派"。

南唐后主李煜在词的发展史上占有较高的历史地位,被称为千古"词帝"。代表作如《虞美人》《浪淘沙》等。

② 宋代。

词在南宋已达高峰。词家辈出,词作丰富,百花齐放。

宋初的词人晏殊、欧阳修都有出色的作品,但依然有花间派的影响。

柳永创作的长调的慢词,使词的规模发生了显著变化。

苏轼,堪称"词圣"。此时词的题材又得以进一步发展,怀古伤今的内容进入了苏轼的词作之中。与苏轼同时代的秦观和周邦彦也是非常出色的词人。

陆游,在词坛上引领风骚。

女词人李清照以其独树一帜的风格,当称"词仙"。

爱国词神辛弃疾,面临国破家亡的危局,诗词多表现爱国、孤愤之情。

南宋后期的词人姜夔最为著名。姜词绝大多数是纪游咏物之作。

③ 元代散曲流行,诗词乃退居其后。以马致远为代表。马致远的《秋思》,传为绝唱。

④ 清代词作上成就较大的是纳兰容若。

⑤ 历史进入近代,西学东渐,诗歌受到影响,白话文运动普及,自由诗产生并逐渐取代古代诗。

四、诗词格律常识

(一) 诗律

诗律的基本要求:(1) 字数、句数固定;(2) 讲平仄;(3) 严格押韵;(4) 须对仗。

1. 讲究字数、句数的固定

2. 律诗的平仄

平仄,平声和仄声,泛指诗文的韵律。古汉语的声调分平、上、去、入四声。

"平"指四声中的平声,包括阴平、阳平二声;"仄"指四声中的仄声,包括上、去、入三声。明朝释真空的《玉钥匙歌诀》曰:

平声平道莫低昂,——平声是平调,普通话四声中第一声、第二声是平声。

上声高呼猛烈强,——上声是升调。

去声分明哀远道,——去声是降调。

入声短促急收藏。——入声是短调。

在长期的语言习惯中,自然形成了高低变化,因为没有谁能用一个调一直说下去,要有高低升降才能悦耳动听,讲平仄的律诗只不过是把它规范化,变成自觉的行为。

一般规则如下。

五律平起:首句第一第二字均为平声。

五律仄起:首句第一第二字均为仄声。
七律平起:首句第二字必用平声。
七律仄起:首句第二字必用仄声。
对联:(联尾)上仄下平。
具体如下。

(1) 律诗:五律,七律。

五　律	七　律
【1】五律平起首句押韵	【1】七律平起首句不押韵
平平仄仄平(韵)	平平仄仄平平仄
仄仄仄平平(韵)	仄仄平平仄仄平(韵)
仄仄平平仄	仄仄平平平仄仄
平平仄仄平(韵)	平平仄仄仄平平(韵)
平平平仄仄	平平仄仄平平仄
仄仄仄平平(韵)	仄仄平平仄仄平(韵)
仄仄平平仄	仄仄平平平仄仄
平平仄仄平(韵)	平平仄仄仄平平(韵)
【2】五律仄起首句押韵	【2】七律平起首句押韵
仄仄仄平平(韵)	平平仄仄仄平平(韵)
平平仄仄平(韵)	仄仄平平仄仄平(韵)
平平平仄仄	仄仄平平平仄仄
仄仄仄平平(韵)	平平仄仄仄平平(韵)
仄仄平平仄	平平仄仄平平仄
平平仄仄平(韵)	仄仄平平仄仄平(韵)
平平平仄仄	仄仄平平平仄仄
仄仄仄平平(韵)	平平仄仄仄平平(韵)
【3】五律平起首句不押韵	【3】七律仄起首句押韵
平平平仄仄	仄仄平平仄仄平(韵)
仄仄仄平平(韵)	平平仄仄仄平平(韵)
仄仄平平仄	平平仄仄平平仄
平平仄仄平(韵)	仄仄平平仄仄平(韵)
平平平仄仄	仄仄平平平仄仄
仄仄仄平平(韵)	平平仄仄仄平平(韵)
仄仄平平仄	平平仄仄平平仄
平平仄仄平(韵)	仄仄平平仄仄平(韵)
【4】五律仄起首句不押韵	【4】七律仄起首句不押韵
仄仄平平仄	仄仄平平平仄仄
平平仄仄平(韵)	平平仄仄仄平平(韵)
平平平仄仄	平平仄仄平平仄
仄仄仄平平(韵)	仄仄平平仄仄平(韵)
仄仄平平仄	仄仄平平平仄仄
平平仄仄平(韵)	平平仄仄仄平平(韵)
平平平仄仄	平平仄仄平平仄
仄仄仄平平(韵)	仄仄平平仄仄平(韵)

(2) 五绝、七绝。

五 绝	
【1】五绝平起首句押韵	【2】五绝平起首句不押韵
平平仄仄平（韵）	平平平仄仄
仄仄仄平平（韵）	仄仄仄平平（韵）
仄仄平平仄	仄仄平平仄
平平仄仄平（韵）	平平仄仄平（韵）
【3】五绝仄起首句押韵	【4】五绝仄起首句不押韵
仄仄仄平平（韵）	仄仄平平仄
平平仄仄平（韵）	平平仄仄平（韵）
平平平仄仄	平平平仄仄
仄仄仄平平（韵）	仄仄仄平平（韵）
七 绝	
【1】七绝平起首句押韵	【2】七绝平起首句不押韵
平平仄仄仄平平（韵）	平平仄仄平平仄
仄仄平平仄仄平（韵）	仄仄平平仄仄平（韵）
仄仄平平平仄仄	仄仄平平平仄仄
平平仄仄仄平平（韵）	平平仄仄仄平平（韵）
【3】七绝仄起首句押韵	【4】七绝仄起首句不押韵
仄仄平平仄仄平（韵）	仄仄平平平仄仄
平平仄仄仄平平（韵）	平平仄仄仄平平（韵）
平平仄仄平平仄	平平仄仄平平仄
仄仄平平仄仄平（韵）	仄仄平平仄仄平（韵）

【例1-3】

昔人　已乘　黄鹤去，
平平　仄仄　平平仄
此地　空余　黄鹤楼。
仄仄　平平　仄仄平（韵）
黄鹤　一去　不复返，
仄仄　平平　平仄仄
白云　千载　空悠悠。
平平　仄仄　仄平平（韵）
晴川　历历　汉阳树，
平平　仄仄　平平仄
芳草　萋萋　鹦鹉洲。
仄仄　平平　仄仄平（韵）
日暮　乡关　何处是？
仄仄　平平　平仄仄
烟波　江上　使人愁。
平平　仄仄　仄平平（韵）

3. 格律诗的押韵方式

（1）一般押平声韵，一韵到底，首句可押可不押，其余皆隔句押韵，不准押通韵，很少押仄声韵。

（2）总的来说，押韵严格，主要表现在以下几方面。

① 位置上看，格律分为起句入韵和不入韵两种，后面的二、四、六、八句必须押韵。绝句类推。

② 韵脚字必须是同一韵部中的字，不能通押。

③ 韵脚字不能重复出现，一首诗中也应避免重复字出现。

④ 一般押平声韵，很少押仄声韵。

（3）近体诗押韵规定：① 两句一押韵，韵脚在偶句之尾；② 必须一韵到底，不能换韵。

4. 对仗

例如柳宗元的《江雪》：

千山　鸟飞绝，万径　人踪灭。
孤舟　蓑笠翁，独钓　寒江雪。

再如"春蚕到死丝方尽，蜡炬成灰泪始干"也是对仗。

对仗的基本要求：

（1）对仗的位置，一般地说，颔联、颈联对仗较多，首联、尾联对仗较少。

（2）对仗的基本要求。

① 平仄相对，如果平仄不相对，则不能相对，如"日月、山川、土地、治乱"等都因为平仄相同而不能相对。

② 词性相同或相近，避重复字。如白居易的《钱塘湖春行》："乱花渐欲迷人眼，浅草才能没马蹄。"对仗的词性划分为：名词、专有名词、方位词、动词、数词、代名词、形容词、副词、虚词、颜色词、连用字、联绵字、重叠字等。一般要求同类词相对。

③ 句子组成工对，句法结构相同，如：林逋《山园小梅》："疏影横斜水清浅，暗香浮动月黄昏。"两句的语法结构为：定主谓补式。如毛泽东的《长征》中"金沙水拍云崖暖，大渡桥横铁索寒"，再如《蜀相》：

蜀　相

丞相祠堂何处寻，锦官城外柏森森。——首联，目的、位置，是"起"。
映阶碧草自春色，隔叶黄鹂空好音。——颔联，直承上文，写景，是"承"。（对仗）
三顾频烦天下计，两朝开济老臣心。——颈联，对蜀相评价，是"转"。（对仗）
出师未捷身先死，长使英雄泪满襟。

5. 律诗的章法和句式

（1）章法。在近体诗中，几乎所有的诗都遵循了"起、承、转、合"之规律。"起"即开始，"承"即承上，"转"即转折，"合"即收合。

如杜甫的《天末怀李白》：

凉风起天末，君子意如何？（起，写对流放于天末李白的思念。）
鸿雁几时到？江湖秋水多。（承，在时空中表现对李白的情谊。）

文章憎命达,魑魅喜人过。(转,对李白遭遇的概述。)
应共冤魂语,投诗赠汨罗。(合,用典故,写李白与屈原同冤,他们都可歌可泣。)
又如刘禹锡《酬乐天扬州初逢席上见赠》:
巴山楚水凄凉地,二十三年弃置身。(起,与自己的状态。)
怀旧空吟闻笛赋,到乡翻似烂柯人。(承,借典故说明处境。)
沉舟侧畔千帆过,病树前头万木春。(转,说明事物变化,表现希望。)
今日听君歌一曲,暂凭杯酒长精神。(合,回笼扣题。)

(2)句式。律诗的句子节奏可以从音调节奏和意义节奏两方面去分析。

从音调节奏来说一般比较简单,五言的为"2—2—1",七言的为"2—2—2—1"。两字为一个音步。

从意义节奏分则比较复杂,常见的如下。

五言:

"2—3"式,如"欲穷 千里目,更上 一层楼"。

"2—2—1"式,如"古宫 闲地 少,水港 小桥 多"。

"2—1—2"式,如"开轩 面 场圃,把酒 话 桑麻"。

七言:

"4—3"式,如"晴川历历 汉阳树,芳草萋萋 鹦鹉洲"。

"4—1—2"式,如"年年喜见 山 长在,日日悲看 水 独流"。

"4—2—1"式,如"无边落木 萧萧 下,不尽长江 滚滚 来"。

"3—1—3"式,如"三万里 河 东入海,五千仞 岳 上摩天"。

"1—3—3"式,如"城 因兵破 惧歌舞,民 为官差 失井田"。

(3)诗的语法特点。

① 活用:槛外低秦岭,窗中小渭川。("低、小"意动用法。)
　　　　涧花轻粉色,山月少灯光。("轻、少"使动用法。)

② 错位:柳色春山映,梨花夕鸟藏。(宾—主—谓。)
　　　　云掩初弦月,香传小树花。(宾—谓—定—主。)
　　　　晴浴狎鸥分处处,雨随神女下朝朝。(主—谓—兼—谓—状。)

③ 省略:山河破碎(似)风飘絮,身世浮沉(犹)雨打萍。
　　　　秋窗犹(有)曙色,落木更(显)天风。
　　　　鸡声(鸣)茅店月,人迹(踏)板桥霜。

④ 紧缩炼句:国破(但)山河在,城春(故)草木深,感时(而)花溅泪,恨别(而)鸟惊心。

格律诗形式严格,不仅需要坚实的文化基础,广博的视野,丰富的阅历,还要具备音韵学、语法学、对仗等知识。

(二)词律

1. 词的名称和起源

词的起源较为复杂,归纳起来有两点值得注意:一是词产生于民间,二是词与乐曲的发展有直接关系。

词由民间转入文人之手,经历了"以词制谱"到"按谱填词"的过程。由俚俗到文雅,从曲调甚少到曲调繁多,从格律不严到格律定型化的过程。

清代康熙年间编定的《词谱》,共计有826调,2306体,最少的14字,最多的240字。

(1)词的名称,种类繁多,常用的如下。

① 曲词(唐五代称)。五代孙光宪《北梦琐言》:"晋相和凝,少年时好为曲子词……契丹人夷门,号为'曲子相公'。"

② 乐府(乐章)。苏轼词集为《东坡乐府》,柳永的《乐章集》,杨万里的《诚斋乐府》。

③ 长短句。如秦观的《淮南居士长短句》,辛弃疾的《稼轩长短句》。

④ 诗余。范仲淹的《范文正公诗余》,一是认为词是诗的余绪;二是认为词是诗变化而来的。

⑤ 歌曲。王安石《临川先生歌曲》,黄庭坚《山谷琴趣外篇》。

此外,还有大曲、别调、笛谱、遗音、渔谱、渔唱、渔笛谱、樵歌等名称。这些名称大体上从另一面反映了词的来源。

(2)词的来源。

褚斌杰《中国古代文体概论》归纳为:

① 认为词起源于汉代乐府。(宋代的胡寅和近代的王国维持此说。)

② 认为词是从唐代的格律诗配上音乐加减字数演化而来的。(宋代朱熹《朱子语类》:"古乐府只是诗,中间却添许多泛声。后来人怕失了那泛声,逐一声添个实字,遂称长短句,今曲子便是。")

③ 词源于上古歌谣。(清代的汪森为朱彝尊《词综》作序时持此说。)

④ 认为词是源于音乐,是为音乐的需要而生。(刘尧民《词与音乐》持此说。)

2. 词的体制特点

(1)词调和词题。词调是写词所依据的乐谱乐调,标上某一调,表明用某一段音乐演唱,词调就是这一段音乐的名称。每个词调都有特定的名称叫词牌,这些词调本来都有乐曲,但由于古代记写音乐歌谱的水平太低,所以大多失传,仅存词牌而已。如李白的《忆秦娥》《菩萨蛮》,韦应物的《调笑令》,白居易的《忆江南》《江南好》,刘禹锡的《潇湘神》。

第一,词调有一定的格律,这种格律也可以表达作者的思想感情,有的慷慨激昂,有的和悦婉转,有的重在写景、叙事、抒情,这些是词的音乐性的表现。

第二,词调与词题最初又有联系,因为词牌最初就是词的题目,如温庭筠《更漏子》其一:

柳丝长,春雨细,花外漏声迢递。惊塞雁,起城乌,画屏金鹧鸪。
香雾薄,透帘幕,惆怅谢家池阁。红烛背,绣帘垂,梦长君不知。

第三,当词调与词的内容分离后,人们填词的时候,另加词题,或者加上小序。如宋代晏殊有《更漏子·佳人》,描写女性;《更漏子·早春》,描写早春景色,都与夜景无关。

综上所述,词调最初与词题有联系,到后来以声填词使词调与词题分家,如要表达词的内容,只好再另加题目,甚至加上小序。

关于词调还要注意以下几点。

词调数量虽然有 800 多个,最常用的只有 30—50 个,见《宋词选》。大致有以下来源:

一是沿用古曲调名,如《教坊记》中已有《南歌子》《浪淘沙》《兰陵王》等。

二是截取法曲、大曲名。唐大曲有《六么》《霓裳羽衣曲》《水调》,词调中有《六么令》《水调歌头》《霓裳中序第一》。

三是用民歌、祀神曲和军歌名。如《渔歌子》《竹枝》《二郎神》《破阵子》等。

四是用前人诗词中的词句为名。如《少年游》来自鲍照的"少年宜春游"。《西江月》出自李白的"只今唯有西江月,曾照吴王宫里人"。

五是用古人名或故事为名。如《念奴娇》是唐代歌女名,《菩萨蛮》是唐代大中年间女蛮国贡献人的打扮,号称菩萨蛮队。

六是以词所咏之物命名。如《鹊桥仙》咏七夕,《暗香》《望梅花》《疏影》皆咏梅花,《女冠子》咏女道士。

七是采地名为名。如《八声甘州》。

八是以季节命名。如《夏初临》《春光好》等。

九是由乐调、音节而来。如《声声慢》等。

十是截取本词中的几个字为名。如《大江东去》。

十一是以字数命名。如《百字令》《十六字令》等。

(2) 词体。明末清初盛行三分法:小令 58 字以下,中调 59—90 字,长调 91 字以上。

3. 词的句式和声韵

(1) 句式。

第一,词的句式是对诗的突破,它从一字句到十一字句参差不齐,错综复杂,所以又称为"长短句"。但使用频率最高的是四、五、六、七字句式。

第二,词的句式中有领字,所谓领字,是指在一句的开头,有一个到三个字在语气上稍作停顿,在语义上总领下文,起到一种特殊作用的字,其中,单字领的又称"一字逗",这种句法与诗截然不同。

如,"一字"领的:"任、看、只、且、正、也、恨、嗟、凭、待、乍、叹、方、怕、未、已、快、总、尽、若、将、莫、问、爱、索、又、尚、须、似、但、料、想、更、算、记、况、怅、早、应、念、甚、纵、渐、怎、恁、喜、忆、对、望、便"等不下 80 个。

"二字"领的:"恰似、试问、好是、谁料、漫道、闻道、无端、却喜、那知、那堪"等。如"恰似一江春水向东流"。

"三字"领的:"君莫问、最无端、当此际、君不见、怎禁得、君知否、那更知、记当时、拼负却、似恁般"等。

第三,词句中有叠字叠句。

叠字的:如陆游的《钗头凤》"错错错,莫莫莫"。李清照的《声声慢》"寻寻觅觅,冷冷清清,凄凄惨惨戚戚"。

叠句的:如《如梦令》"归去,归去"。《东坡引》"雁行吹字断,雁行吹字断"。"罗衣宽一半,罗衣宽一半"。

有的只重叠一部分,如:辛弃疾的《采桑子》"爱上层楼,更上层楼"。

第四,调句中有虚词助句,这是词的散文化表现。如苏轼的《哨遍》"但人生要适情耳"。辛弃疾的《哨遍》"请三思而行可矣"。

第五,按格律要求,须断开,但按内容却相连。如:苏轼的《减字木兰花》"从此南徐,良夜清风月满湖"。辛弃疾的《水龙吟》"无人会,登临意"。晏几道的《采桑子》"别后除非,梦里时时得见伊"。

(2) 词的用韵。李清照《词论》中说:"分五声(阴平、阳平、上声、去声、入声),又分六律,又分清浊轻重,……本押仄声韵,如押上声则协,如押入声则不可歌矣。"

词在押韵方面不同于诗,一方面,诗只讲平仄而词在仄声中还要分上、去、入,不能同押,这是比诗更严的地方,其原因是为了便于歌唱,要力求做到字正腔圆。另一方面,又有比格律诗宽的地方,主要表现在押韵格式上既可一韵到底,又可同步平仄互押,还可平仄换韵,这是格律诗所不允许的。

4. 词的平仄

在诗的平仄上,主要是要明确词有拗字、拗句,而且无须补救。四字句可以是"仄仄仄仄",五字句均为"平平平平平",或者均是"仄仄仄仄仄"。如程垓的《江城·梅花引》"睡也睡也睡不稳",蒋捷的"梦也梦也梦不到"均为仄声。

5. 关于词的对仗

词的对仗与律诗相对照比较如下。

律诗的对仗有固定的位置,一般要求颈、颔联必须对仗。

词的对仗则不固定,一般是只要前后两句的字数相同,根据修辞的要求,都可以用对仗句。但用不用对仗句,也完全自由,没有硬性规定。如:

【枉凝眉】 一个是阆苑仙葩,一个是美玉无瑕。若说没奇缘,今生偏又遇着他,若说有奇缘,如何心事终虚化?一个枉自嗟呀,一个空劳牵挂。一个是水中月,一个是镜中花。想眼中能有多少泪珠儿,怎经得秋流到冬尽,春流到夏!

——曹雪芹:《红楼梦》

第二节 诗歌鉴赏

学习诗歌写作,对于主体来说,学习、借鉴是前提。鲁迅曾说:"文章怎样做,我说不出来,因为自己的作文,是由于多看和练习,此外并无心得和方法的。"可见,要多读各种体裁、各种类型的诗歌,特别是一些优秀的典范作品,反复揣摩、体会它们在立意、选材、结构、表达、语言等方面的佳妙之处,并使之融化,"与吾心为一",在写作实践中变"他人之功夫"为"自己之功夫"。

一、欣赏诗歌的基本标准

诗歌发展的历史悠久,中外古今无论在思想上或艺术上都取得了巨大的成就,那不可胜数的富有民族特色的诗词作品,在今天仍然有美感和教育作用。从诗歌的特点看:一是社会价值——真善美是基本标准;二是艺术价值,诗歌必须具有独特的意境美、形象美、语言美、形式美。

欣赏诗歌的两个基本标准是社会价值和艺术价值。

(一) 社会价值

1. 真

作品内容和情感的真实性。

作品内容和情感的真实性是"美""善"的基础,没有真实也就没有"美""善"。"真"在中国古代文论中常用"诚""信""实""道"来表达,含义很广,包括言辞、事物、景象、感情的真实和艺术真实。如王维的《送元二使安西》,这些是生活的真与艺术的真的表达,从而形成审美基础。

2. 善

作品表现出来的倾向性。

作品表现出的倾向性,与政治功用、道德情操密切相关。"善"是"美"的条件。

如《游子吟》:"慈母手中线,游子身上衣。"《锄禾》:"锄禾日当午,汗滴禾下土。谁知盘中餐,粒粒皆辛苦!"

3. 美

"美"以"真"为基础,又与"善"密不可分,而且在中国古代常常"美""善"不分,以"善"代"美"。但是,文艺作品有它自身的特征和符合美的规律,否则它就不成为文艺作品。文艺作品体现其自身特征和美的规律的程度,就是判断其艺术性高低的标准。美在于作品内容和形式的审美性。如《蒹葭》的间离的美、朦胧的美、欠缺的美、隽永的美。

(二) 艺术价值

1. 意境美

意境美是中国古代诗歌所追求的最高艺术标准,也是欣赏诗歌时首先应该注意的。

所谓意境,旧时诗论家们亦称"境界",它是指作品中所描绘的生活图景和所表现的思想感情融合一致而形成的一种综合的艺术氛围,能使读者通过想象和联想,如身临其境,在思想感情上受到感染或得到美的享受。

古诗词的意境美是丰富的、多方面的,是以多种形态呈现出来的。大体上可以概括为"雄奇阔大"、"旷放开朗"、"苍凉悲壮"、"深邃沉郁"(阳刚美),"浓艳瑰丽"、"淡泊静谧"、"清新素雅"、"凄冷寒凉"(阴柔美)。如王维的山水田园诗"诗中有画",融画境于诗法,苏轼的《书摩诘蓝田烟雨图》:"味摩诘之诗,诗中有画;观摩诘之画,画中有诗。"构图之美:"散点透视"而非"焦点透视"。层次之美:大小、远近、高低、虚实。色彩之美:色彩浓淡、光线明暗。线条之美:勾勒轮廓、分割画面。声响之美:"有声画",以声衬静。又如西方但丁的《神曲·森林》:

  我走过我们人生的一半旅程,
  却又步入一片幽暗的森林,
  这是因为我迷失了正确的路径。
  啊! 这森林是多么荒野,多么险恶,多么举步维艰!
  ……

通过象征的运用,显示出三个意境:① 现实的黑暗——"幽暗的森林",② 诗人的迷茫——"举步维艰",③ 诗人的执着——"正确的路径"。

结论:意境深远,意义深刻,是中世纪的社会展示。

2. 语言美

中国古典诗词又是语言的艺术,语言如同绘画的颜料,诗歌语言之美可以使作品表现出绘画美。如:

 春风又绿江南岸。——绿
 僧敲月下门。——敲
 感时花溅泪,恨别鸟惊心。——溅、惊
 李白的《塞下曲》:"晓战随金鼓,宵眠抱玉鞍。"——随、抱
 杜甫的《恨别》:"草木变衰行剑外,干戈阻绝老江边。"——老
 王维的《观猎》:"草枯鹰眼疾,雪尽马蹄轻。"——疾、轻
 又如:

【例 1-4】

 我听见回声,来自山谷和心间
 终有绿洲摇曳在沙漠
 我相信自己
 生来如同璀璨的夏日之花
 不凋不败,妖冶如火
 死时如同静美的秋日落叶
 不盛不乱,姿态如烟
 即便枯萎也保留丰肌清骨的傲然
 玄之又玄
 我听见爱情,我相信爱情
 爱情是一潭挣扎的蓝藻……
    ——泰戈尔:《生如夏花》节选

鉴赏要点:语言清新、简洁而具音韵美,言婉而情深,表达了深远的意境,自然真率。

【例1-5】

虞美人
李煜

春花秋月何时了?往事知多少。小楼昨夜又东风,故国不堪回首月明中。
雕栏玉砌应犹在,只是朱颜改。问君能有几多愁?恰似一江春水向东流。

这是李煜最后的一首感怀故国的名作,作者以形象的比喻,诘问的口吻,悲愤的情怀,激荡的格调,放笔悲号,写尽亡国君主的哀愁。

上阕曲调高亢悲慨,唯有作家经历过大灾难,炼就大手笔,才能究诘人生,写有如此深度和力度的词作,大有负荷全人类之悲哀的气概。

下阕则用了曲笔,"朱颜"暗示江山易改,"改"字点出全词题旨:是悲恨的根源。最后,词人把难以说明的去国之思、失国之悲、亡国之恨全部纳入一个"愁"字中。"问君能有几多愁,恰似一江春水向东流。"真乃千古绝唱。王国维说:"尼采谓一切文学余爱以血书者。后主之词,真可谓以血书者也。"

宋代黄升《花庵词选》称:"此词最凄婉,所谓'亡国之音哀以思'。"是也。

3. 形象美

如中国古代诗歌常见的艺术形象。

不慕权贵、豪放洒脱、傲岸不羁的形象。如李白。
心忧天下、忧国忧民的形象。如屈原、杜甫。
寄情山水、归隐田园的隐者形象。如陶渊明等。
怀才不遇、壮志难酬的形象。如陈子昂。
矢志报国、慷慨愤世的形象。如陆游、辛弃疾。
友人送别、思念故乡的形象。如李白。
献身边塞、反对征伐的形象。边塞诗"战士军前半死生,美人帐下犹歌舞!"
爱恨情长的形象。如柳永《雨霖铃》。

【例1-6】

送元二使安西
王维

渭城朝雨浥轻尘,客舍青青柳色新。
劝君更尽一杯酒,西出阳关无故人。

艺术成就:
(1)提炼了送别诗的典型场景,抽象为送别的文化符号:渭城、阳关。

(2) 反衬手法：以乐景写哀。

【例1-7】
　　回想一下我们看到的那个东西，亲爱的，／在那美好、温和的夏日早晨！／在小路拐弯处，一具污秽的腐尸／躺在撒满碎石的路基上，／它四脚朝天，像个荡妇一样，／热烘烘的，冒着毒气，／无耻而又满不在乎地／露出它胀气的肚子。／太阳照着这团烂肉，／仿佛要把它烤得正到火候，／仿佛要向伟大的自然百倍地返还／曾被她结合起来的万物。／天空注视着这鲜花般绽放的／美妙的骸骨。……
　　　　　　　　　　　　　　——波德莱尔：《恶之花》节选

鉴赏要点：以丑为美，打破古典美与崇高美，获得现代意境——反向诗学意义。

4. 形式美

中国古典诗词最讲究形式美，在长期发展过程中逐渐形成的各种格律、体制，结合着汉语言文字的特点，使得古典诗词在形式上具有音乐美和建筑美，这种形式美在世界诗歌园地中也是独具一格的。如《璇玑图》。

《璇玑图》原诗共840字，纵横各29字，方阵纵、横、斜、交互、正、反读或退一字、迭一字读均可成诗，诗可用三、四、五、六、七言多言阅读，可组成7958首诗。例如，"琴清流楚激弦商秦曲发声悲摧藏音和咏思惟空堂心忧增慕怀惨伤仁";"琴清流,楚激弦,商秦曲,发声悲,摧藏音,和咏思,惟空堂,心忧增,慕怀惨伤";"琴清流楚激弦,商秦曲发声悲,摧藏音和咏思,惟空堂心忧增";"琴清流楚激弦商,秦曲发声悲摧藏,音和咏思惟空堂,心忧增慕怀惨伤"。又,从最右侧直行开始,随文势折返,可发现右上角外围顺时针读为"仁智怀德圣虞唐,贞志笃终誓穹苍,钦所感想妄淫荒,心忧增慕怀惨伤",而原诗若以逆时针方向读则变为"伤惨怀慕增忧心,荒淫妄想感所钦,苍穹誓终笃志贞,唐虞圣德怀智仁"。

鉴赏要点:才情之妙,贯古超今。编者的悲欢忧乐,忠愤感激,好贤厌恶,跃然纸上。堪称回文诗中之千古力作!

西方诗歌在现代,也具有非常独特的形式美。

(1) 句式上。

【例1-8】
　　　　　今晚上我精神很坏。是的,坏。陪着我。
　　　　　跟我说话。为什么总不说话。说啊。
　　　　　你在想什么?想什么?什么?
　　　　　我从来不知道你在想什么。想。
　　　　　我想我们是在老鼠窝里,
　　　　　在那里死人连自己的尸骨都丢得精光。
　　　　　"这是什么声音?"
　　　　　风在门下面。
　　　　　"这又是什么声音?风在干什么?"
　　　　　没有,没有什么。……
　　　　　　　　　　　　——艾略特:《荒原·对弈》

鉴赏要点:① 对话形式,② 时空交错,③ 虚实互动,④ 意象飘浮。

(2) 外在形式上。

如楼梯诗,图画诗。

二、古典诗词鉴赏步骤

读诗歌

1.明白表层意思
- 能翻译出大意:时间、地点、人物、事情、景物

2.领会深层意思
- 写出了什么意境(形象、氛围)
- 表达了什么情感(情绪、心境)
- 反映了什么思想(态度、观点)

对古典诗词的鉴赏可分为两个阶段:所感——感知、感触,所识——鉴赏、评价。

(一)所感——感知、感触

感知、感触,就是读诗、读懂诗,可从以下几个方面入手。

1. 具备古典诗词知识

(1)了解古典诗歌的发展变化。应对中国古典诗歌的发展变化有相当清晰的认识,不仅要掌握现实主义和浪漫主义这两大文学源头及其特点,还要按照历史的顺序理清诗歌发展的脉络;既要对各个时期诗歌总体风格有所了解,还要对各个时期(特别是唐宋时期)、各个流派的代表人物有比较深刻的认识。

(2)掌握诗歌类别及其特点。不同类别的诗歌在表情达意、节奏韵律等方面各有特点,因此分清诗歌类别往往是理解和鉴赏诗歌内容的一个突破口。按表达方式,可分为叙事诗、抒情诗、哲理诗;按格律,可分为古风(古体诗)、格律诗(近体诗);按字数,可分为四言、五言、七言、杂言等;按内容,可分为山水田园诗(写景诗)、咏物诗、边塞诗、即事咏怀诗、咏史诗等。而词按风格,可分为豪放派、婉约派等。

(3)把握诗歌的主要特征,即诗歌高度的概括性,生动的形象性,强烈的抒情性,鲜明的音乐性。

(4)强化格律意识。古代诗歌,多数讲究格律,所以必须强化格律意识,对诗词的平仄、对仗、韵脚、词牌等有一个清楚的了解。

(5)熟悉古典诗词鉴赏常用的名词术语。

2. 读懂诗要注意运用方法

(1)从标题初步了解诗歌的表层意义。

标题是诗歌鉴赏的切入点。可借助题目、作者、注释了解。

题目是切入点。古诗的题目很讲究,它往往能揭示诗歌写作的时间、地点、对象、事件、主旨等,是我们解读诗歌的重要切入点,从题目入手,我们可以迅速准确地理解诗歌。

从诗歌作者入手,作者的身世、境遇、抱负、人生观等,往往决定了诗作的思想感情。作者的风格基本是相对稳定的。确定朝代、风格,为后面分析语言、表达技巧、思想内容和诗人的观点态度作铺垫。

从注释了解作者、背景、疑难词语、难懂的典故,深入理解诗意。

(2)学会从内容上分类鉴赏诗歌。

古代诗词,浩如烟海,从《诗经》到清代的诗歌,数量之多,题材之广,令人赞叹。但就其内容而言,大体可概括为咏史诗、山水田园诗、咏物诗、边塞诗、抒怀诗等。

(3)借助背景。

诗歌鉴赏不应忽视对其背景的了解,如诗人所处的社会时代、生平遭遇、思想主张等多方面的内容。这些方面,对诗人的诗歌创作往往有着直接的影响。因而,我们在欣赏诗歌的时候,就应当借此来理解诗歌、把握诗歌。

(4)注意作品中的细节描写。

中国古典诗词一般篇幅短小精悍,这样就不像叙事性作品那样有过多的细节描写。但是,即使是短小的篇章,哪怕是抒情小品,也同样不能忽视其中的细节描写。

（5）注意作者的逻辑思维。

在古典诗词中，人们一般能注意到其中的形象思维，并对此加以充分的分析，而忽视了对作品进行必要的逻辑思维的分析理解，从而在某些时候不能全面客观地鉴赏出作品的真正意蕴。形象思维不能排斥逻辑思维，而且必须以逻辑思维为基础。

（6）注意作品中的典故运用。

用典，是古诗词中常用的一种表现方法，在增强作品意蕴的同时，也给阅读造成了一定的影响。有些时候如果不能正确理解其中典故的含义就会直接影响对整个作品的鉴赏。所以必须对作品中的典故有个初步的理解，透过原来典故中的本意进而理解出用典后所表达出的新的含义。如《永遇乐·京口北固亭怀古》中的"千古江山，英雄无觅孙仲谋处"。

一般而言，古诗词中的用典要注意以下几种情形。

点化前人语句。点化不同于直接引用，而是将前人语句消化后用自己的话写出。

明用历史故事。在引用历史故事时，明白地指出是何人何事，这是明用。如"廉颇老矣，尚能饭否"。

暗用历史故事。比明用隐蔽，因为没有明白地指出是什么，所以难以一眼看出。如辛弃疾《破阵子·为范南伯寿》上片中的"掷地刘郎玉斗，挂帆西子扁舟"，连用范增"将玉斗拔剑撞而破之"和范蠡与西施的故事。

反用历史故事。明用和暗用历史故事，都是正用其意，反用历史故事则是反用其意。如辛弃疾《摸鱼儿·更能消几番风雨》中的"君莫舞，君不见，玉环飞燕皆尘土"。

（二）所识——鉴赏、评价

1. 把握诗歌的意象与意境

诗歌的意象是多种多样的，归纳起来有以下几类：

（1）象征性意象。

（2）比喻性意象。

（3）描述性意象。

（4）通感性意象。

2. 鉴赏诗歌中的形象

形象就是文学作品中展示出来的生活图画，含有"意"的形象，即"意象"。诗人一般借意象来表现自我，诗人作为主体往往与意象这个客体合而为一。有时诗中有几个意象，各个意象之间都有一定的联系。

形象可分为人物形象和自然景物形象：

（1）人物形象。诗中的诗人形象"我"，一般指的就是抒情主人公，即诗人自己。有别于小说中的"我"（非作者本人）。如"半生诗酒琴棋客，一个风花雪月身"。

（2）景物形象。诗中的景物形象是情中景。如"日照香炉生紫烟，遥看瀑布挂前川"。抒情诗，往往是借助客观物象（山川草木等）表现出主观感情形象。如"惊涛拍岸，卷起千堆雪"。

鉴赏诗人形象的思路与其他文学作品中的方法一致，一般从其"社会地位""思想意识""性格特征"等方面进行。

3. 鉴赏作品的语言

诗歌语言的主要特征有：凝练性、形象性、情感性、跳跃性。鉴赏诗歌的语言主要从这几个方面入手，而这几个方面往往是合为一体的。如：

千山鸟飞绝，万径人踪灭。——语言凝练，形象如画

但愿人长久，千里共婵娟。——语言平白，情感深沉

为人进出的门紧锁着，为狗爬出的洞敞开着。——语言朴实，形象生动

4. 鉴赏作品的表达技巧

表达技巧指诗人在借助语言文字塑造艺术形象时，灵活运用创作规则和方法所表现出来的具体而又特殊的艺术手段。

（1）抒情方法。

抒情方法，借人或物言志，另外还有融情于景、怀古伤今和即事感怀等。

（2）表现手法。

表现手法可以从三个方面进行把握。

① 创作方法：赋、比、兴。

② 表达方式：记叙、描写、抒情、议论。

③ 构思技巧：以动写静、乐景写哀、虚实结合、小中见大、点面结合、想象联想、象征寄托等。

（3）用典。

鉴赏诗歌的用典主要明确两点。

① 典故的来源及其含义。

② 用典的作用。用典的作用在唐以前诗歌中主要表现为增加诗歌的容量，使诗典雅耐读，富于文采；在唐以后的诗词曲中主要是怀古伤今，咏史言志。

（4）风格。

风格是由创作个性决定的作品在思想与艺术上总的特色。风格就大处而言，有浪漫主义和现实主义之分。从诗、词、曲的总体风格来讲有诗庄、词媚、曲谐（俗）之说，词又有豪放和婉约之别。

① 不同的风格有不同的特征。

浪漫主义：善于抒发对理想世界的热烈追求，常用夸张手法，语言热情奔放，想象瑰丽神奇。代表诗人有屈原、李白、李贺、苏轼等。

现实主义：注重按照生活本来的样子精确细腻地描写现实，真实地反映人民的生活与追求。代表诗人有杜甫、辛弃疾、陆游、龚自珍等。

② 许多诗人形成了自己的独特的风格。

苏轼、辛弃疾：豪放	柳永、李清照：婉约	李煜、刘禹锡：隽永
谢朓、谢灵运：自然	李白：清新飘逸	杜甫：沉郁顿挫
屈原：雄浑悲壮	王安石：雄健高峻	陶渊明：淡远闲静
王维：恬淡优美	王昌龄：雄壮豪迈	李贺：雄浑奇特
曹操：豪放磅礴		

③ 不同类型的诗有不同的风格。
宫廷诗:缠绵婉转　　田园诗:恬淡宁谧　　山水诗:清新优美
边塞诗:悲凉慷慨　　讽喻诗:沉郁激愤　　咏史诗:雄浑壮阔
(5) 修辞。
修辞有比喻、拟人、对比、夸张、借代、双关、互文等。

5. 评价作品的思想内容

第一,思想感情考察的主要有三点。

① 情感类别:哀怨、激愤、憎恶、忧愁、欣喜、欢快、向往、离愁别恨、怀古伤今等。

② 情感载体:杨柳——离别,菊花——傲骨,圆月——团圆,落叶——失意等。

③ 抒情方法。如"汉皇重色思倾国"几个词语,表达了对李隆基荒淫误国谴责的思想感情。

第二,内容主旨。

① 涉及文化常识、生活常识、历史典故、神话传说和自然现象。如"总把新桃换旧符"中关于桃符的神话传说。

② 某一诗句的大意或内涵。如"横眉冷对千夫指,俯首甘为孺子牛"。

③ 诗人的思想倾向、政治主张、志向追求、生活经历等。如《龟虽寿》:"老骥伏枥,志在千里;烈士暮年,壮心不已。"思想内容积极进取,豪迈大度,心系天下,英雄人生,千古激荡!

④ 时代背景、社会现实。诗歌表现思想内容的形式大致有两种:一是借景物抒情,二是借人物言志。律诗、绝句大多是先描写景物,后抒发情怀;词曲往往是咏物怀古,即借事物、借人物来表明心志。思想内容也就在抒情言志的诗句里得到集中的体现。

对诗歌思想感情的鉴赏,首先从诗歌的基本内容入手,其次体会出作者在诗歌中所蕴涵的情感。

小结:

要真正读懂诗歌,方法不是根本,多读多悟才是关键。

读懂是一项综合性的智力活动,要先学会分步阅读,再上升到综合阅读。

这段时间做诗歌鉴赏题,不要忙于答题,要有意识地把读懂诗歌放在首位。

第三节　鉴赏案例

一、《诗经·蒹葭》鉴赏

(一)《诗经》简介

(1)《诗经》是中国最早的一部诗歌总集,本称"诗",汉代时被儒家奉为经典,才称《诗经》,收录了从西周到春秋时期的305篇诗歌,又称"诗三百"。

(2)《诗经》中的诗,当时都是能演唱的歌词。按所配乐曲的性质,可分成风、雅、颂三类。

"风",国风即各地区的乐调,即音乐曲调。以民歌为主,共160篇。"风"代表着《诗经》的最高艺术成就,与屈原的《离骚》并称"风骚"。

"雅",即正,指朝廷正乐,是周王朝直接统治地区的音乐。按音乐的不同分为《大雅》和《小雅》,大多是宫廷宴飨时的乐歌,大部分是西周时的作品,共105篇。

"颂",包括周颂、鲁颂和商颂,共40篇,是宗庙祭祀的乐歌。

(3)《诗经》是中国现实主义诗歌的源头。

形式多样:史诗、讽刺诗、叙事诗、恋歌、战歌、颂歌、节令歌以及劳动歌谣等。

内容丰富:反映广阔的社会生活,有劳动、婚姻、爱情、战争、徭役、压迫、反抗、风俗、自然、时令等。

(4)《诗经》的特点。

① 以四字句(四音)为主,双声、叠韵、叠字,文字简单。

② 重章叠句,反复,咏唱。

③ 赋、比、兴。

赋:直陈其事,反复铺陈叙述。包括一般陈述和铺排陈述两种情况。

比:以彼物比此物也,就是比喻,打比方,如《硕鼠》。

兴:"先言他物,以引起所咏之辞",即感物起兴,类似联想。如《关雎》。

(二)《蒹葭》赏析

本诗是《诗经·秦风》中的代表作。追求的执着,寓情于景,意境朦胧,节奏分明。表现了理想目标的距离感,追求不得的挫败感,可望而不可即的失落感。

1. 内容方面

(1) "蒹葭苍苍,白露为霜"。

每章1、2句,以景托情。

描绘在一个秋日的清晨,诗人来到河边,荻花如霜,白露茫茫、寒霜浓重的凄凉景色,伊人不在,心情落寞。"苍苍""萋萋""采采"形容芦苇茂盛的样子,渲染了冷寂与落寞的气氛,为下文"溯洄从之""溯游从之"作了铺垫。"为霜""未晞""未已"暗示时间在推移,诗人在不断寻觅,执着地追求着。

(2) "所谓伊人,在水一方",追寻伊人,点明主题。

"伊人"指因深爱而思慕的对象。所指不确定,或指情人、知己,或指贤人、圣主,或指理想、愿望,意境朦胧,含蕴无尽。

"在水一方"本指伊人可望而不可即,加之后两章的"在水之湄""在水之涘",可感到伊人飘忽不定、扑朔迷离、悠渺难测,写出人生中各种可望而不可即的人生际遇,意蕴开阔。美在意境不确立,可以任意想象,空间很大,幻象丛生。可见诗歌的艺术感染力。

(3) 追寻境况:"溯洄从之,溯游从之。"

蒹葭—苍苍— 凄凄—采采

在水— 一方 — 之湄 —之涘

宛在水中—央 — 坻 — 沚

白露—为霜 — 未晞 — 未已

道阻且—长— 跻 — 右

描述的一是道阻且长,二是幻象迷离。人生追求中难免有失落、无奈,更能引起读者的共鸣,心灵的回响。

2. 艺术方面

王国维在《人间词话》中说:"《蒹葭》一篇最得风人深致。间离的美,朦胧的美,欠缺的美,隽永的美。"

(1) 意境朦胧、含蕴无尽。

"伊人"指因深爱而思慕的对象。所指不确定,或指情人、或指贤人、或指理想愿望,意境朦胧,含蕴无尽。"在水一方""在水之湄""在水之涘",可感伊人飘忽不定、扑朔迷离、悠渺难测。

这是一种朦胧的意境,象征着多重意义。"伊人"难求、挚友难觅,贤才难得、抱负难展、理想难达等,各种可望而不可即的人生际遇,都可以在此得到心灵的回响,因而本诗具有意境朦胧、含蕴无尽的美。

(2) 重章叠句深化诗歌意境。

本诗采用重章叠句的形式,具有层层推进、步步深化诗歌意境的作用。

空间的变换:"伊人"在水一方、在水之湄、在水之涘;宛在水中央、水中坻、水中沚;暗示了追寻对象的飘忽难觅及追寻者的无奈和惆怅。

道路阻的"且长""且跻""且右"从不同的角度步步加深道路的坎坷曲折,暗示追求者的矢志不渝。

时间的推移:白露为霜、未晞、未已,暗示了追寻时间的延伸,有层层推进、步步深化诗歌意境的作用。

(3) "赋""兴"手法的运用。

"赋":直陈其事,反复铺陈叙述。本诗每章后四句是"赋"的手法。"溯洄从之""溯游从之"表达了诗人追求所爱的坚强意志;"道阻且长""道阻且跻""道阻且右"说明爱的路上困难重重,道路曲折;"宛在水中央""宛在水中坻""宛在水中沚"表达相望伊人,可望而不可即的无限情意。

"兴"是"先言他物,以引起所咏之辞",即感物起兴,类似于联想。每章首两句都是借景起兴,如"蒹葭苍苍,白露为霜"是先写河畔芦苇很繁盛,夜来清露结成霜的景物,以便更自然地引出本诗的主题:"所谓伊人,在水一方",即诗人隔河企望,追寻"伊人"。

(4) 语言形式上,采用重章叠句的形式及作用。

适应口头文学记忆和传播方便的需要。

全诗共3章12句,仅变动了十几个字,就描绘出芦苇茂盛的状态,暗示追寻道路的曲折漫长,表现出伊人可望而不可即的痛苦和追求者的执着、坚定,这种手法类似于现代歌曲中的合唱、轮唱,有一唱三叹的效果,有助于强烈感情的抒发。具有回环往复、一唱三叹之美,从听觉上强化了音乐旋律感。

(三) 鉴赏思考

(1)《蒹葭》对人生的启迪。

风筝的羽翼上染上了我们的志向与梦想,它必须为了使命的召唤勇敢地飞翔,它必须有足够的勇气飞向广阔的天空。

"精卫填海""夸父追日""九天揽月""路漫漫其修远兮"以至"衣带渐宽终不悔,为伊消得人憔悴"都体现了对理想的追求。

(2) 面临着以"人类利益"为中心的文化价值,和以当代人眼前利益为中心的价值取向,如何树立理想?

二、唐诗《春江花月夜》鉴赏

(一) 要点

(1)《春江花月夜》,题目五个字,代表江、花、月三种意象的构建。
(2) 分析意象,体会本诗情景交融、华美感伤的意境。

(二) 作者及作品

作者张若虚是初唐后期著名的诗人,与贺知章、张旭、包融并称"吴中四士"。

张若虚的诗留传至今的一共有《春江花月夜》和《代答闺梦还》两首。

《春江花月夜》为乐府吴声歌曲名,相传为南朝陈后主所作,原词已不传,张若虚的这首为拟题作诗,与原先的曲调已不同,却是最有名的,实为千古绝唱。

(三) 赏析

这首诗从月生写到月落,把客观的实境与诗中人的梦境结合在一起,写得迷离惝恍,气氛朦胧。也可以说整首诗的感情就像一场梦幻,随着月下景物的推移逐渐地展开。亦虚亦实、忽此忽彼,是跳动的、断续的,有时简直让人把握不住写的究竟是什么,可是又觉得有深邃的、丰富的东西蕴涵在里面,等待人们去挖掘、体味。

全诗三十六句,四句一转韵,共九韵,每韵构成一个小的段落。

开头——诗先点出题目中春、江、月三字,但诗人的视野广阔。

第一句"春江潮水连海平",就已把大海和春、江连在一起。

第二句"海上明月共潮生",告诉我们那一轮明月乃是伴随着海潮一同生长的。诗人在这里不用升起的"升"字,而用生长的"生"字,一字之别,另有一番意味。明月共潮升,不过是平时习见的景色,比较平淡。"明月共潮生",就渗入诗人主观的想象,仿佛明月和潮水都具有生命,她们像一对姊妹,共同生长,共同嬉戏。这个"生"字使整个诗句变活了。

第三、四句:"滟滟随波千万里,何处春江无月明!"滟滟是水波溢满的样子。江海相通,春潮涣涣,月光随着海潮涌进江来,潮水走到哪里,月光跟随到哪里,哪一处春江没有月光的闪耀呢?

"江天一色无纤尘,皎皎空中孤月轮。江畔何人初见月?江月何年初照人?"江天一色,连一粒微尘也看不见,只有一轮孤月高悬在空中,显得更加明亮。

在江边是谁第一个见到这轮明月呢?

这江月又是哪一年开始把她的光辉投向人间的呢?

这是一个哲学问题,是一个永无答案的谜。

自从张若虚提出这个问题以后,李白、苏轼也发出过类似的疑问。

李白说:"青天明月来几时?我今停杯一问之。……今人不见古时月,今月曾经

照古人。"(《把酒问月》)

苏轼说:"明月几时有?把酒问青天。不知天上宫阙,今夕是何年。"(《水调歌头》)这已不仅仅是写景,而几乎是在探索宇宙的开始,追溯人生的开端了。

"人生代代无穷已,江月年年只相似。不知江月待何人,但见长江送流水。"人生易老,一代一代无穷无尽地递变着,而江月却是年复一年没有什么变化,她总是生于海上,悬于空中,好像在等待着什么人,可是总没等到。

长江的水不停地流着,什么时候才把她期待的人送来呢?

诗人这番想象是从"孤月轮"的"孤"字生发出来的,由月的孤单联想到月的期待,再由月的期待一跳跳到思妇的期待上来:"白云一片去悠悠,青枫浦上不胜愁。"

白云一片悠悠飘去,本来就足以牵动人的离愁,何况是在浦口,青绿的枫叶点缀其间,更增添了许多愁绪。

"谁家今夜扁舟子,何处相思明月楼?"月光之下,是谁家的游子乘着一叶扁舟在外漂荡呢?那家中的妇人又是在哪座楼上想念着他呢?一句写游子,一句写思妇,同一种离愁别绪,从两方面落笔,颇有一唱三叹的韵味。

"江流宛转绕芳甸,月照花林皆似霰。空里流霜不觉飞,汀上白沙看不见。"这四句由江写到花,由花又回到月,用其他景物来衬托月光的皎洁。"芳甸",就是生满鲜花的郊野。"霰",是雪珠。"江流宛转绕芳甸,月照花林皆似霰",是说江水绕着生满鲜花的郊野曲折流过,明月随江水而来,把她的光辉投到花林上,仿佛给花林撒上了一层雪珠。"空里流霜不觉飞",因为月色如霜,所以空中的霜飞反而分辨不清了。

"斜月沉沉藏海雾,碣石潇湘无限路。不知乘月几人归,落月摇情满江树。"斜月沉沉,渐渐淹没在海雾之中,月光下的一切也渐渐隐去了,好像一幕戏完了以后合上幕布一样。这整夜的相思,这如梦的相思,怎样排遣呢?游子思妇,地北天南,不知道今夜有几人趁着月华归来!看那落月的余晖摇动着照满江树,仿佛怀着无限的同情!

《春江花月夜》诗人把游子的离愁放到春江花月夜的背景上,良辰美景更衬出离愁之苦;又以江月与人生对比,显示人生的短暂,而在短暂的人生里那离愁就越发显得浓郁。这首诗虽然带着些许感伤和凄凉,但总的看来并不颓废。它展示了大自然的美,表现了对青春年华的珍惜以及对美好生活的向往。那种对于宇宙和人生的真挚的探索,也有着深长的意味。

全诗扣紧"春、江、花、夜、月"这五个字,都围绕着月作陪衬。诗从月生开始,继而写月下的江流、月下的芳甸、月下的花林、月下的沙汀,然后就月下的思妇反复描写,最后以月落收结。有主有从,主从巧妙地配合着,构成完整的诗歌形象,形成美妙的艺术境界。

(四) 鉴赏思考

(1) 美文美声,美景美情;对景物的描写,采取多变的角度,敷以斑斓的色彩,很能引人入胜。如"月光",就有初生于海上的月光,有花林上似霰的月光,有沙汀上不易察觉的月光,有妆镜台上的月光,有捣衣砧上的月光,有斜月,有落月,多么富于变化!诗中景物的色彩虽然统一在皎洁光亮上,但是因为衬托着海潮、芳甸、花林、白云、青枫、玉户、闲潭、落花、海雾、江树,也在统一之中出现了变化,取得斑斓多彩的效果。

(2)"人生代代无穷已":宇宙渺渺,岁月无情,人生有限,千古丹心,情真意切!人生在宇宙这个自然界中最强大力量是人情——它不仅在治世时代是美好的,生命中是春江花月夜,哪怕是长亭送别,在乱世中则是生命中最珍贵的,是精神世界的支撑!

三、宋词《声声慢》鉴赏

(一)解读

寻寻觅觅,冷冷清清,凄凄惨惨戚戚。乍暖还寒时候,最难将息。三杯两盏淡酒,怎敌他、晚来风急。雁过也,正伤心,却是旧时相识。

满地黄花堆积,憔悴损,如今有谁堪摘?守着窗儿,独自怎生得黑?梧桐更兼细雨,到黄昏、点点滴滴。这次第,怎一个愁字了得!

——李清照:《声声慢》

"寻寻觅觅,冷冷清清,凄凄惨惨戚戚"彪炳于文学史,空前绝后。李清照在中国文学史上的地位完全确立。她用一生的心血,如同杜鹃啼血般为我们创造了一个别具一格的荡漾于词心的国度。在文学史上作为一朵奇葩,被人们铭记——愁的化身,一种绝美,冷江悬月的凄清——她的专属品牌。

钱钟书《管锥编》在总结古代众多登高之作后就曾说:"囊括古来众作,团词以蔽,不外乎登高望远,每足使有愁者添愁而无愁者生愁。"受传统影响,中国人似乎独独钟情于这类题材。每每感时伤春,感事伤怀,多有佳作。有李白望月长抒:"白发三千丈,缘愁似个长。"李煜扶栏低泣:"问君能有几多愁,恰似一江春水向东流。"苏轼拄杖唏嘘:"试问闲愁都几许,一川衰草,满城风絮,梅子黄时雨。"须眉尚且如此,女子似乎更有理由深切品味解读愁的滋味。李清照是其代表。《声声慢》——国愁、家愁、情愁,怎一个愁字了得!

(二)意象

意象1:寻寻觅觅,冷冷清清,凄凄惨惨戚戚。
关于酒的诗句还有:
抽刀断水水更流,举杯消愁愁更愁。　　——李白:《宣州谢朓楼饯别校书叔云》
举酒欲饮无管弦,醉不成欢惨将别。　　——白居易:《琵琶行》
艰难苦恨繁霜鬓,潦倒新停浊酒杯。　　——杜甫:《登高》
结论:三杯两盏淡酒,这些关于酒的诗词中,酒是"愁"的象征。

"淡酒"?愁重酒淡,酒力压不住心愁,自然也就觉得酒味淡,这是一种主观感受。一个"淡"字表明了作者晚年是何等凄凉惨淡。

意象2:怎敌他、晚来风急。
关于秋风的诗句还有:
风急天高猿啸哀。　　——杜甫:《登高》
秋风秋雨愁煞人。　　——秋瑾
结论:秋风渲染愁情。

意象3：雁过也，正伤心，却是旧时相识。
关于雁的诗句还有：
乡书何处达，归雁洛阳边。　　　　　　　　　　　　　——王湾：《次北固山下》
雁字回时，月满西楼。　　　　　　　　　　　　　　　——李清照：《一剪梅》
塞下秋来风景异，衡阳雁去无留意。　　　　　　　　　——范仲淹：《渔家傲》
结论：过雁是"乡愁、离愁"的象征。
为什么作者看到过雁会"正伤心"？
因为"却是旧时相识"，这正是伤心的由来。本该北归的大雁却向南飞来，而词人当时也正在南方避难，真可谓有"同是天涯沦落人，相逢何必曾相识"的感慨。然而这过雁不正是以前经常为词人传递相思之情的那一群过雁吗？（《一剪梅》："云中谁寄锦书来？雁字回时，月满西楼。"）过雁还是那群过雁，只不过物是人非，收信的那个人已经不在人世了。所以看到过雁不禁悲从中来。

意象4：满地黄花堆积，憔悴损，如今有谁堪摘？
关于黄花的诗句还有：
莫道不销魂，帘卷西风，人比黄花瘦。　　　　　　　　——李清照：《醉花阴》
结论：黄花比喻女子憔悴的容颜，作者的感情已渐渐融入落花之中。
这两句由景入情，情景交融。枯萎凋零的菊花多像自己憔悴的容颜、孤苦飘零的晚境，再无当年"东篱把酒黄昏后，有暗香盈袖"的雅致了。

意象5：梧桐更兼细雨，到黄昏，点点滴滴。
关于雨的诗句还有：
清明时节雨纷纷，路上行人欲断魂。　　　　　　　　　——杜牧：《清明》
夜阑卧听风吹雨，铁马冰河入梦来。　　　　　　　　　——陆游：《十一月四日风雨大作》
梧桐雨，三更雨，不道离情正苦。　　　　　　　　　　——温庭筠：《更漏子》
结论：雨是哀伤、愁思的象征，梧桐也是牵愁惹恨之物，加之此句以声衬情，意境深远。

结句：这次第，怎一个愁字了得！是本诗的主旨句。
全词归结到"愁"字上，作者借景抒情，通过对秋景秋情的描绘，抒发了一种国破家亡、天涯沦落的悲苦，表现了作者孤独寂寞的忧郁情绪和愁苦不安的心境，"这次第，怎一个愁字了得！"
颠沛流离之苦、亡夫之痛、家国之恨、孤独老病等，仅用一个愁字又如何概括得尽呢！？

(三) 鉴赏思考
(1) 李清照所寻寻觅觅的是什么呢？
(2) 李清照的悲剧，是国之悲愁，家之悲愁，己之悲愁。

四、词曲组合鉴赏——《贺新郎·别茂嘉十二弟》与《秋思》的孤怀之情

送别与思念,历来是中国人的痛,尤其是在动荡的时代!辛弃疾的《贺新郎·别茂嘉十二弟》与马致远的《天净沙·秋思》,正是这种感情的极致书写,并且无论是时令还是因果,都表现了一脉相承性,从春天的送别到秋天的天涯游子——犹如茂嘉,别了亲人,成为天涯断肠人!

南宋,破败的江山,离别的家人,破碎的情感,多少人的泪眼,多少的凄凄惨惨戚戚,在辛弃疾的《贺新郎·别茂嘉十二弟》里淋漓尽致地表现了。无独有偶,元朝的马致远的《天净沙·秋思》,则似乎在写茂嘉在天涯的断肠之思,同样表达了一份海洋般深邃的离情,两位作家通过写人世中"别"与"思",表达了一个共同的民族特质——情!

(一)诗心的田园与宇宙的渺渺:春天——秋天

灵与肉,轻与重,情感与现实,无助,孤独,脆弱,如尼采所说是"永劫回归",极致的美与痛,画出的是华夏民族存在的图——永远感受的不被遗忘的存在!

1. 辛弃疾春天的送别:从春天到远古

辛弃疾在《贺新郎·别茂嘉十二弟》这首词里,以丰富的想象和奇诡的语言,慨叹时世,俯仰人生,壮志难酬,今古河山兴复无望,狼山牧草魂一缕,万里丹心,千年碧血,表现出幽奇神秘的意境,遥祭悠悠古人,宛然烟尘浮动,那一幕幕像是从杯中倾泻——不成悲泣不成歌!

在百花凋零的原野上,春尽花谢,浓绿的树林里,鹈鸠鸟唱起惜春的歌曲;杜鹃悲切地呼唤响彻夜空:"不如归去!""不如归去!"

悠悠古今,有多少诀别的伤心画面:

马上昭君辞故国;琵琶一曲关山黑;猿声啼不住送天涯倦客,梁上筑燕泥,山中无归路,望断故园心路。

阿娇含泪长门去,从此难见黄金阙;

看燕燕,泪飞如雨送归妾。

古今如梦。

在一片凄婉的啼叫声中,春天,你归向何处?

绿——墨绿,黑——灰黑,雪——素白,几种色彩映衬,构成悲凉氛围。

绿树——春色将逝,百花凋零,春意阑珊。

古今万事皆成空,还有几人能从梦中醒来,只有些怀念旧日情感,不禁惆怅长叹。"风萧萧兮易水寒,壮士一去兮不复还!"素服寒光相映白,壮士头颅,何吝一掷!已知泉路近,欲别故乡难。

送别了,故国忠节,禁不住,仰天痛哭,关山万里生死路,满腹哀曲难诉说,灵旗空际看!

抒发故国悲痛,豪情抒悲愤,感伤家国之情于悲愤苦涩里盘旋曲折,壮志难酬的悲壮襟怀,缀景荒凉,设色冷淡,令人黯然神伤,俯仰艰难身世,苍凉悲壮,郁怒激烈。

一曲悲歌,痛哭新亭一举杯:万古不绝!

人与他的世界的可能性是什么？故国一系列的意象，辛弃疾追寻的是一条天路历程，演绎着生命的价值。

2. 马致远《天净沙·秋思》——从地上到天际，天涯游子，抒发孤怀之情

宇宙是永恒存在的，时间是他的生命，人是这里的主宰吗？这支小令用了28个字，用看似极平常的景物，以极平白的写法，构成了极深远凝重的意境，显示出震撼人心、感人肺腑的人生感受：上有广袤的天空，旋飞的昏鸦，下有悠长的流水，斑斓的色彩，凄凉的我啊，游子思妇，地北天南。不同凡响的艺术构思，开拓出新的意境，表现了新的情趣，使这首诗成为千古绝唱。

（1）催情色彩。

枯藤老树昏鸦：（时令）晚秋、黄昏——深秋时节，万物萧条，青藤枯老，黄叶落尽。

老：树之老，藤之老，形态老，树木饱经风霜，几历沧桑萧瑟，凄凉的状态多么可叹！——它不像一个历尽人间疾苦的苦人吗？

昏鸦：黄昏时分，乌鸦觅食一天，已没精打采，幸好找到一处栖息之地。

（2）孤怀之歌：秋风声、落叶声、流水声、嘶鸣声、马蹄声。

秋风扫落叶之声——老叶子已掉光的藤条攀缠在灰黑色、同样枯了的老树上，秃枝之间，栖落一只或一群乌鸦，瑟缩着。

小桥流水声——桥下一弯秀水，潺潺流淌。

古道的马蹄声与马的嘶鸣声。画面：一路黄尘漠漠，秋风飒飒，"长亭更短亭"的漫漫古道上，一匹瘦骨伶仃、精疲力竭的驽马迟缓地走着，不时发出一声悲鸣……

《礼记·乐记》曰："人心之动，物使之然也，感于物而动，故行于声。"作为自然界的主体，人，最大的对象是自然物，它在人世面前，作为被赋予体，它就是人的情意的表现，春花秋月，山水万物，皆是人的思想感情的折射。

草木摇落，鹈鴂绿树，枯藤老树昏鸦，辛弃疾、马致远都用物情显人情。

（二）古今之情

华夏民族是最早跨入文明的民族，民族的特质就是"情"，《贺新郎·别茂嘉十二弟》和《天净沙·秋思》以艺术的形式表现的正是生命的形式：宇宙这个自然界中最强大力量是人情。它不仅在治世时代是美好的，如《春江花月夜》，在乱世中更是生命中最珍贵的财富，是精神世界的支撑！人拥有它就等于有了生存的价值与依靠！

1.《贺新郎·别茂嘉十二弟》

作者通过平列主人公离别故事，思古伤今，即景感怀，悼古伤今，格调激越，气韵沉健。如吴晓东分析的中国古代诗人对往事的再现，总体上的特征是不完整的、残缺的，它形成的是一种斯蒂芬·欧文所谓的"断片的美学"。

（1）用三个女性（阿娇失宠，遭嫉妒排挤；庄姜送戴妫，受政治迫害；昭君出塞，小丑当道）诀别故里，显得哀婉凄凉，暗遭嫉妒伤害，而又难忘君恩的绵绵情意与无可奈何。

（2）以男女之情喻君虐之遇，表达哀怨的忠贞，表现矢志不二的爱情。

（3）以李陵展望故国，勉励茂嘉爱惜有用之身，"不死将以有为也"，是非曲直，任其评论。

一系列意象引发的惆怅,同别离的心灵创伤融为一体,表现出词人的极度悲哀。

2.《天净沙·秋思》

萨特认为,人不是他所有的一切的总和,而是他还没有而可以有的一切的总和。所以,我们只有通过它将变成什么来理解它是什么,作品以时间和空间意义来体现存在的价值:绿树老了、枯了,"羁栖良苦",离人在天涯!

小桥流水人家:(远观)在心理上表达了天涯人对安居故乡的生活可望而不可即的感受。

古道西风瘦马:(观自身)。反衬:小桥、流水、人家。你看这小桥、流水、人家都是那么安详、那么静谧,又是那么温馨。

两首诗用断片的意象,创出永恒,两首诗共同创造了"谁共我,醉明月"的孤情境界。

第四节 诗歌写作

通过研究经典诗歌,一方面,了解其写作的特点、经验及规律,作为学习写作的借鉴;另一方面,研究作者的写作过程,探讨写作主体的能力结构、思维特征等主体因素是如何运用智力和技能把生活材料、思想情感富有创造性地转化为好诗歌的,培养、增强我们自身的素质和能力,从而指导诗歌写作实践。

一、写什么——前写作

(一) 想写

过去的采撷、积累,对生活的观察认识,对他者的学习和借鉴,对于主体来说,有了写作的冲动后,就需要将主观与客观事物相互作用的认识表达出来,即以语言文字符号为工具和载体,进行思维活动和心理活动,将其成果有序化、篇章化(或者图像化)地表达出来并传递给读者,以引起他们的共鸣与反应。所以,这既是一种语言现象,更是一种心理现象、思维现象;即是思想、感情、知识等信息的表达、表现,也是思想、感情、知识等信息的发生和形成。

袁枚在《随园诗话》中说:"盖破其卷取其神,非囫囵用其糟粕也。蚕食桑,而所吐者丝,非桑也。"蜂采花,而所酿者蜜,非花也。

有感于各种对象,于是通过对象提炼意象、意境、主旨。用这个"象"的可感性,将"意"表达出来,即思想、情感、认识、思维……

如有感于景色,要借景抒情;有感于其他景物——咏物言志(情),怀古咏史,即事感怀,边塞征战,寄情山水田园等。

(二) 能写

主要表现为写作材料和写作能力的具备。

1. 关于材料

事实性材料、观念性材料、个别性材料、综合性材料、历史性材料、现实性材料。

2. 运用材料,通过这些材料对象描写

表达志向、抒发情思、挞伐现实、讴歌时代、吟咏历史。

(三) 为何写

目的。写作具有非常明确的目的性。

写作就是运用语言文字把已认识的客观事物反映出来,其实质是人们用有组织的语言文字表达思想感情、传播信息、反映客观事物,是人类一项重要的社会实践活动。任何人的任何写作活动都不是漫无目的的,归结有如下几方面。

(1) 抒情言志——表达某种情绪、感受。

(2) 教化养性——为了宣传某种思想、主张。

(3) 文以载道——反映某种事物、事理。

(4) 游戏之作。

内容。诗歌内容广泛,一般具有:

抒发——思想感情;"路漫漫其修远兮……"

反映——社会现实;"国破山河在"。

表现——情趣;"采菊东篱下"。

寄托——情怀(如爱慕、愁绪、惆怅、苦闷等);"念天地之悠悠"。

表达——追求;"不拘一格降人才"。

流露——倾向;"横眉冷对千夫指,俯首甘为孺子牛"。

发出——感慨;"春花秋月何时了"。

坦露——心迹;如《石灰吟》。

造就——情致。"衣带渐宽终不悔"。

(1) 揭露时弊。如"汉甲三十万,曾以事匈奴。但见沙场死,谁怜塞上孤?"(《感遇》其三)

(2) 表达志向。如"老骥伏枥,志在千里""生当做人杰,死亦为鬼雄"又如顾城的(《一代人》)"黑夜给了我黑色的眼睛,我却用它寻找光明"。

(3) 抒发愤慨。如《登幽州台歌》。

(4) 羁旅赠别。如"劝君更尽一杯酒"。

二、怎样写

(一) 准备阶段

1. 主旨明确

韩愈在《进学解》中说:"万山磅礴,必有主峰;龙衮九章,但挈一领。"主旨,就等于画山水画出了主峰,穿衣服提起了领子。

2. 手法

浪漫主义还是现实主义?

3. 诗体

旧体诗还是新诗?

4. 过程

"采集—构思—表述"的动态规律,即"物—意—文"的双重转化规律。

5. 表现方式

(1) 创作方法。可用赋、比、兴等。

(2) 抒情方法。抒情方法包括直接抒情(直抒胸臆)和间接抒情。间接抒情的主要手段有借景或借物抒情,借人或物言志,另外还有融情于景、怀古伤今和即事感怀等。

(3) 构思技巧。以动写静、乐景写哀、虚实结合、小中见大、点面结合、想象联想、象征寄托等。

(二) 写作

1. 结构

结构的含义有动名词之意——动词,指对文章各部分内容的谋划和组织安排的过程。在写作过程中理清思路。名词,指文章的内部组织构造和外部表现形式,在修改和评议时进行调整的对象。

空间结构——浩瀚宇宙,万事万物……

时间结构——悠悠岁月,漫步人生……

情感结构——圣洁与诗心,爱情与人生……

2. 表达方式

记叙、描写、抒情、议论,借景抒情,融情于景,直抒胸臆,虚实相济,绘形绘声绘色,动静结合。

3. 手法

卒章显志、直抒胸臆、情景交融、借景抒情、以景衬情、融情入景、情景相生、情因景生、一切景语皆情语、画龙点睛、托物言志、象征、以小见大、开门见山、寄寓、寄托、衬托、烘托、渲染、对比、起兴等。

4. 风格倾向

风格倾向有沉郁、雄浑、豪放、苍凉、沉郁、冲淡、旷达、低沉、悲慨、苍劲等。

田园诗——恬淡宁静　　山水诗——清新优美　　情感诗——缠绵悱恻

边塞诗——苍凉悲壮　　讽喻诗——沉郁激愤　　咏史诗——雄浑壮阔

5. 语言和修辞

语言和修辞要使用最具活力的语言,包括网络语言,达到语言形神兼备、质朴清新、浓墨重彩、行云流水、淋漓尽致、惟妙惟肖、体物入微、穷形尽态(相)、富有哲理、简洁浅显、明快细腻、明白、淡雅、辞藻华丽等各种效果。

如毛泽东《念奴娇·昆仑》:"横空出世,莽昆仑,阅尽人间春色。""横"字的运用显得气势恢弘,形象地展现出昆仑山的壮观。《六言诗·给彭德怀同志》:"谁敢横刀立马,唯我彭大将军。""横"字传神地刻画了彭德怀将军英武豪壮、凛凛威风的英雄形象。《七律·长征》:"金沙水拍云崖暖,大渡桥横铁索寒。""横"字,显示了大渡河的险要形势,红军将士的英雄胆识。

诗词常用的修辞手法有比喻、拟人、对比、夸张、借代、双关、互文等。

顾城的诗:"淡紫色的风"《水乡》——淡紫色

"暗蓝色的困倦"《十二岁的广场》——暗蓝色

这些诗句能使人产生多种感觉,加强了感觉的密度,增大了信息的容量。学习中外古今诗人的精华,为我创作所用。

6. 用典

鉴赏诗歌的用典主要应明确两点:

(1) 典故的来源及其含义。

(2) 用典的作用。用典的作用在唐以前诗歌中主要表现为增加诗歌的容量,使诗典雅耐读,富于文采;在唐以后的诗、词、曲中主要是怀古伤今,咏史言志。如辛弃疾的词《贺新郎·别茂嘉十二弟》"阿娇含泪长门去,从此难见黄金阙。"

三、修改——后写作

对作品进行全面审视,涉及确定体裁、标题、立意、材料、语言、表现技法等,达到真正意义的"推敲"。

需重点修改以下内容。

(1) 主题——品位、情感。

  深刻,高低,精神等级。

  新颖,独创性。

  含蓄,有回味,呈现出意蕴。

(2) 意象——文以意为主。历代都把立意放在写作过程的首位。

  意是作者写作目的的集中表现。

  集中性——要集中体现它的全部内容。

  具体性——要让读者可以感受到。

  和谐性——要与材料、结构、语言的选择使用互相联系,使之和谐。

(3) 修辞——修辞的效果。

  语言的表达——质朴清新,明白、淡雅、简洁隽永。

  表达——浓墨重彩,行云流水。

  描写——明快细腻,惟妙惟肖。

  抒发——淋漓尽致,富有哲理等。

小结:

1. 腹有诗书气自华,学诗应有惊人句。

2. 生命是永恒的歌,诗是人类心灵的歌。

3. 写作是自觉的。

实 训

一、解读作品

1. 请以苏轼的《念奴娇·赤壁怀古》为例,谈谈你对诗歌艺术美的理解。

2. 分析《自由与爱情》中"生命诚可贵,爱情价更高"的意义。
3. 根据《竹石》一诗,思考诗歌思想、情感、意境的关系。

竹 石
郑燮

咬定青山不放松,
立根原在破岩中。
千磨万击还坚劲,
任尔东西南北风。

4. 艺术赏析"大漠孤烟直,长河落日圆"。
5. 思考《诗经》对后世的影响。

二、写作训练

1. 根据所学诗歌知识,请用诗歌形式写作,表现感物、咏怀、言志的内容,古体、自由体不限。
2. 根据材料写一篇抒情诗。

材料1

在红军长征80周年纪念日之际,我们怀着真挚而崇敬的心情,缅怀那些为革命而长眠在赤水之滨、嘉陵江畔、大渡河两岸、雪山、草地里的红军战士,歌颂他们那种无坚不摧、所向披靡、百折不挠、前赴后继、可歌可泣的英雄业绩。

海拔5800米的党岭雪山,终年积雪,气候恶劣多变,高山空气稀薄,猿猱欲度尚且愁攀援,何况是血肉之躯的人?还是拖着伤残的病体,再加上饥寒交迫的人。

《草地的晚餐》中,一碗可以救命的稀粥,在总司令和战士手里传来传去;我们也不会忘记《七根火柴》的故事,一个红军战士倒下去了,在生命的最后一刻,把可以带来温暖的、最珍贵的七根火柴交给战友……

材料2

2008年年初,美国各大网站都铺天盖地地推出了一项问卷调查,几乎所有的美国网民都参与到这项调查中来。

问卷很简单:凯特非常爱妮雅,可是有一天,妮雅出了车祸,颈部以下全部失去了知觉。你觉得,凯特对妮雅还会一如既往、数十年不离不弃吗?

A. 凯特对妮雅的爱一定不会发生改变,真爱是能经受住任何考验的。
B. 凯特对妮雅的爱一定会发生改变,什么年代了,哪还有这种傻瓜似的爱呢?
C. 凯特对妮雅的爱可能会发生改变,因为现实太残酷了。

约有10%的网民选择了A,10%的网民选择了B,80%的网民选择了C。

问卷到此为止,平淡无奇。可是紧接着,网页上又弹出了一个对话框:哈哈,刚才你一定把凯特当成妮雅的情侣了。现在我们来假设一下,如果凯特是妮雅的父亲或者母亲,你还会坚持刚才的选择吗?再来选一次,好吗?这一次,几乎所有的网民都非常坚定地选择了A。

第二章 散文写作

> **学习要求**
>
> 1. 了解散文的有关基本知识。2. 认识中国散文产生与发展的历程,把握各个历史时期的散文大家、创作作品及其风格。3. 培养散文阅读与鉴赏能力。4. 掌握散文写作方法。5. 训练散文写作。

"华夏文章冠天下"。散文是中国的"强势文体",有着令世人惊羡的悠久而深厚的传统。先秦散文、唐宋古文、晚明小品文、五四美文……历经千年,亘古不衰,偶有沉寂,仍焕发生机,熠熠生辉。"文变染乎世情,兴废系乎时序"。20世纪中后期,散文虽几经沉浮,度过了一段时间的"沉寂期",在20世纪90年代再度兴盛起来。读写散文之风盛行九州,至今热度不减,而且还有升温之势。那么,何为散文?其范围有多大?有哪些特征?其产生与发展历史状况如何?怎样读散文?怎样写散文?这一系列问题该如何认识和把握?欲知其究竟,让我们共同来探寻散文的奥秘吧。

第一节 散 文 概 述

一、散文的概念

散文是中国成熟最早的文体之一,但"散文"这一名称却出现得较晚。首先来梳理一下散文作为文体概念在中国文学史上的源流。

众所皆知,早在春秋战国时期,伴随着学术与思想领域的"百家争鸣",最早出现的就是散文。先秦是中国文学史上最绚烂的时期之一,尽管此前就有一部《诗经》,但与散文相比,还是相形见绌。况且《诗经》编撰的主要角度和目的并非艺术,而是诗教,即所谓诗可以"兴、观、群、怨""不学诗,无以言"等,主要表达诗的功能与作用。

今天谈到许多散文经典,都不能绕开先秦散文。例如,谈到语录体散文,不能不说到《论语》,其中的许多经典语言都具有浓厚的诗意,如"岁寒,然后知松柏之后凋也";又如《诗经》中形容女子漂亮的"巧笑倩兮,美目盼兮",堪称经典描绘。谈到状物绘形,不能不提到《孟子》,其中许多寓言故事对人物情态的描写都很传神,例如孟子见梁惠王,有人问他的感觉,他说:"望之不似人君,近之而不畏。"很准确地抓住了人物的特点。谈到散文的严谨,必须提到荀卿,因为他是中国古代形式逻辑的集大成者,他的文章不但文采斐然,而且结构严谨,在与别人的辩论中几乎无懈可击。谈到散文的开合纵横,则必须提到庄子,那种"天马行空"的思维驰骋,至今仍让人击节称颂。谈到文章的气势,不能不提到李斯和他的《谏逐客书》,那种"物不产于秦,而可宝者多;士不产于秦,而愿忠者众"的铺排,是后来骈体散文的先驱。但是,在当时并没有"散文"这个概念。可见,中国散文理论的发展滞后于散文实践的发展。

散文一词最早出现在魏晋南北朝时期。晋朝有一位叫木华的学者在其《海赋》中说:"若乃云锦散文于沙汭之际,绫罗被光于螺蚌之节。"大体上把散文作为一种与诗歌对立的文体提出来。南朝齐刘勰在其《文心雕龙·明诗》中,评价《古诗十九首》时最早提出了散文的概念。他说:"其《孤竹》一篇,则傅毅之词,比采而推,两汉之作乎?观其散文结体,直而不野,婉转附物,怊怅切情,是五言之冠冕也。"作者在这里说的散文,还不是本体意义上的散文,不是指一种独立的文体,而是说这首诗敷陈其事而直说,有散言的特点。南宋罗大经的《鹤林玉露》有言:"其立意措辞,贵于浑融有味,与散文同。"又说:"山谷(黄庭坚)诗骚妙天下,而散文颇觉琐碎局促。"此时散文作为文体之名才被真正正式提出来。

现代散文概念起于五四新文化运动。即广义的散文是指除小说、诗歌、戏剧等文学体裁之外的其他文学作品,按其内容和形式的不同,可分为政论、史论、传记、杂文、随笔、游记等。狭义的散文是专指包括叙事、抒情在内的文艺性散体文章。

可见,散文这一概念随着文学的发展而发展,在不同的历史阶段有不同的内涵和外延。

中国古代把与韵文、骈体文相对的、凡不押韵不重排偶的散体文章,除诗、词、曲、赋外,包括经、传、史书在内,都一概称为散文。这是一个"大散文"概念,涵盖范围很广,据《文心雕龙》统计,共有 17 种文体:史传、诸子、论、说、诏、策、檄、移、封禅、章、表、奏、启、议、对、书、记。这些文体包括了记事的历史散文、记言的诸子散文、明理的论说文、施政的公务文和务实的应用文。可见,古代散文其实是一个包含有文学因素的非文学的"文章"系统。

现代散文的内涵发生了质的变化,是指用白话抒写的、具有文学性的"美文"(或称"小品文""絮语散文")。相较于古代散文,其不同之处表现在四个方面:一是它排除了大量实用文体,仅保留审美文体,范围缩小,系"小散文"。二是它强调作者性灵的表现,改变了正统"文以载道"的写作路向。三是其写法更为自由与洒脱,可将叙述、抒情、描写、议论融为一体。四是其风格与表现形式更为多样,游记、随笔、小品、短评、杂文、特写等,不一而足。总之,现代散文不再像古代散文那样古雅与谨严,而是令人目眩的清新与疏放,文学性的凸现是其有别于古代散文的根本所在。

当代散文远接古代,近承现代,其外延既不像古代散文那么"宽",也不像现代散文那么"窄",而是介于二者之间,是指除诗歌、戏剧、小说以外,通过写人叙事、状物绘景来陈情达理的散体篇章。

二、散文的类型

散文有多种分类方法。本书按写作方式来分,可分为以下三类。

1. 叙事散文

叙事散文即以写人记事为主的散文。这类散文侧重于从叙述人物和事件的发展变化过程中反映事物的本质,具有时间、地点、人物、事件等因素,从一个角度选取题材,表现作者的思想感情。对人和事的叙述和描绘较为真实、具体、突出,同时表现作者的认识和感受,也带有浓厚的抒情成分,字里行间充满饱满的感情。如鲁迅的《藤野先生》、俞平伯的《桨声灯影里的秦淮河》、吴伯箫的《记一辆纺车》、萧红的《鲁迅先生记(一)》、朱德的《回忆我的母亲》,以及许多现代作家都写过的回忆母亲的散文等。

2. 抒情散文

抒情散文即注重表现作者的思想感受,抒发作者的思想感情的散文。这类散文通常有对具体事物的记叙和描绘,却没有贯穿全篇的情节,它或直抒胸臆,或触景生情,洋溢着浓烈的诗情画意,即使描写的是自然风物,也赋予深刻的社会内容和思想感情。如朱自清的《荷塘月色》、茅盾的《白杨礼赞》、刘白羽的《长江三峡》、魏巍的《依依惜别的真情》、冰心的《樱花赞》等。

3. 明理散文

明理散文即以说明事理为主的散文。文章所表达的哲理是思想的火花,感悟的参透,理念的凝聚,睿智的结晶。它穿越时空,穿透宇宙人生,寄寓于人生百态家长里短,闪现出思维领域的万千景观。优秀的哲理散文善于抓住哲理闪光的瞬间形诸笔墨,表达内涵丰厚、耐人寻味的道理。总之,明理散文以种种形象来参悟生命的真理,从而揭露万物之间的永恒相似,它因其深邃性和心灵透辟的整合,给人一种透过现象深入本质、揭示事物的底蕴、观念具有震撼性等审美效果。如刘墉的《真好》、毕淑敏的《我很重要》、金马的《蝼蚁壮歌》、李雯野的《试谈人生》。

总之,叙事散文宜寓情于事,写出情趣;抒情散文宜融情于景,写出情调;明理散文宜托物言志、融情入理,写出理趣。

三、散文的特征

1. 形散而神不散

"形散"主要是说散文取材广泛而自由,不受时空限制,表现手法不拘一格,既可叙述事件的发展,描写人物形象,又可托物抒情,发表议论,还可根据内容需要自由调整、随意变化。"神不散"主要是从散文的立意方面而言,即散文所要表达的主题必须明确而集中,无论散文的内容多么广泛,表现手法多么灵活,无不为更好地表达主题服务。为了做到形散而神不散,在选材上往往注意材料与主旨的内在联系,在结构上借助一定的线索把材料贯穿成一个有机整体。

2. 情感真挚,意境深远

散文创作者借助联想与想象,由此及彼,由浅入深,由实而虚地依次写来,可以融情于景、寄情于事、寓情于物、托物言志,表达其真情实感,实现物我统一,展现出更深远的思想,使读者领会更深的道理。

3. 语言优美凝练,富于文采

"优美"是指散文语言清新明丽,生动活泼,富于音乐感,行文如涓涓流水,叮咚有声,如娓娓而谈,情真意切。"凝练"是指散文语言简洁质朴,自然流畅,寥寥数语即可描绘出生动的形象,勾勒出动人的场景,显示出深远的意境。正因如此,故散文素有"美文"之称。它不仅有精深的见解和优美的意境,还有清新隽永、质朴无华的文采。

四、中国散文产生与发展概况

中国古代散文的发端,可追溯到殷商时代,在甲骨卜辞中,已出现不少完整的句子。而西周青铜器上的铭文,记叙的内容已经相当丰富,有的长达三五百字,记录贵族事功、诉讼原委或赏赐情由等,可视为中国古代散文的雏形。

(一) 先秦散文

先秦散文是指从殷商到战国末年这一时期的散文,这是中国古代散文的一个重要发展时期。以目前的考古和文献资料来看,中国最早的"书面文学"应起源于商朝的甲骨卜辞及铜器铭文,它们包括了韵文和散文的记载,这就是散文的起源。随后在春秋战国时代,由于社会文化变迁,为散文提供了一个很好的孕育、发展环境,使散文走向第一个黄金时代。

先秦散文可分为史传散文与诸子散文两大派。考其形成时序,可分为四个阶段:一是从殷商到西周,此乃先秦散文的初级阶段。作品主要有商朝甲骨卜辞、殷周铜器铭文、《周易》中的《卦辞》《爻辞》、《尚书》中的《商书》《周书》等,其中《尚书》是中国第一部散文集。这一阶段的散文,其文字清晰,句意明显,叙述完整周到,可谓是叙事散文的胚芽。二是春秋战国时期出现了大量历史著作,如《春秋》《国语》《左传》是其代表作。其中《左传》广阔丰富,叙事状物、刻画人物、语言表达和结构布局都达到很高水平,标志着中国历史散文已经成熟。而从春秋末年到战国初年,此间诸子散文开始崭露头角,出现了《论语》《老子》《孙子兵法》等著作,表明明理散文进入初创阶段。三是战国中期,以《孟子》《墨子》《庄子》为代表,这阶段的诸子散文以辩论说理为主,在体制上已具相当规模,语言生动活泼,表达自由酣畅。四是战国晚期,此时全国统一条件日益成熟,百家争鸣的情势也已发展到总结融合阶段,《荀子》《韩非子》是其代表作,它们已超越对话体,围绕某个中心作专题性探究,因此文章结构紧密,讲求逻辑和修辞,反映出先秦哲理文章的高度成就。

先秦散文在中国散文史上既是源头,又是高峰,独树一帜,具有许多特色,对后世影响很大。

概而言之,先秦散文的特色广泛地表现在体裁、内容、风格、结构、语言艺术等方面。文体上,先秦散文众体兼备,百花齐放。就史传散文而言,有国别体如《国语》《战国策》;有编年体《春秋》《左传》《竹书纪年》。《尚书》《国语》《战国策》以记言为主,《春秋》《左传》《竹书纪年》以叙事为主。就诸子散文而言,《论语》系语录体,《老子》《孙子兵法》则是散韵结合的格言体。内容上,先秦散文学术性与艺术性相结合,文史哲融为一体。不少作品既是历史学、哲学,又兼具文学色彩。风格上,由于作者的思想、气质、政治流派不同,其文章便明显地表现出不同的风格个性。如《论语》雍容和顺;《孟子》灵活善譬,言辞好辩;《荀子》结构谨严,论断缜密;《庄子》想象丰富;《韩非子》词锋峻削,说理透辟。性质上,先秦散文皆是密切关注现实,并为现实服务而作,不存在为艺术之作。许多著作的目的性非常明确,作家首先想到的是实用价值,而非美学欣赏。如历史散文的写作,主要是为了记载和总结历史上统治阶级的经验教训,以资借鉴,并指导当时的政治斗争。先秦散文的这些特点,对后世影响非常深远。两千多年来,先秦散文著作中博大的思想内容,一直影响着中国社会的各个阶层,在经济、政治、伦理、哲学、历史、教育等诸多方面均发挥了积极或消极的影响,其中有些思想成为中国历代政治统治之思想和民族之精神。

(二) 秦、汉散文

1. 秦代

秦并六国,建立中国历史上第一个中央集权王朝。在钳制思想、摧残文化和严刑峻法的统治下,短短15年的秦代,几乎没有什么文学可言,真可谓文坛寂寥。唯有李斯一人值得提及,其文上承战国荀卿,下启西汉邹阳、枚乘,不仅布局谋篇构思严密,而且说理纵横驰骋,既重质实,又富文采。《谏逐客书》为其代表作,全文立意高远,议论恢弘,笔锋犀利,说理透辟,一气呵成;在语言上也极富文采,文章运用多种修辞手法,时而排比,时而对偶,时而设问,既严密整饬,又灵动多变,辞采富丽,抑扬顿挫,具有明显辞赋化之倾向。

2. 汉代

汉代散文在国家政权大一统的广阔社会背景下继续发展,取得了卓越成就,在中国文学史上占有重要地位。

汉代散文在前世基础上品类更加繁多,凡刘勰在《文心雕龙》文体论中所涉及的颂、赞、祝等,30种散文文体均已独立出现,而每种文体往往又会细分为若干不同式样用途的小类,正如刘师培云:"文章各体,至东汉而大备。"

汉代散文大多为应用文,但经优秀作家之手,被锻炼成为语言运用的艺术,将直接的实用性与艺术的审美性有机地融于一体,成为文学史上成就斐然、影响巨大的文学现象。这些作品主要用于针对社会与国家大事,表达政治、哲学、伦理道德等思想观念、意见主张,以及在人与人之间诸如赞誉、思念、哀悼等情感的交流,有很强的工具性意义。为了取得最佳效果,这些散文十分讲究形式美,在布局谋篇、句式结构、修辞藻饰等方面追求完美;又善于运用比兴、取象等手法,在叙事、说理或抒情中,都追求感性的直观性。而且无论所涉及的是何种题材,即便是对宇宙人生的哲学思考,也总是注入内心强烈的情感参与意识,寄托自己的理想愿望、爱憎褒贬,自始至终流淌着主观激情,使文章自然洋溢着形式美、形象美与情感美,有很强很高的审美价值。因此,汉代散文不仅品类繁多,诸体大备,而且文质相生,异彩纷呈。特别值得称颂的是司马迁及其《史记》,以无与伦比的史学成就被公认为"史家之极则"(赵翼《廿二史札记》)、"史家之绝唱"(鲁迅《汉文学史纲要》),同时也开创了中国传记文学的新领域,一举登上无人能企及的高峰,使汉代散文放射出璀璨的光芒。《史记》的艺术成就主要表现在高超的写人艺术、深沉的人生感慨、优秀的语言艺术等方面,它在中国古代散文发展史上起着承前启后的作用,集先秦之大成,为后世之楷模。在写作方法、文章风格等方面,自《汉书》起,正史在体裁形式上皆承袭《史记》。

司马迁和《史记》之外,西汉还有几位散文创作家及其作品值得谈及,如政论文代表作家贾谊、晁错,他们的作品或针砭时弊、或借古讽今,均写得深切而有文采,具有很强的说服力和感染力。

东汉前期的散文以《汉书》和《论衡》为代表,它们一为国史,一为私人著作,风格迥异。《汉书》贯穿了儒家正统思想,《论衡》则表现了独立思考、自出机杼之个性。东汉后期的散文从整体上说,没有摆脱模拟、因袭之风,亦没有产生杰出的作家作品,但散文范围有所扩充,品类有所增加,并在思想内容、语体风格上也出现了一些新特色,如论说性散文出现针砭时弊之倾向,作家的自主意识有所加强;书、檄、箴,不仅用来议政,也用来进行私人交际,特别是书,几乎成了求荐、荐人、酬谢等日常生活的专用品类。其中著名的散文作家有王符、崔寔和仲长统,三人被并称为汉末"三子"。

(三) 魏晋南北朝散文

魏晋南北朝是中国历史上一个大分裂时期,在多元政治和政权频繁更迭的同时,思想家于一尊的局面已荡然无存,代之而起的是玄学的盛行和儒释道三家并存局面的出现。正因思想相对活跃开放,散文发展呈现出诸多新特点。一是散文中经学迂腐之气大为降低,向着更加文学化、个性化方向发展。创作家们以强烈的自我意识来随心所欲地表现自己的思想、观点,文章显得洒脱自然。二是文章更加富于审美情趣,并表达新的审美追求。眼光不再局限于现实政治,而是投向内心与自然的交流,出现了一些清丽喜人的有关山川景物描写的佳作,如《兰亭集序》《与宋元思书》《答谢中书书》等。三是散文因受到骈文盛行的影响而逐渐骈化。四是散文内容、风格多样化发展。题材内容上,不仅明显地增加主体意识,而且对人生、社会乃至日常生活等各领域,都比汉文的思考更广泛深刻、更富有生活气息。五是出现了散文的用事用典,以及抒情小品,丰富了散文的体裁。

鲁迅先生指出:汉末魏初的文章是清峻、通脱。曹操就是这种文风的创始者,其散文具有政治家的宏伟气魄,带有鲜明的帝王形象,出语豪放,无所顾忌。最著名的代表作是《让县自明本志令》,用简朴的文笔将其一生的心事披肝沥胆地倾吐出来,具有政治家雄伟的气魄和抗争的锋芒。这种散文风格传达了建安散文的新风貌,对魏晋散文的发展有重要影响。曹丕也擅长散文,著有《典论》一书,大部分篇章已散佚或残缺不全,较完整的有《自叙》和《论文》两篇。《自叙》善于叙事,其中写到一些较量才艺的细事,都能真切地传达出当时的情景。《论文》则善议论,其中无论是对当时文人的批评或对文学观点的表述,都简明中肯。此外,他的《与吴质书》《又与吴质书》悼念亡友,凄楚感人,对后来短篇抒情散文的发展较有影响。曹植的散文有表、章、书、序、论、说、赞、谏等,有以下特点:一是有用世的理想和热情,胸怀大志;二是率真、恳切,有广泛的题材和深刻的内涵,包括征伐、陈情、答谢、辩道、评介人物,以及田、木、禾、谷、牛等,其范围几乎达到无所不写的程度;三是说理叙事,语言优美,长于抒情。说明曹植的散文除了讲究文采,已经注意字词的搭配、音节的和谐等方面,具有骈偶化之倾向。

三曹之外，还有建安七子：孔融、陈琳、王粲、徐幹、阮瑀、应场、刘桢，他们的文章亦异彩纷呈，尤以孔融的成就最高。他的作品均属表、疏、教、令、论、书之类。散文的一个突出特点是气势盛，辞采飞扬，刘勰曾评价他"气盛于为笔"。

两晋时期，王羲之不仅是大书法家，也是文章妙手，他最知名的文章是《兰亭集序》，文章语言清新优美，不假雕琢，尤善于写景。陶渊明是东晋杰出诗人，他的散文虽然不多，但篇篇真淳，宛如蓝田美玉，在当时文坛可谓别树一帜，创造出一种真率、自然的文章风格，故刘熙载评价说："陶渊明为文不多，且若未尝经意。然其文不可以学而能，非文之难，有其胸次为难也。"他的《归去来兮辞序》《五柳先生传》《桃花源记》都是再现其真性情的名篇。

南北朝是骈文发展盛行的时代，在史传、地理等学术著作中，尚可见到一些比较质朴的叙事、抒情、写景的散文作品，但这些作品仍在不同程度上受到骈文的影响，和魏晋以前的散文风格颇有不同。郦道元的《水经注》是一部具有科学与文学双重价值的奇书，此书详细记述了一千多条河流的分布、走向，作者又以出色的文笔叙述水流沿岸的自然风光，创造了优美动人的山水散文，这些山水佳作，以多变的笔力描绘山川水脉的不同风姿，或峻峭，或旖旎，充满了诗情画意。此外，他还善于在山水描写中糅合进一些神话传说、历史故事，这既反映作者尚奇的特点，又显示了他广博的见闻。

总之，魏晋南北朝是继战国以后的第二次思想大解放，散文从陈腐的儒家经典的禁锢中挣脱出来，表现出清新活泼的生命力，虽说这一时代没有产生超越司马迁的杰出散文大家和伟大作品，但也有自己的发展和一定的成就。已开始研究如何提高作品的文学性，引领着散文向美文方向迈进。

（四）隋、唐散文

1. 隋代

隋代文风上承南北朝宫体文学的余绪，浮华轻靡。隋文帝崇尚朴质，有意转变文风，但当时作家受南朝文风的影响很深，一时难推改革文风。而隋炀帝又崇尚宫体之类的金粉文学，以致隋朝文学仍笼罩在六朝唯美的风气下，缺少新时代的气象。这期间提倡古文的作家并不多，主要以李谔与王通为代表，两人想纠正当时文体轻薄之风的思想，对唐代有一定影响。

2. 唐代

（1）初唐时期。

唐的统一为文学的发展提供了新的环境和可能。此时文坛虽延续齐梁，为骈体文所主宰，但也在发生潜移默化的变化。这种变化在初唐四杰和陈子昂的文章中得到了具体体现。初唐四杰是指骆宾王、王勃、杨炯、卢照邻，他们既是名噪一时的诗人，又是骈文名家。其骈体文除辞藻华艳外，增添了俊逸刚健，没有堆砌芜杂的毛病。虽未完全脱离六朝文风，但毕竟表现出新的追求和倾向，代表了初唐文风改革的两个方向，一是骈体文自身的洗心革面；二是散体文章浓厚的儒家精神和风格近古。这两种倾向左右了其后的唐代文坛。

（2）中唐时期。

① 古文的兴起。

在韩愈、柳宗元登上文坛之前，盛唐至中唐时期相继出现了独孤及、柳冕等一批以提倡古文为己任的作家，他们上承初唐四杰和陈子昂，下启韩愈和柳宗元，成为古文运动的先驱者。这个时期，散文开始增多，疏议、墓志、碑文渐由骈体转为散文。骈文、散文的分工也因此日趋明朗，凡是需要歌咏赞颂的应酬文字，多用骈文；凡是务实致用的文章，多用散文。安史之乱后，唐经历了由盛转衰的剧烈变化，促使文人们开始认真思考拯救国家命运的办法，复古思潮十分盛行。独孤及、元结、权德舆等人大力主张用散文"尊经""载道"，反对"词绮靡于景物"的诗赋和骈文。

② 古文的全盛。

唐代古文运动是发生在唐德宗贞元至唐宪宗元和之间、经历了约三十年的一次文体革命，其指导思想是"文以载道"，即要用散文阐明儒道的基本宗旨，摆脱骈偶体裁的束缚，使形式为内容服务。这次运动最主要的领导者是韩愈和柳宗元，经过二人的提倡，唐代散文进入了一个崭新阶段，在当时形成了较大规模的文学浪潮，使古文对骈文取得了绝对胜利，并对后代散文产生了深远影响。

韩愈倡导古文的目的，在文体方面，恢复东汉以前朴实的散文体；在内容方面，要求文章载道；在气格方面，恢复古文浑厚的风格。其文学理论主要体现在以下方面。

载道。"道"专指儒家的仁义道德，这就是其载道的文学观。可从三方面来理解：一是就学习方面而言，他自称学古文是为了学古道，透过古人的文辞去学古道。二是从作者修养方面来看，他认为道是文艺的根本，作文必须先修养仁义道德，根本坚固，内容才会充实。三是从写作方面来看，他认为文章在于表达义理。

陈言去务，辞必己出。陈言去务是指凡是前人已经用过的词句成语，都不能再用。辞必己出则是要树立自己风格，不因循前人。他认为汉代太史公、司马相如、刘向等作家的文章之所以能留传后世，就在于他们能创造文辞。韩愈之所以特别注重文辞要创造，对古人的文章只取其意而不取其辞，是因为儒家的义理古人已经说得很详细了，难以再有所创造，因此韩愈不得不在文辞方面力求创新，独树一格。同时，他还要求文章要新奇。

文气。唐代古文家很讲究文气。最先提到文气的是梁肃，他把文气分为两种，一是与仁义道德有关，一是与人的才性有关。韩愈则主张文气是全由仁义道德所产生的浩然之气，文气与才性无关。他的这种说法显然深受孟子影响。

柳宗元的文学主张与韩愈有异有同。韩愈主张"文以贯道"，柳宗元则主张"文以复道"。贯道与复道是相同的。但韩愈的道专指儒家的仁义之道，而柳宗元着重在《大学》《中庸》的中庸之道，他论文以正心诚意、行为不邪僻不自欺为主，与韩愈所谓的仁义道德，差异还不算大。最大的不同之处在于韩愈专指儒道，而柳宗元所指包括佛老之道。柳宗元认为佛家的道理与儒家的经典相合，和孔子的道理并无不同。

柳宗元的文学理论主要有以下几点。

取道之源与旁推交通。所谓"取道之源"是儒家的五经。柳宗元虽信奉佛教，但在文道观上仍主张儒家信条。他的可贵之处在于学道而不拘于道，认为除了学习儒家经典外,还应学习《孟子》《荀子》《庄子》《老子》《国语》以至于《离骚》《史记》等作品,在"旁推交通"中形成自己的文章风格。

长吟哀歌,舒泄幽郁。柳宗元十分重视文学的抒情性。以文来"舒泄幽郁",此观点与韩愈的"不平则鸣"相近,但更加强调文学的个性化、抒情化,并以追求深婉幽怨的审美情趣为特征。

在文辞方面,柳宗元反对文章专讲求色彩、平仄、音韵,也反对文辞奇怪,内容怪诞的文章。他认为文章应该既深刻又观点鲜明,既明快畅达又有所收束,既清新又凝重。

(3) 晚唐时期。

晚唐时,政治日趋腐败,文人们在忧时悯乱、伤感身世之余,转而沉迷声色、自我麻醉,以致古文衰落,骈文复兴。散文虽前有杜牧后有皮日休、陆龟蒙、罗隐等人的努力,但终不能继中唐再盛。

杜牧兼擅诗文,对韩柳颇为推崇,他的文论和写作基本上承继了中唐古文运动的传统,但又有所修正,有所综合。他在理论上提出"文以意为主"的主张,强调命意的重要;在内容和形式上更偏重内容,这点和韩柳的主张一致。

皮日休是晚唐自觉继承中唐古文传统的作家,他维护儒家道统、推崇韩愈,是一位现实主义的散文家,其散文几乎篇篇针对现实,揭露统治者的可鄙面目,揭示出生活的本质,发人深省。

陆龟蒙生活在唐末衰乱之世,一生劳苦淡薄,虽退隐江湖,却仍关注时政。为文作诗,均是伤古思今,抒发自己的穷愁愤郁;文直意深,对传统道德和黑暗现实都进行了尖刻讽刺。

罗隐文多讽刺小品,深寓愤懑不平,与皮日休、陆龟蒙一样,他大胆地抨击古今统治者。其散文明辨是非,题材广泛,具有深刻的思想意义。

总之,唐代古文运动的成就,包括古文理论的建立和古文的创作成就两个方面。对于古文理论的建立,唐代古文家提出复古理论,其实是新古典主义的文学理论,继承传统的文学观,开创更开阔的散文途径,以排斥六朝以来偏重唯美主义、形式主义的骈文。在古文创作成就方面,韩柳之所以成为古文大家,是因为他们在古文创作上立下了不朽功勋。韩柳之后的古文家,依然有不少佳作。综合起来,其成就如下:第一,廓清当时浮靡的文学,建立新生、活泼、实用的文学。第二,建立起新文体,取代六朝骈体。第三,多方尝试创作,无论说理议论、传记咏物、抒情叙事、写景书信或杂著,都能曲尽其妙,有卓越的成就。第四,此期作品特色,突出表现为严谨奇崛、雄深雅致。

唐代古文运动,不仅改变了当时文风,使散文取代骈文的流行,同时带来传奇小说的兴盛,还影响了宋代古文运动、明清古文运动,为中国散文开拓了广阔的康庄大道。

(五) 五代散文

唐代灭亡后,中国进入五代十国时期。这时期,军阀割据混战,政权皆由军人掌握,政局十分混乱。

这个时期散文没落,唯美文风高涨。重要的散文作家有杨夔、沈颜、牛希济、孙郃等。

杨夔所作叙议兼擅,内容以有关国事,反映现实为主,形式上多为小品文。又善写寓言,想象丰富,下笔琳琅。

沈颜著《聱书》,崇仰元结,工议论,如《象刑解》《时日无吉凶解》等文,内容皆与政教有关,善于破除迷信,而且逻辑严密,风格爽朗,颇具特色。

牛希济所存散文,全为论辩体,针对当时时政及文学的积弊,提出一系列改革方针,文采博辩,洞识深刻,有助于教化生民。

孙郃,为文慕韩愈,所作议论侃侃,比喻贴切,且法度谨严。

总体而言,五代散文成就比不上前代的唐,也不及后继的宋。

(六) 宋代散文

宋初承唐末五代之陋习,"四六文"盛行,学者只知雕琢字面,堆砌辞藻,外形虽然装饰得美丽,却没有真实情感,文学价值匮乏。柳开、穆修、尹洙等,想要改变当时文体,但因能力薄弱,并无太大影响。直至欧阳修出,倡导师法韩柳,力扫雕琢堆砌之弊,才一变宋初华丽的文风。

欧阳修不仅是古文家,而且在诗、词、赋及四六骈文方面,也是一代名手。加之他在政界、学界均有崇高的地位,因此理所当然成为文坛盟主。他的朋友尹洙、梅尧臣、苏舜钦等经常与他往来切磋,他的门下曾巩、王安石、苏轼兄弟等人也相互推动,使古文的提倡形成了一股强有力的风潮,达到较韩、柳时代更成熟、更普遍的成就。

他的散文具有以下特色:一是平易流畅,妙丽古雅。苏洵称赞欧阳修的文章,叙事完备,说理清晰,语气缓急适度,使人觉得简明易读。欧阳修的作品被推为宋代古文的源头。二是温润雅正,曲折感人。三是阴柔之美,渊懿动人。四是情韵绵邈,余音不绝。他秉持"事信言文"的法则,为文绝不矫揉造作,最能表现出真情流露。他不但讲求文辞的修饰,而且更重视音韵的和谐。因此,他的文章具有情韵绵邈的特色,令读者深感余音绕梁、不绝于耳。

曾巩被称为桐城派古文的宗师,为文极重义法的严谨,全篇的布局必求层次分明,使人一目了然而有规矩可循,作品内容与欧公明道的取向相同,曾氏的代表作有《读贾谊传》《唐论》《书魏郑公传》《墨池记》。

王安石22岁中进士,神宗时为相,积极推行青苗、水利、均输、保甲等新法。变法失败后,以诗酒为生,著有《临川集》。其文充满法家思想的功利主义,处处表现经国济世的政治主张,所以他的文论可与司马光并称政治家的文论,不过前者稍近于道学家,后者则为纯粹的古文家。

苏洵著有《嘉祐集》,其文得力于《战国策》《史记》《庄子》《韩非子》,虽为欧公所识拔,但体制殊异,笔力则较二子为坚劲,故谢枋得说他有法度、有气力、有精神、有光焰,严谨而华荡者也。

苏轼主要活动在仁宗、神宗、哲宗三个时期,可谓才气纵横,行文飘逸清新,挥洒自如,传世的诗有四千多首,辞赋三百多阕,散文三百余篇。其散文具有以下特色:诡变,文章常没有固定的形态;雄伟,文章气势很大;真实,论事不尚空言,必就事实立言;创新;自然,意到哪里,写到哪里。

(七) 元代散文

与唐宋相比,元代散文写作既无大家,也无太多脍炙人口的作品。前期作家中,戴表元的散文清深雅洁,《送张叔夏西游序》《寒光亭记》《清崎轩记》等篇,清洁而有新意,文辞生动。赵孟頫既是画家,也是作家,他的题画文,文中有画。如《吴兴山水清远图记》记画中山水的位置,山上的树木土石,山下的水中菱苇,使人读后如身临其境。王恽的《烈妇胡氏传》写一个柔弱妇女抽刀杀虎救夫,表现出这个女人由于"知有夫而不知有虎"的勇气。后期作家虞集的《陈炤小传》《答刘桂隐书》褒扬忠于赵宋的人物,寓意深远。杨奂的《汴故宫记》记述北宋的大内遗迹甚详,与孟元老《东京梦华录》对照着看,可发人深省。马祖常的《记河外事》,柳贯的《送段吉甫州判序》论说国家应该重视人才的培养,文理相彰。李孝光的《大龙湫记》,以传神的笔触描绘雁荡山大龙湫瀑布,情景相融,是元代游记散文中的出类拔萃之作,几乎可与唐代柳宗元、宋代欧阳修的游记文媲美。

元代散文对于后代文学的影响,在于为明代散文的发展革新提供了依据。

(八) 明代散文

有明一代,文学辉煌,其散文创作领域,亦高手如林,风格多样,流派纷呈。

明代散文大致经历了洪武、永乐、弘治、嘉靖、万历和崇祯六次显著变化。主要有如下三方面特点:一是突破"文以载道""温柔敦厚"传统文学观点,把表现作者的真情实感作为文章的第一要义。李贽的"童心说"、公安派的"性灵说"都传达了此种文学精神。二是扭转了宋、元以来唯"道"是尊,轻文贱艺的衰颓文风,恢复并振兴了古文传统。注重师法唐、宋,同时博取先秦、两汉、六朝,拓宽了古文创作途径,增强了散文的艺术表现力。三是晚明产生了小品文,突破了正宗古文传统,使古老的文体出现了新的生机与气象。

明代著名的散文家,如宋濂、刘基、高启、方孝孺等人,携带着一股清新刚劲的文风。他们多起于民间或下层官吏,亲身感受过民生的疾苦、社会的疮痍,抱有匡时济世的理想,并且学识渊博,善著文章。虽然在学术思想上仍未脱离宋元理学轨辙,但由于他们具有较深厚的生活基础,故能超越理学的束缚,写出反映时代精神的作品。这些作品的文风苍劲悲凉,闳深雄丽。宋濂的文章雍雍大度,具有开国文臣的气象,在当时文名极盛。他积学深厚,精熟文理,兼擅诸体,尤以传记最为出色。他善用不同手法表现人物,能够抓住人物富有特征的细节,寥寥数笔,刻画出一个栩栩如生的形象来。刘基,精通经史、兵法、术数,洞悉世情物理,为文雄奇瑰丽,洗练明畅,风格遒劲,尤其擅长运用寓言。杂文集《郁离子》以寓言说理讽世,《松风阁记》《苦斋记》《活水源记》等篇,清奇峻拔,可谓记中精品。《卖柑者言》议论犀利,语言形象脍炙人口。

前七子如李梦阳、何景明等,对于儒术道学表示怀疑,有离经叛道之嫌,其文学观点亦悖于道学陈调。他们重视文章之美,讲究文章技巧,要求形神兼具、文情并茂;主张学习古文不必近取唐宋,而应直逼秦汉,但因为前七子在创作上存在着十分明显的模拟蹈袭之病,学习古人往往生吞活剥,缺乏陶冶熔铸之功,致使其散文流于古怪生涩。

后七子追随前七子脚步,继续鼓吹复古之风,大力宣扬弘治以来的尚文之风,巩固前七子的阵地,也加重了模拟艰涩之病。

前、后七子的文学复古运动是为了挽救"正统文学"的危机而兴起,其摧毁台阁体,扭转文坛风气的功绩不容抹杀,但因其盲目摹古却又给散文创作带来了新的危机。因此其后便有唐宋派起来加以矫正。

唐宋派推崇并学习唐、宋,尖锐地揭露和批评了复古派的模拟之风。针对复古派为文聱牙佶屈之弊,唐宋派提出了文从字顺的要求。其代表人物有王慎中、唐顺之、归有光、茅坤等。由于唐宋派所提倡的思想陈腐落后,缺乏力量,所以最终未能成为反对复古派的革命者。

归有光的创作成就较为突出,他的一些怀旧思亲文章,如《项脊轩志》《思子亭记》《寒花葬志》等,情致绵绵,悲音袅袅,感人至深。他的文章善于捕捉生动典型的细节,寥寥数笔即令人难忘。其语言平淡朴素,不事雕琢,而意蕴悠深。

李贽在文学上提倡保持童心的纯真,并写出了天地间的至文。他认为,天下之至文乃作家蓄极积久,势不能遏,自然而然,不得不然所致。这种进步的文学观使其散文摆脱了传统古文的格局,有着深刻的思想性和强烈的战斗性,尖锐泼辣,嬉笑怒骂,皆成文章。如《题孔子像于芝佛院》,全文短小如匕首,尖锐如投枪,实为不可多得的杂文佳作。晚明优美的小品文在李贽手中已初试锋芒,崭露头角。

公安派以袁宗道、袁宏道、袁中道三兄弟为代表。其文学理论为"性灵说",要求创作要"独抒性灵,不拘格套,非从自己胸臆流出,不肯下笔"。性灵说强调文章的直率天成和自然趣味。其散文风格自然流露个性,语言不事雕琢,流利洁净。这一风气使明末小品文得到了长足发展,势成鼎盛。之后的竟陵派继承公安派的革新精神,提倡独抒性灵,反对模拟剽窃,又提倡含蓄蕴藉,锤炼剪裁,以矫正公安派率易刻露之病,遂变公安清俊流丽之体而为"幽深孤峭"之调。竟陵派重视作家创作的深度与厚度,但又偏重在形式上追求幽曲新奇,仍未免肤浅僻涩之病。

此后小品文仍继续发展,随着社会危机的加深、利益冲突与民族问题的激化,实用之学和经世之文日益受到重视,复古之风再起,小品散文也开始向正宗古文复归。

张岱可算是一位小品文集大成者。他吸收晚明公安派和竟陵派的长处,矫正小品文在发展过程中的流弊,以深厚救浅薄,以严谨救率易,以明快救僻涩,将小品文发展到相当完美的境界。其文章题材较广,凡风景名胜,世情风习,戏曲技艺,乃至古董玩具等,无所不载。这些文章记录了他自身的实际生活,也反映了明末现实生活的某些侧面。如《西湖七月半》记游人情态,描摹尽致;《湖心亭看雪》写西湖雪景,以诗为文,情趣盎然。

晚明的性灵小品与当时文人的时代感受、心性体认、文学观念与处事态度密切结合,可视为晚明时代精神的标志,可从三个方面见其特色:强调个人的真意深情,以诙谐态度省视人世,重新诠解历史人物。

(九) 清代散文

清初文学承袭着明末的文学风格而发展,充满复国中兴思想。清代散文在桐城派的领导下自成一格。桐城派的代表人物有方苞、姚鼐等人。清代的散文,除了清初时候的几位名士,以唐宋八大家为宗,可说是桐城派的天下,清中叶以后,受到桐城派影响的先后有阳湖派与湘乡派。桐城派文人以鲜明的文学主张与创作风格形成一个文学流派,而他们所表现出来的学术思想,便是恪守程、朱理学的立场。桐城派在清初不满阳明之学,与颜、李学派立异,迎合了统治者提倡理学的意图;嘉靖时期,他们不受世风所染,笃守宋学,与以考据为特点的汉学派对峙;道光、咸丰年间,则于程、朱理学中融入经世致用的思想,与洋务派、改良派有某些共通之处;清末,他们又以程、朱理学为武器对抗新思想、新文化。桐城派历时两百多年,几与清朝统治相始终。前期桐城文人的经历体现了清初统治者对文人恩威并施的政策,而清代中叶之后,桐城派文人与政治的关系更为密切,其中有像曾国藩这样在历史上颇有争议的辅弼大臣人物;也有像薛福成、吴汝纶这样的洋务派成员;还有像严复、林纾这样的西学传播者。总之,桐城派文人在清史中留下了不可磨灭的痕迹。研究桐城派的文学历史,也就相当于研究清代散文发展史。

方苞系桐城派创始人,他的时文与古文均有名声。他一生恪守儒家的忠义孝道,克己修身,自律甚严。在思想上,他极力宣扬程、朱理学,并以程、朱理学为文学创作的指导思想。在政治上,他虽曾受过《南山集》案牵连挫折,但始终希望能发挥自己治国济民的才干。他关心民生疾苦,在《逆旅小子》中表示了对下层人民的同情及对统治者不闻不问的不满。方苞著述繁富,有《望溪文集》《周官辨》《春秋直解》等作品。

方苞强调在以内容为主的前提之下,内容与形式统一。就其作品的思想内容来看,他一方面推崇程、朱理学,屈服于清朝统治者的文化政策,因此有不少作品都为清王朝歌功颂德;另一方面也不乏揭露时弊的作品,如《狱中杂记》揭露狱制的黑暗,《陈驭虚墓志铭》揭露官场的腐败等。在清朝残酷的文字狱控制下,他还写出了《左忠毅公逸事》《白云先生传》等,表彰明末的忠臣义士,颇具胆识。在作品的艺术手法方面,他严格遵循义法来表现,如《左忠毅公逸事》以精练的语言,将左光斗的人品、形象刻画得神形兼备。但由于过于拘泥义法,不少文章都给人板滞之感,这是他散文写作上的一大缺失。

姚鼐宗奉程、朱理学,对儒家礼教身体力行。早年积极用世,满怀经世济民的抱负,中年后自感"既乏经世略",便抱着"独善其身"的思想,专力于古文了。其主要著作为《惜抱轩集》,另所编的《古文辞类纂》对后世影响很大。在散文创作方面,他提出"所以为文者八,曰:神、理、气、味、格、律、声、色"的理论,认为"神、理、气、味者,文之精也;格、律、声、色者,文之粗也"。学文当由粗入精,这可说是对中国散文艺术和理论相当全面的总结。姚鼐的散文,给人平和自然、淡远而不乏沉厚的感觉。如《登泰山记》《李斯论》《翰林论》可谓是三合一的代表作。他的散文不像方苞那么突出"义理",但在讲究文章的神气韵味、音调节奏方面更为出色,这一点在他的游记散文中表现得比较突出。他以阴阳刚柔论文,而他的文章则以阴柔见长。如《游媚笔泉记》《游灵岩记》中的景物描写,都表现出阴柔之美。姚文中多反问、设问句,行文多迂回曲折,也是其"阴柔"风格的体现。由于姚鼐与现实生活很少矛盾,生活面窄,接触社会少,所以文章的思想内容显得贫乏,几乎没有能够真实反映现实生活、社会矛盾的作品。

除了桐城派,黄宗羲是17世纪中国启蒙主义思想家、大学问家。他终其一生拒不仕清,但曾应县令的邀请去海南讲学五年。他支持弟子万斯同,以布衣身份参加编纂《明史》,后又让儿子黄百家参加修《明史》,为保存有明一代文献作出了贡献。

黄宗羲最重要的著作是《明夷待访录》。该书明确提出"天下为主,君为客"的论点,认为君臣关系绝非主奴关系,而是分工合作的关系,而君主独裁是极端有害的。这部作品反映了在中国发展资本主义、实行改革的要求。他的另一项重要的学术成就是编写宋、元、明三朝学术思想史,称为学案。他反对服务于官方的程朱理学,接受王守仁、刘宗周的学说,又吸收宋人张载的理论,从而反对空疏之学,提倡"经世致用"。

黄宗羲的文学观点主要继承韩愈的不平则鸣说。他反对明代前、后七子的"文必秦汉、诗必盛唐"的复古主义,他也批评竟陵派、公安派的独抒性灵的主张,他认为性情应是作者的真情流露。黄宗羲的至文正是元气受到压抑,迸发而出所成,是他人格的体现。他的议论文雄视古今,立论卓绝,说理透辟,具有严密的逻辑和高度的概括力。他的序文则表彰明末忠义,为中国文学塑造了一个个崇高的形象,同时也总结明代文臣不习武、武人跋扈,大权旁落的历史教训。他还为草泽遗民、义士畸人列传,对任何人物都一一刻画,使他们栩栩如生。《祭万悔庵文》是其散文名作。本文为祭故友万泰而作,抒发了患难知交的深情。

袁枚是清代中叶著名的文学家和诗人。他写了大量山水游记,歌颂大自然的瑰奇和壮丽,如《到石梁观瀑布》《游黄山记》等,都是游记文学的不朽之作。他的叙事、议论性文章受到《史记》《汉书》以及秦汉议论文等优秀散文的影响极为明显,叙事简括而不枝蔓,议论往往反复论辩而透彻明达。其碑传文就很好地体现了这种特色。他游记、山水小品文等,虽明显受到唐宋以来诸大家的影响,但却更显出其个性特色,从内容到形式都力避俗套,打破固定程式,有自由收纵的笔力,清新活泼,舒畅痛快。

袁枚著述宏富,有《小仓山房文集》35卷,《随园诗话》16卷等。而其《祭妹文》是其散文的代表作,文章通过一连串生活琐事的回忆,抒发了生离死别之悲和身世之痛,感情深挚,笔触细腻,体现了袁枚抒写性灵的主张。

阳湖派的领袖人物恽敬著有《大雪山房文稿》,其为文盖出于韩非、李斯,与苏洵为近。不过,虽然恽敬想要跳出桐城派的范围,想要从"修六艺之文、观九家之言"出发,以振兴文学为务,但六艺九家本为古文之祖,再者他们也提不出那种清真雅正的散文有什么不好,因此其文章风格实与桐城派相距不远。

湘乡派以曾国藩为代表,他著有《曾文正公全集》凡百数十卷。曾氏对于古文,很向往桐城派的风格,对于姚鼐尤其倾倒之至。他大力提倡古文,尤其在桐城派逐渐式微之后,使古文再度兴起,使桐城派的影响力直到清末民初,成为与新文学对抗的局面。

清末,正值西方文化入侵,中国传统文化遭受到严重冲击。散文发展到此,已经准备迈入另一个新阶段了。民国建立,白话文学运动的提倡,使散文由传统古典散文进入到白话散文的时代,一直影响至今。散文发展的历史,便在历经千百年来的转变之后,延续到了今天。

(十) 现代散文

中国现代散文是指1919—1949年间30年的散文,其丰富多样、起伏变迁的发展,反映了现代社会整个生活面貌,从各种典型的散文作品中,可以发现作家的心灵轨迹和个性特色。这一时期的作家有鲁迅、林语堂、周作人、郁达夫等。可以说,鲁迅是中国现代散文最主要的奠基人,他的散文博大精深的思想内容和无与伦比的艺术成就,被公认为是世界文学的奇葩。

在这三十多年中,散文发展经历了三个阶段。一是1919—1927年,以反帝反封建为主题。从五四新文学革命至1927年,这是现代散文的开创时期。艺术上创建了各种式样,有效地表达了现代人的思想感情,适合现代读者审美需要,奠定了现代文学的发展基础,这一时期在中国散文发展史上具有划时代的历史意义。二是1928—1937年,以阶段斗争为主题。大革命失败后,革命形势逆转,新文学阵营也在这个历史转折关头发生了新的分化和组合,广大作家的创作面临新的考验和选择,这一时期散文取材的范围扩展,写实性与战斗性增强,社会政治思想主题深化,使现代散文沿着反帝反封建的方向继续前进,并为下一阶段服务于民族民主革命的战争提供了宝贵经验。三是1937—1949年,以抗日战争、抗日救亡为主题。抗日战争全面爆发后,中国社会进入了战时大动荡、大变迁的状态,由于这一时期客观上不同政治区域、文化据点不同,作家的创作也因时因地而异,如上海的"孤岛"时期,国统区与解放区各地的散文创作及特点也有不同。

刘半农首先提出"文学散文"的概念;周作人率先把文学散文称为"美文";王统照则把文学散文称为"纯散文"。这些理论观点,更新了散文观念,在散文的语言形式、文体格式、思想内容诸方面提出了革故鼎新的任务和要求,对现代散文的创建和发展具有重要指导意义。

五四时期的新型散文主要包括议论性散文和记叙抒情散文两大类。议论性散文是以阐述某个观点为中心的"散文",或者说是以"散文"的笔法"发议论"。它不像一般议论文那样注重理性和逻辑,而是侧重形象描绘和情感抒发,因而具有抒情性、形象性和哲理性的特点,能给读者提供一个广阔的思索和联想的空间,赋予读者既理性又生动的形象和情感。记叙抒情散文是以众多的游记之作开头的。游记、通讯一类文体适应社会开放、中外沟通的时代需要而迅速兴起,风行一时,出现了一批游记名家和游记专集,如瞿秋白的《饿乡纪程》《赤都心史》,冰心的《寄小读者》,徐志摩的《巴黎的鳞爪》,徐蔚南和王世颖的《龙山梦痕》等。早期游记体散文中还出现了一些可称为"漂泊记""流浪记"的作品,如郁达夫的《还乡记》、成仿吾的《太湖游记》等。这些作品侧重抒写作者的漂泊生涯、不幸遭遇及其不满现实、崇拜自然的浪漫感伤情绪,带有浓厚的自叙传色彩和释愤抒情气息。

抒情性散文小品的勃兴发生在五四运动爆发之后。觉醒的知识分子挣脱封建主义束缚,思想感情获得大解放,他们热烈追求新的人生理想,积极探索个人和社会的出路,真切地感觉到觉醒的痛苦和前途的渺茫,更敏锐地发觉理想追求与现实社会的尖锐对立,大多处于梦醒之后而无路可走的苦闷彷徨状态。这种社会心态促成了抒情散文的蓬勃发展。

冰心的《笑》和《往事》,许地山的《空山灵雨》是这一时期最早的抒情小品名篇和美文佳作。随后,周作人陆续发表了那些影响很大的平和冲淡之作,朱自清也写出了脍炙人口的《背影》和《荷塘月色》……在短短五六年间,抒情性散文小品领域就出现了名家辈出、佳作连篇、形式多样、风格各异的盛况。

散文诗出现了鲁迅的《野草》这样的艺术丰碑,焦菊隐的《夜哭》、高长虹的《心的探险》、于赓虞的《魔鬼的舞蹈》以及不少单篇的成功之作,标志着散文诗这种新创的抒情文体走上了独立发展的道路。鲁迅的散文创作有散文集《野草》和记叙散文《朝花夕拾》。《野草》侧重于展示作家主体的自我内心世界,复杂、尖锐的矛盾和斗争,通过自我的抒怀述志来折射,几乎包括鲁迅情绪、性格、甚至整个内心世界的各个侧面,是启蒙时期的文化批判者向启蒙时期后的战斗者转折过渡的心灵历史。《朝花夕拾》则围绕自己的生活道路,回忆、记述一些人和事,通过记事怀人来反映时代变迁。

散文的语言形式此时也发生了根本变革,人们不仅用白话写作议论文、杂感文,而且用白话创作叙事抒情散文,不仅写得平易畅达,自然活泼,而且也能写得简洁缜密,优美隽永。

进入20世纪30年代,随着民族民主革命浪潮日益高涨,散文界重新趋于活跃。以1932年年底黎烈文接编并改革《申报·自由谈》为重要标志,散文创作进入了一个新的繁荣兴盛期。专注于散文的刊物有《太白》《论语》等,1933年和1934年分别被称为"小品文年"和"杂志年",可见其盛极一时。20世纪30年代散文创作队伍空前壮大,老作家中鲁迅、周作人等人,都不断有散文新作问世,仍是这一时期散文界的主干;20世纪20年代中期开始从事散文创作的作家,如茅盾、丰子恺、鲁彦、沈从文等,到这时期取得了丰硕成果;还有20年代末30年代初陆续涌现的一大批文学新人,如何其芳、李广田等活跃于散文界,成为20世纪30年代创作的一支生力军。在新老作家的辛勤耕耘下,20世纪30年代散文园地呈现出繁花似锦、全面丰收的动人局面。

在如此热闹繁杂的散文界,存在着两种主要艺术倾向、两种流派的鲜明对立,即"论语派"和"太白派"的抗争。论语派提倡"幽默小品"和"趣味小品",以林语堂、周作人为代表。他们在趣味、游戏、幽默、闲适中改变了20世纪20年代散文"问世"的路径,从意兴湍扬的激扬文字走向了沉潜适世的生命关怀与日常人生的吟味咀嚼。太白派,以左翼作家为骨干,包括鲁迅、茅盾、陈望道、胡风、聂绀弩、曹聚仁、徐懋庸、唐弢、陈子展、夏征农等,积极提倡反映现实生活斗争的"新的小品文",促进了20世纪30年代散文写实精神的发展和深化。

超然于论语派和太白派之外,有些名作家独自拓展个人的创作道路,如朱自清、冰心等,或絮语家常琐事,领略人生情趣;或记述异域文化风习,游历山水名胜;或回忆个人经历,怀念师友亲人;大多回避政治性题材和尖锐问题,但又不流入消闲玩世之类,主要以益人心智的知识、情趣和自然美吸引读者,在随笔、游记、传记和抒情散文等方面取得很高的艺术成就。

平津一带文坛新崛起的一批年轻作家,如何其芳、李广田、缪崇群、丽尼、陆蠡等,专注于叙事抒情散文的创作,力图把散文作为一种纯粹的独立的创作,刻意追求散文艺术本身的圆满完美。这种有意追求散文艺术性的倾向,突出地表现在所谓"小说家的散文"和"诗人的散文"两类作品里。

东北作家群,代表作家有萧军、萧红等,其散文创作以反映东北沦陷区人民的生活斗争和自身的逃难经历为主要内容,充满着血泪的控诉、悲愤的呼号和对白山黑水、父老同胞的刻骨铭心的思念,开辟了抗战文学的先声。

(十一) 当代散文

当代散文同样渊源于中华民族的文化母体,有着相同或相近的语言形态,以及隐含在语言之中的民族性格、心理、情感、思维方式和浮现于语言之上的道德规范、价值取向、人格理想、生活态度、审美观念,因此,半个多世纪以来的中国当代散文史,堪称一部民族文化性格的演变史,一部民族审美性格的变迁史和发展史。

新时期散文的创作在中国内地主要继承了20世纪40年代解放区以纪实为主的纪实性散文和古典散文,导致新中国成立初期"通讯""报告"盛极一时,后者则促成20世纪60年代"诗"化的散文创作热潮,在前27年的时间里,散文创作缓慢而有限地发展,无论创作方法、艺术个性,还是品种样式,风格流派,都比较单调,甚至趋于雷同化、模式化、公式化。为了摆脱这样的框架和模式,一批散文作者回归五四散文创作传统,他们在作品中高扬个性意识、文体品位和文体意识,使现代散文得以薪火相传,只有进入改革开放的新时期,思想个性的解放,封闭体制的打破,艺术视野的扩大,才使散文经历了长时间的徘徊与停滞之后,迎来了真正的转机,散文创作形成热潮。

在振兴散文创作的诉求下,一直被认为是超稳定结构的散文文体从20世纪80年代开始掀起变革热潮。首先是一批老作家突破了散文"简约""抒情"的审美规范,接着是一批学者、小说家、诗人在真正意义上实现了"大散文"的理论主张,重新恢复散文的大度和洒脱。真正给传统散文美学观念带来天翻地覆的变革,并在散文文体的创新发展上具有革命性意义的是赵玫、黄一鸾、斯妤等女作家和曹明华、胡晓梦、元元、苇岸、钟鸣、张锐锋等新生代散文家。

中国作家在散文文体实践上最大胆也最有创新的是钟鸣,1998年推出150万字的三卷本《旁观者》一书,文体纵横交错,新颖复杂,融随笔、小说、诗歌、文论、传记、注释、翻译、文献、新闻、摄影、手稿等于一炉,是一部极富实验精神和先锋意味的书。

第二节 散文鉴赏

在中国文学史上,散文和诗歌一样有着悠久的历史,并一直处于重要地位。因为它取材广泛,自由、短小精悍,文情并茂而成为最适于作者抒写主观情感和心灵的文学形式之一,千百年来留下了许多脍炙人口的经典佳作,丰富着民族文化,滋养着华夏儿女。为了更好地理解和领略散文艺术精髓,汲取其中的养分,我们必须学习和掌握散文鉴赏方法。

一、正确认识散文品相

散文品相是指散文的内容和形式共同形成的散文品质。散文创作在不同时代与社会的背景下,均面临文化多元性问题,使其创作题材丰富而自由,创作形式辽阔而灵活。但这是否意味着没有一个基本的评价体系来品评优秀散文呢?纵观古今散文发展历程,有以下几点,值得我们参考。

(一)深刻的思想性

优秀散文应该关注人与人类的诗意栖居,富含深刻而高格的思想,像鲁迅先生那样,敢于直面人类、人生、人性的复杂和多面,努力表达出人类生存中所面临的愉悦、怅惘、忧伤、寂寞、困惑、冲突等种种情绪心境。古今中外的优秀散文没有不突出其思想性的,古代的《岳阳楼记》《滕王阁序》是这样,今天的《莫高窟》《道士塔》《藏羚羊跪拜》也是如此。总之,优秀散文应该有高度的文化与思想自觉,让读者感悟宇宙人生真谛,关注民族文化精神,培养人文情怀,回归精神家园。

(二)真挚的情感性

散文是一种最自然、最亲切、最自由、最实在、最贴近生活的文体,其题材固然很广泛,但它面对的是大地和生活,是凡人情感,因此表达出作者对生命价值的刻骨铭心的真挚情感,即散文所写的应是真人真事、真山真水、真情真感和真怀真思。真情是散文的生命,只有把真情实感献给读者,才能俘获读者的心,使读者在阅读文本中晓其事、知其理、感其情、悟其心。

(三)高超的艺术性

散文是人类对于客观世界审美的心灵诉说。散文所表达的深邃的思想、真挚的情感,只有借助于恰当的审美方式,才能充分地得以呈现。散文的艺术性主要体现在语言文字上,因此优秀散文家都很注重锤炼语言文字,努力使散文语言自然流畅、生动精准。同时,还注重在结构上给人以完美的感觉,在节奏上给人以起伏的感觉。

二、客观分析散文作家作品

散文是作家依照他对自己时代的社会生活的认识而创作出来的,那么读者应该可以把它分析开来,以便了解、认识、评论作家为什么写、写什么和怎么写的,也就是分析散文作品的主题思想内容和艺术表现形式。分析作品是阅读和欣赏作品之间必不可少的环节。它既不同于阅读,也不同于欣赏。而分析与欣赏的区别更为微妙。分析作品要求符合作品的客观实际和作者的本来意图,而欣赏作品则主要是读者的审美观念起主导作用。分析作品不应有读者的主观成分,不可把自己的主观感受和认识强加给作者和作品。而欣赏则只能由读者的审美感受和审美观念作出自己的审美判断。因此,分析可以加深对作品的欣赏,但不等于欣赏。同样,欣赏有助于理解和分析作品,但不能取代分析。

(一)分析作家及其生活时代

散文是作家依据自己的思想和生活而创作出来的作品。因此,分析作品,必须了解作家及其时代的社会生活。即便是同一时代的作家,他们有不同的遭遇、思想历程和艺术道路,因而其作品也各有思想和艺术特点。再者,一个作家一生的创作是随着他的思想和艺术的发展而变化的,不可能一成不变,因而同一作家不同时期的作品也必然具有思想和艺术上的差异。因此,分析作品时,应当而且必须具体了解它是作家在什么时期创作的,这一时代的社会生活情况如何,作家的一般作品的思想和艺术特点怎样,作家在这一时期的生活遭遇、思想状况及艺术进展如何。这就是所谓知人论文。只有这样,才能对作品作出科学评价。

(二)梳理散文结构

散文结构一般包括文体结构、思想内容结构和艺术形式结构三个层次。在鉴赏散文时，应注意梳理其三个层次的结构。首先看文体结构，不同的文体有不同的结构方式。叙事散文常常按时间推移、空间转换、事件发生发展的过程来安排层次。抒情散文既可按以上方式安排，又可按感情的发展变化安排，还可按观察角度的变化来安排。明理散文一般按材料的性质安排，或层进，或并列，或对照，或总分，或综合。其次从思想内容结构来看，作者往往按照自己确定的题旨来写某件事，这就是所谓"谋篇"。可见，散文结构除受文体影响外，更主要取决于其主题思想的逻辑结构。一般而言，叙事、明理散文直接表现为逻辑结构，故容易分析和把握；抒情散文往往以具体形象或形象性手法来表达思想，因此必须通过分析具体形象的含义，才能把握其逻辑结构。最后看艺术形式结构，这是由作者依照主题思想的需要，进行选材、剪裁和安排而完成的。因此，分析这种结构，其实就是分析选材、剪裁和安排。

（三）品鉴散文艺术形象

散文艺术形象是指散文作品中创造出来的生动具体的、能激发读者思想感情的生活图景，可以是具体的人或物，也可以是一个片段、一个画面、一处景致或一种意境等，它是由作品所写客观事物形象和作者在作品中表现出来的自我形象交融而成的。因此，读者可以通过品鉴散文艺术形象来领会作品所表现出来的观点和思想价值，同时把握作品创造的某种意境以及作者寄托的情感，并认识作品的艺术特点。

品鉴不同类型的散文艺术形象，其方法不同。对于叙事散文，应分析其细节的特点和描述，抒情散文则应分析借以抒情的具体事物的特点和表现，明理散文应分析其中例证的特点和表述。

（四）品味散文语言

语言是文学的第一要素，其品质决定着文学的品质与生命。散文可谓最单纯的语言艺术，因为它既不如诗歌有声韵格律，更比不上戏曲有音乐、舞台和演员。作家用语言进行艺术创作，读者从弄懂字句开始接触作品，而最后要归结到欣赏其语言艺术。

一篇优秀的散文往往语言凝练优美，生动形象，口语化，自由灵活。优美的散文，更是富于哲理、诗情、画意。杰出散文家都有自己独特的语言风格，如鲁迅的散文语言精练深邃，郭沫若的散文语言气势磅礴，茅盾的散文语言细腻深刻，巴金的散文语言朴素优美，朱自清的散文语言清新隽永，冰心的散文语言委婉明丽，刘白羽的散文语言奔放。体味散文的语言风格，有助于更加深刻地体味散文内容。

（五）探究散文表达技巧

散文表达技巧是指作者运用哪些创作原则、规律和方法来塑造形象和表现内容的，主要有表达方式、表现手法、修辞手法、谋篇布局、材料安排、语言风格等。表达方式主要有记叙、描写、抒情、议论和人称表达。表现手法包括象征、对比、衬托、铺垫、托物言志、虚实结合、以小见大、联想想象等。修辞手法有比喻、拟人、排比、夸张、反问、设问、反复、对偶、借代等。语言风格涉及词语的锤炼，要求准确、简练、生动、形象；叠音词、拟声词、有表现力的动词、形容词的巧妙运用；句式的选用，如长短句的交错运用，整句、散句的运用；整体语言风格，如清新、自然、平实、华丽、辛辣、幽默、口语化、寓庄于谐、富有情趣等。

三、散文鉴赏

【案例1】

文学的哲学　哲学的文学
——《庄子·内篇·逍遥游》

（一）题解

人应该如何认识宇宙万物，超越个体有限的存在和经验的世界？道家思想的重要代表人物庄周，为我们描绘了一个超现实、非经验的宇宙，使我们的精神随之"逍遥游"。"逍遥"的意思是徜徉、漫步、翱翔，是对难以言传的行动和悠远舒长的意境的表达。"逍遥游"的意思是指没有任何束缚地、绝对自由地遨游永恒的精神世界。这是庄子一生追求的目标，是其人生境界、人生态度的写照，是其哲学思想的体现。

《逍遥游》位居《庄子》一书首篇，在全书中占有特殊地位，理解它对于领会全书及其庄子哲学思想至关重要。它不仅集中表现了作者追求绝对自由的人生观和根本思想：即人应当不受任何束缚，而应超越时空，摆脱客观现实的影响与制约，忘掉一切（包括自己），在主观幻想中自由自在地遨游，实现"逍遥"。而且很好地体现了作者文章风格：即极富有想象力和浪漫主义色彩，擅长用寓言故事来说明道理。正如《史记》评价该书所说：其著书十余万言，大抵率寓言也。

（二）庄子其人其书

庄子名周，战国时期宋国人，先秦著名的思想家与文学家。他继承并发展了老子的思想，成为道家学派的重要代表人物，世称"老庄"。他出身于一个没落贵族家庭，做过蒙地的漆园吏，家境贫穷。他生活的年代正是中国古代社会大动荡、大战乱、大变革的时代，其时周王朝名存实亡，各诸侯国之间的战争愈演愈烈。他一生大都从事讲学与著述，但从游者不多。

《庄子》一书共52篇，但现存共计33篇，其中内篇7篇，外篇15篇，杂篇11篇。一般认为内篇为庄子著，外篇与杂篇为庄子后学著。因唐玄宗尊庄子为南华真人，故《庄子》又称《南华经》。

庄子文章构思巧妙，气势波澜壮阔，想象奇特丰富，文笔汪洋恣肆，善用寓言、夸张、比喻、拟人等修辞手法，极具浪漫主义艺术风格。

（三）深邃的思想及其影响

《逍遥游》一文的主旨是"至人无己，神人无功，圣人无名"。意即人应该摆脱一切功名利禄权势的束缚，顺应万物的本性，悠然自在，适心任性，在精神上达到一个超然物外、物我一体、悠游无为、绝对自由的境界。

全文从三个层面阐述了深刻的思想，一是借鲲鹏游弋与翱翔、鲲鹏与蜩鸠的对比来描绘逍遥的物象，逍遥的大小之别以及逍遥受物质形体束缚表现出来的相对自由。二是指出真正的精神领域的自由才是逍遥的最高境界，进而描绘逍遥的最高境界，这是全篇的中心所在。三是创造一些含义深刻的寓言故事，如"尧让天下于许由""藐姑射之山的神人""惠子忧瓠落无所容""置大本之木于广漠之野"等，形象生动地推衍和证明了逍遥的极致,即精神境界的绝对自由的思想。

庄子逍遥游的精神是一种处世精神,其精髓在于体认自我,存在真我,由忘我偏见的破除,而追求人生的真我,以达逍遥。他怀着一颗忧患之心论述了人与物的相处往来,希望可以无所待而游于无穷。也就是说,他希望通过个人内心道德的修持来摆脱物质形体的束缚,进而达到一种内在逍遥的理想境界。他的这一思想,不仅丰富和深化了中国文化内涵,而且影响了一代又一代中国志士仁人的高远追求,直到现今,对于我们培养勇于奋进、敢于问天的探索精神和不为物累、不随世迁的独立风骨,对于我们理性地思考问题,客观地对待生活、工作和学习,引领我们开阔视野、张扬个性,加强和提升自身道德素养等,仍将有着十分重要的作用。

(四)鲜明的艺术特色

庄子的文章充满奇幻的浪漫主义色彩,他阐述深刻的哲理,总是借助丰富的想象、形象的比喻和运用寓言神话故事来抒情说理,使其在先秦诸子散文中独树一帜。《逍遥游》作为其重要代表作,更是充分体现了庄子散文的艺术特色。

1. 想象丰富,意境开阔

如文章一开头便写鲲的神奇变化,鹏的遨游太空,想象十分奇特,使文章汪洋恣肆,充满浪漫主义色彩。写鹏的南徙,一"击",一"抟","三千里","九万里","扶摇"直上,意境非常壮阔,读来仿佛荒诞无稽,却是作者真实感情的直接流露。

2. 大量运用多种修辞手法和论证手法

文中运用了比喻、夸张、拟人等修辞手法和对比、类比、举例等论证手法。如第1段,写积水负舟是以水比风,以大舟比鹏鸟;写鹏鸟南飞"水击三千里,抟扶摇而上者九万里"是夸张;描写学鸠,赋予人的性情,是拟人。

3. 运用寓言故事阐述道理

本文运用大量的寓言将"无所待"的思想寄托于生动的形象之中,以寓言作比喻,寓哲理于离奇的想象和形象化的描写之中。如篇中的鲲、鹏、蜩、学鸠、斥鴳,有的是根据神话故事加工的,有的是杜撰的,但均纳入文中,以寄托作者的思想感情,读来轻松愉悦,深受感染。

【案例2】

感天动地真孝情
——《陈情表》

臣密言:臣以险衅,夙遭闵凶。生孩六月,慈父见背;行年四岁,舅夺母志。祖母刘悯臣孤弱,躬亲抚养。臣少多疾病,九岁不行,零丁孤苦,至于成立。既无伯叔,终鲜兄弟;门衰祚薄,晚有儿息。外无期功强近之亲,内无应门五尺之僮。茕茕孑立,形影相吊。而刘夙婴疾病,常在床蓐;臣侍汤药,未尝废离。

逮奉圣朝,沐浴清化。前太守臣逵察臣孝廉,后刺史臣荣举臣秀才。臣以供养无主,辞不赴命。诏书特下,拜臣郎中,寻蒙国恩,除臣洗马。猥以微贱,当侍东宫,非臣陨首所能上报。臣具以表闻,辞不就职。诏书切峻,责臣逋慢;郡县逼迫,催臣上道;州司临门,急于星火。臣欲奉诏奔驰,则刘病日笃;欲苟顺私情,则告诉不许。臣之进退,实为狼狈。

伏惟圣朝以孝治天下,凡在故老,犹蒙矜育,况臣孤苦,特为尤甚。且臣少仕伪朝,历职郎署,本图宦达,不矜名节。今臣亡国贱俘,至微至陋。过蒙拔擢,宠命优渥,岂敢盘桓,有所希冀。但以刘日薄西山,气息奄奄,人命危浅,朝不虑夕。臣无祖母,无以至今日;祖母无臣,无以终余年。母、孙二人,更相为命,是以区区不能废远。

臣密今年四十有四,祖母刘今年九十有六,是臣尽节于陛下之日长,报刘之日短也。乌鸟私情,愿乞终养。臣之辛苦,非独蜀之人士及二州牧伯所见明知,皇天后土实所共鉴。愿陛下矜悯愚诚,听臣微志,庶刘侥幸,保卒余年。臣生当陨首,死当结草。臣不胜犬马怖惧之情,谨拜表以闻。

(一) 作者及写作背景简介

李密,一名虔,字令伯,晋武阳(今四川省彭山县东)人。父早亡,母改嫁,由祖母刘氏抚养成人。为人正直,颇有才干。曾仕蜀汉为郎,蜀亡后,晋武帝司马炎为了巩固新政权,笼络蜀汉旧臣人心,征召李密为太子洗马。他上表陈情,以祖母年老无人供养,辞不从命。祖母死后,出任太子洗马。后被谗免官,死于家中。

公元263年,晋武帝司马炎废魏帝曹奂,建立了西晋王朝。当时东吴尚踞江左。为了安抚蜀汉旧臣,同时也为使东吴士臣倾心相就,以减少灭吴的阻力,晋武帝对蜀汉旧臣采取了怀柔政策,授予官职以示恩宠。李密以文学见称,曾多次出使东吴,历职郎署,因此当然被列为笼络对象。然而,李密对蜀汉念念不忘,加之司马氏以屠杀篡夺取得天下,内部矛盾重重。李密以一亡国之臣,对出仕新朝不能不有所顾虑,因而暂存观望之心。不幸的是,他的这种想法被晋武帝察觉到了,因此"诏书切峻,责臣逋慢"。这使李密在"再度表闻"时发生了困难。李密抓住"孝"字大做文章,却又不从大道理讲起,而是委婉陈辞,动之以情,恰到好处地解决了"不从皇命"的难题。无怪乎晋武帝看了表章以后说"士之有名,不虚然哉",终于准如所请。

本文记叙详尽,说理周密,文笔委婉,语言恳切,表达感情淋漓尽致,历来为人们所称道。苏轼说:读《出师表》不下泪者,其人必不忠;读《陈情表》不下泪者,其人必不孝;读《祭十二郎文》不下泪者,其人必不友。

(二) 赏析要点

1. 由文章标题展开思考:为什么要陈?陈什么?如何陈?

2. 带着问题诵读全文,分段理解

第1段:父死母嫁,写"躬亲抚养"的原因;多病不行,写"躬亲抚养"的不易。表现了"躬亲抚养"的艰难、辛酸与劳苦,为下文"臣无祖母,无以至今日"张本。强调"无(鲜)"字,"儿息"虽有却"晚",可见"门衰祚薄",祖孙相依为命。"无""鲜"等写出了人丁不旺、两代孤传的特殊关系。以白描手法见出情感的朴素、真挚。

本段写出了祖孙相依为命之凄苦生活:一方面,作者孤苦伶仃——靠祖母之怜惜、抚养(照应"臣无祖母,无以至今日");另一方面,祖母夙婴疾病——靠孙子侍汤药(照应"祖母无臣,无以终余年")。零丁孤苦、茕茕孑立、形影相吊等词语生动地表现其孤苦之情状,令人读而生悲。

第2段:分两层展开,第一层重点叙朝廷征召之殷;第二层重点写自己进退两难的境地。前一层按时间顺序来写，表明朝廷征召级别越来越高，先郡，次州，后朝廷，传递出作者的感恩戴德之情。推辞理由：供养无主，刘病日笃（承上文"夙婴疾病"，张下文"日薄西山"）诉说自己辞不就职的矛盾心理（狼狈处境），"臣之进退，实为狼狈"，情辞悲切，动人心肺。"奉""沐浴"，称颂朝廷，并表感恩之情，可见语言的得体与机智。

第3段：本段结尾落在辞官养亲上（"是以区区不能废远"），是从三个角度来展开的，分别以"伏惟""且""但"来转换文意。一是抓住晋"以孝治天下"的大理，借孝来掩饰自己的观望之意，从而解除晋武帝的疑忌之心。"凡"是指一般，"况"是指特殊。孝既已及于一般，对特殊就更应如此了。理由充足且冠冕堂皇。"孤苦"一词承首段，又为下文"臣之辛苦"张本。二是自陈宦历，称颂君恩，表明辞职与"名节"无关，以求皇帝谅解。三是正面陈述刘之现状，是"不能废远"的唯一原因。本段语言委婉、流畅。如"至微至陋""岂敢"等词委婉动人，至为恳切。"日薄西山""气息奄奄""人命危浅""朝不虑夕""更相为命……"一组四字句，皆出于至孝之心，感人至深。总之，此段反复表明心迹，叙说衷曲，解释不能"废远"的原因，情辞恳切。

第4段：本段中"愿乞终养"是文章主旨，贯穿全段的是"尽节""抱养"两词，表达忠孝两顺。本段语言无比恳切，如"愿乞""愿矜悯""听臣微言"等。

3. 品鉴文章的语言艺术

《古文观止》评论《陈情表》的语言：至性之言，悲恻动人。

（1）使用四字骈句，语势连贯、紧凑，不拖沓，让人感到灾祸接踵而来，以情动人，让晋武帝化严为慈。如："生孩六月，慈父见背；行年四岁，舅夺母志。祖母刘愍臣孤弱，躬亲抚养。臣少多疾病，九岁不行，零丁孤苦，至于成立……"

（2）运用比喻，形象生动，感情浓烈，富有感染力。如"刘日薄西山，气息奄奄，人命危浅，朝不虑夕""乌鸟私情，愿乞终养""臣不胜犬马怖惧之情，谨拜表以闻"。

（3）采用对仗工整的对偶句式，使语气显得强烈，语意简洁凝练，读来朗朗上口，使文章的感情倍感热切，更具说服力。如"外无期功强近之亲，内无应门五尺之僮""前太守臣逵察臣孝廉；后刺史臣荣举臣秀才""臣无祖母，无以至今日，祖母无臣，无以终余年"。

【案例3】

洞箫幽怨诉人生
——《前赤壁赋》

　　壬戌之秋，七月既望，苏子与客泛舟游于赤壁之下。清风徐来，水波不兴。举酒属客，诵明月之诗，歌窈窕之章。少焉，月出于东山之上，徘徊于斗牛之间。白露横江，水光接天。纵一苇之所如，凌万顷之茫然。浩浩乎如凭虚御风，而不知其所止。飘飘乎如遗世独立，羽化而登仙。

　　于是饮酒乐甚，扣舷而歌之。歌曰："桂棹兮兰桨，击空明兮溯流光。渺渺兮予怀，望美人兮天一方。"客有吹洞箫者，倚歌而和之。其声呜呜然，如怨、如慕、如泣、如诉，余音袅袅，不绝如缕。舞幽壑之潜蛟，泣孤舟之嫠妇。

苏子愀然,正襟危坐而问客曰:"何为其然也?"客曰:"'月明星稀,乌鹊南飞',此非曹孟德之诗乎?西望夏口,东望武昌,山川相缪,郁乎苍苍,此非孟德之困于周郎者乎?方其破荆州,下江陵,顺流而东也,舳舻千里,旌旗蔽空,酾酒临江,横槊赋诗,固一世之雄也,而今安在哉?况吾与子渔樵于江渚之上,侣鱼虾而友麋鹿,驾一叶之扁舟,举匏樽以相属,寄蜉蝣于天地,渺沧海之一粟!哀吾生之须臾,羡长江之无穷,挟飞仙以遨游,抱明月而长终。知不可乎骤得,托遗响于悲风。"

苏子曰:"客亦知夫水与月乎?逝者如斯,而未尝往也;盈虚者如彼,而卒莫消长也。盖将自其变者而观之,则天地曾不能以一瞬;自其不变者而观之,则物与我皆无尽也,而又何羡乎?且夫天地之间,物各有主。苟非吾之所有,虽一毫而莫取。惟江上之清风,与山间之明月,耳得之而为声,目遇之而成色,取之无禁,用之不竭,是造物者之无尽藏也,而吾与子之所共适。"

客喜而笑。洗盏更酌。肴核既尽,杯盘狼藉。相与枕藉乎舟中,不知东方之既白。

(一) 作者简介

苏轼,字子瞻,号东坡居士,北宋文学家与书画家。眉州眉山(今四川眉山)人。苏洵之子。1057年,与弟苏辙同登进士。授大理评事,签书凤翔府判官。1069年,父丧守制期满还朝,为判官告院。自请外任,出为杭州通判。迁知密州,移知徐州。1079年,罹"乌台诗案",责授黄州团练副使。1085—1093年,迁中书舍人,又迁翰林学士知制诰。1089年,出知杭州,后改知颍州、扬州、定州。1093年,被远贬惠州,再贬儋州。徽宗即位,遇赦北归,卒于常州,享年66岁。苏轼系"唐宋八大家"之一,其散文明白畅达,汪洋恣肆,与欧阳修并称"欧苏"。

(二) 写作背景

乌台诗案和黄州被贬:乌台诗案是中国历史上一次有名的文字狱。苏轼出身卑微,却能以才华横溢而深得宋神宗赏识,成为当时文坛大学士,引起了许多贵族文人的不满。再加上苏轼反对王安石变法,引起了身居要职的许多官员的不满,于是他们从苏轼的诗文中找罪证,用牵强附会的手法指控苏轼有谋反之心。1079年,苏轼被逮捕,差点被杀害。后被贬谪黄州,亲自躬耕于东边的山坡上,过着十分艰苦的生活,因此号苏东坡。

> 圣主如天万物春,小臣愚暗自亡身。
> 百年未满先偿债,千口无归更累人。
> 是处青山可藏骨,他年夜雨独伤神。
> 与君今世为兄弟,更结来生未了因。

此乃苏轼《狱中寄弟子由(其一)》诗,是当年他因乌台诗案被投狱中,绝望之余所作。有趣的是,这首诗使苏轼逢凶化吉,死里逃生。此诗传到宋神宗手里,神宗看后大为感动,对他从轻发落,贬到黄州。这才有了他泛舟赤壁,忆古抚今,千古佳作《念奴娇·赤壁怀古》和前后《赤壁赋》的诞生。

(三) 赏析要点

1. 梳理文中作者感情变化的内在线索:乐甚—愀然—感悟—喜而笑

2. 思考作者为何而乐？

观景景美而乐。"清风徐来,水波不兴""白露横江,水光接天""羽化而登仙"。

3. 夜游赤壁,本来是一件"饮酒乐甚,扣舷而歌"的乐事,但随后却由喜转悲,那么悲从何来呢？

悲从歌声中来(政治失意)。

悲从箫声中来(客人吹箫,箫声幽怨,幽声生悲)。

悲从历史人物中来(历史人物的遭际使之感叹人生虚无:世如天地沧海,而自己如其中微小一粒。连那么伟大的人物都不能永久得到的事物,自己这样微不足道的角色更加无能为力)。

悲从人生中来(人生苦短:长江无穷,而自己却生命短暂。想要获得长江一样无穷的生命以有足够的时间取得自己想要的东西是完全不可能的)。

4. 针对"客"的两大"悲",作者有哪些感悟？

水:变——逝者如斯,不变——未尝往也。

月:变——盈虚者如彼,不变——卒莫消长。

人:变——生老病死,不变——代代相承。

生命和万物都是无穷无尽,可以尽情享用由心而生的声色,不用杞人忧天。何悲之有？作者借景议理,解客之悲,变则万物皆短、不变则物我皆长、物各有主、共适清风明月。

通过夜游赤壁、主客之辩来体现作者由故作旷达到陷于苦闷、又由苦闷到解脱的思想过程,表现了作者虽身处逆境却超然物外的人生境界。文章由景入情,由情至理。

5. 写作特点分析

(1) 体裁形式:以文为赋。本文是散文和韵文的结合,既有传统赋体的那种诗的特质和情韵,又吸收了散文的笔调和手法,打破了赋在句式声律和对偶方面的束缚,句式长短、整散结合。

(2) 表现手法:主客问答,抑客伸主。主客双方是作者为展开辩论而虚设的两个思想对立面,主客驳难是作者内心矛盾斗争的独白。主最终说服客,反映了作者思想深处积极一面战胜了消极一面,即以潇洒超脱、返归自然的情怀取代了政治失意、人生无常的苦闷。

(3) 写景、抒情、议论紧密结合。作者采用的是因景生情,借物喻理的高明手法,使景、情、理三者融为一体。

【案例4】

小品文赏析
——《西湖七月半》

西湖七月半,一无可看,只可看看七月半之人。

看七月半之人,以五类看之。其一,楼船箫鼓,峨冠盛装,灯火优傒,声光相乱,名为看月而实不见月者,看之;其一,亦船亦楼,名娃闺秀,携及童娈,笑啼杂之,还坐露台,左右盼望,身在月下而实不看月者,看之;其一,亦船亦声歌,名妓闲僧,浅斟低唱,弱管轻丝,竹肉相发,亦在月下,亦看月,而欲人看其看月者,看之;其一,不舟不车,不衫不帻,酒醉饭饱,呼群三五,跻入人丛,昭庆、断桥,嚣呼嘈杂,装假醉,唱无腔曲,月亦看,看月者亦看,不看月者亦看,而实无一看者,看之;其一,小船轻幌,净几暖炉,茶铛旋煮,素瓷静递,好友佳人,邀月同坐,或匿影树下,或逃嚣里湖,看月而人不见其看月之态,亦不作意看月者,看之。

杭人游湖,巳出酉归,避月如仇。是夕好名,逐队争出,多犒门军酒钱,轿夫擎燎,列俟岸上。一入舟,速舟子急放断桥,赶入胜会。以故二鼓以前,人声鼓吹,如沸如撼,如魇如呓,如聋如哑;大船小船一齐凑岸,一无所见,止见篙击篙,舟触舟,肩摩肩,面看面而已。

少刻兴尽,官府席散,皂隶喝道去。轿夫叫船上人,怖以关门。灯笼火把如列星,一一簇拥而去。岸上人亦逐队赶门,渐稀渐薄,顷刻散尽矣。吾辈始舣舟近岸。断桥石磴始凉,席其上,呼客纵饮。

此时月如镜新磨,山复整妆,湖复颒面。向之浅斟低唱者出,匿影树下者亦出,吾辈往通声气,拉与同坐。韵友来,名妓至,杯箸安,竹肉发……

月色苍凉,东方将白,客方散去。吾辈纵舟,酣睡于十里荷花之中,香气拍人,清梦甚惬。

(一)作者简介

张岱,字宗子、石公,号陶庵,又号蝶庵,山阴(今浙江绍兴)人,侨寓杭州。明末清初散文家、史学家。他出身于累代仕宦之家,早年漫游苏、浙、鲁、皖等省,阅历广泛,读书颇丰,从32岁开始,就用家藏资料编写纪传体明史,其著作有《石匮书》《陶庵梦忆》《琅嬛文集》《西湖梦寻》等。他具有较浓厚的佛家思想,但并非虔诚的佛教信徒。他生于诗书礼仪之家,思想自由散漫,但却有强烈的民族意识,明亡后,他深感国破家亡的沉痛和悲愤,披发入山,安贫著书,尽管布衣素食,甚至到了断炊境地,也不后悔。

(二)赏析要点

本文在简短的六百多字中,着力描写了月影湖光中的世态众生,各色各等的看月之人。在相互比照中,刻画了他们赏月的不同处所、方式和场面,披露了他们赏月的不同动机,辛辣嘲讽了那些俗不可耐,却偏要附庸风雅的豪门富户。

全文可分为三个部分,第一部分从看月的目的、形式和态度,分别叙写西湖七月半时游览的五类人:一是名为看月而实不见月者;二是身在月下而实不看月者;三是亦在月下,亦看月而欲人看其看月者;四是月亦看,看月者亦看,不看月者亦看,而实无一看者;五是看月而人不见其看月之态,亦不作意看月者。以看月来划分看月人,此处的"月"便有了深刻含义,它代表了作者所追求的清雅格调和高尚操守,这样的高洁为世人所追求,但有些人并不能领会个中真意,不过是附庸风雅、哗众取宠而已。这些人眼中有月,而心中无月,甚至只作观月态,连眼中也无月。而真正的雅士,月自在其心中,无需作出种种虚假姿态。划分出这五类人,正是作者对世态人情的概括和总结。前四类层层递进,将那些俗不可耐而附庸风雅的豪门富户以观月为名,各怀动机的情形生动地刻画出来。虽短短数语,却无一不生动传神。而最后一类人,才是真正的观月者,他们是不需要故作姿态的,与前对比,雅俗自分。

第二部分,写杭州人七月半游湖的热闹情状。因为七月半是中元节,在民间被称为鬼节,是祭祀先人的日子。晚明时,杭州西湖的各大寺院在这天晚上都要举行盂兰盆佛会,为信徒们诵经拜忏,以超度其祖先亡灵。因此,杭州人有七月半"巳出酉归,避月如仇"的游湖习俗。然而,世俗之人游湖,不过"好名"而已,赶舟贴面,热闹一番,即刻散尽,完全不能体会西湖月夜的清雅。

第三部分,写文人雅士在人尽散去之后,享受西湖月夜的清雅情趣。此时的月色夜景是"月如镜新磨,山复整妆,湖复颒面"。观月游湖时的活动是"饮酒赋诗,浅唱高歌"。也就是说,席尽人散之后,方是文人雅士游湖观月的最好时机,在各处隐匿着的雅士们纷纷走出,一起饮酒唱和,玩赏美景。此时所见湖山月色,一派清净光洁,这也正是作者清高雅洁情怀的象征。这一切正反衬出附庸风雅者的庸俗不堪,表达出了雅士游湖观月与世俗之人有本质不同。

同时,文章还表达了作者的家国之痛和今昔之感。清政府所推行的文化政策,在明末士人眼中,不过是笼络文人之心的一种手段,如同附庸风雅的达官贵人一般,只是为了博取好的名声。作者宁愿为野人也不愿去走在异族朝廷做官的捷径,这是其立身之处。文章雅俗对比中,寄予了作者的家国之痛,表现了作者的清高气节。

本文文笔洒脱明快。在为众多人物、风景摹象时,寥寥数语,便各尽其态,语言简洁风趣。如说杭州人"避月如仇",显见其文学修养很高,借一"仇"字巧寓不满和矜高。这一字里就蕴涵了很多意蕴,由此增加了文章的含蓄幽深。

本文成功地运用了几组反衬,使之相形相照而各自特征愈趋鲜明。如平时的避月如仇,反衬是如今列队争出,趋"月"若鹜,是"好名";铺陈二更前的喧闹嘈杂,反衬夜阑更深后的雅静清幽;用众人的顷刻兴尽,争先离去,反衬吾辈的兴始高,意方浓。美丑既分,雅俗自明。所状人物,所绘情景,都能穷形极状,历历逼真。作者如此传人、叙事、撰史,真是深得小品三昧。本文不愧为小品文中之精品。

【案例5】

中国,最美最母亲的国度
——《听听那冷雨》

(一) 题解

雨是古今作家反复歌咏的对象。余光中经过独有的审美感受,在本文中创造了"冷雨"这一意象。他笔下的雨,如"鬼雨""冷雨"等,都具有鲜明的独创性。这是作家独具慧眼的发现。《听听那冷雨》借"冷雨"这个意象,把人带进了一个冷寂、凄迷的氛围之中,抒发了身在海岛、异域的游子对故国、故土的无尽的乡愁。本文运用叠字、通感、比喻等多种修辞手法,构建出一个空蒙而迷幻的出神入化之境。如"听听,那冷雨。看看,那冷雨。嗅嗅闻闻那冷雨。舔舔吧,那冷雨"一句,综合运用了叠字、通感、排比等手法,渗融着诗的意境,有雨声的节奏感,诉之于感官,给读者带来多方位的感觉。

(二) 作者简介

余光中,中国文坛杰出的诗人与散文家。1928年生于南京,祖籍福建永春;1949年随父母去了中国香港,1950年迁居中国台湾;之后,就一直在中国台湾、中国香港和美国之间辗转漂泊。1974年,他到香港中文大学任教,并于同年写下了《听听那冷雨》这篇散文。1992年终于回到思念已久的中国大陆。

余光中一生从事诗歌、散文、评论和翻译,自称为自己写作的"四度空间"。其诗常常洋溢着对祖国的呼唤和对中国传统历史文化的追缅怀念之情,"乡愁"式的中国情结是余诗的一大主题。其散文被称为诗化了的散文,感性与理趣,幽默与庄重,传统与现代交织在一起,构成了想象富赡、气魄宏大、笔力雄健、风格华美的散文路径。其思想常常驰骋千里,句式变化多端,注重散文的容量和弹性,追求汉语自身的精致、准确与神韵。

余光中热爱中国传统文化,热爱中国。礼赞"中国,最美最母亲的国度"。他说:"蓝墨水的上游是汨罗江""要做屈原和李白的传人""我的血系中有一条黄河的支流"。

(三) 赏析要点

1. 本文以情感线索来组织全篇

情感线索:听雨(清明时节的雨为主线)。

横的地域感:美国—中国台湾—中国大陆。

纵的历史感:太初有字—亡宋之痛—公寓时代。

纵横交错的现实感:人到中年沧桑过后的洞明人生—现代都市对传统意趣的破坏—对永恒的理想的追求。

2. 本文主要的意象是:雨,而且是冷冷的雨

《听听那冷雨》,主干是听雨,叠词"听听"写出听雨的情态;"那"对"冷雨"作一定限定,使人联想到去国怀乡的特定情境;"冷"表现出雨给人的感觉:凄凉、凄清、凄迷、凄楚。"冷"是一种心境,一种浓浓的割舍不断的乡愁。

3. 本文的主旨

作者通过对台湾春寒料峭中漫长雨季的细腻感受的描写,真切地勾画出一个在冷雨中孑然独行的白发游子的形象,委婉地传达出一个漂泊他乡者浓重的孤独和思乡之情,表现了一个远离故土的知识分子对传统文化的深情依恋和赞美。

4. 作者是从诸多角度来写雨的

触觉:冷雨,潮湿。

视觉:淋淋漓漓,淅淅沥沥,点点滴滴,滂滂沱沱。

嗅觉:清清爽爽新新,有一点薄荷的香味,淡淡土腥气。

味觉:舔舔吧,那冷雨。

原文第五段,主要从听觉上来说,作者首先听出了美感,然后听了"疏雨滴梧桐"和"骤雨打荷叶",是一种凄凉、凄清、凄楚。岛上听雨则多了一层凄迷。

同时,作者写了美国西部的落基山。虽然这里很美,但是毕竟是在异国他乡,他的心是漂泊的,是没有寄托的,只有当他的脚步站在中国的土地上心里才觉得踏实。只

有那种"白云回望合,青霭入看无"的境界才属于中国,这里用美国反衬出中国台湾"云气氤氲,雨气迷蒙"的情调,又一次回到了中国。而且讲到了米芾父子的山水画,只有这种情调才更像中国的山水画,才更有古中国的情韵。这里作者又一次借传统文化表达了对中国大陆的眷恋。

作者还写到了少年听雨、中年听雨和白头听雨。这实际上表明了作者不仅仅听雨,更是听人生。这三个阶段给人的感觉是不相同的,少年时候,年幼无知,在灯下听着雨声,听着故事,给人一种温馨感;中年听雨,一个"客舟"表明了漂泊异乡的沧桑;老年听雨在僧庐下,却想到了亡宋之痛,想到了祖国的分裂状态,心中多了一种浓浓的伤感。

接下来作者又写了雨韵,写到了雨的音乐,又一次讲到"那古老的音乐,属于中国",讲到了听雨屋,讲到了"日式古屋里听雨",这两个日式古屋里听雨,听到的不是同一种雨。前一种听到的是台风台雨,雷雨,暴雨,西北雨,写到了凄凉的秋意,听到这些的时候,作者那颗平静的心再也无法宁静,只剩下了一份凄凉,惆怅,冷湿的情怀。后者从春雨绵绵,听到了秋雨潇潇,从少年听到中年,雨是一种单调而耐听的音乐,而且是回忆的音乐,于是自然地想到了江南,想到了四川。但是是梦总会醒的,是回忆总会回到现实的,于是他又无法不回到20世纪70年代的中国台北,回到那个黑白的公寓时代,瓦的音乐成了绝响,美丽的蝴蝶飞入了历史的记忆,现在真的不需要了吗?并不是的,生活富足了,可是色彩却单一了,情韵没有了,只剩下一张黑白的相片,表达了作者的一种深深的遗憾,一种家国之痛的遗憾。

第三节 散文写作

散文易学难工。学习散文写作,从认知层面看,要明性定体。即认识散文的特殊性和确定散文的类型。明晰的散文观和较好的文体感,将有助于散文写作。从操作层面看,应注意三个问题:一是物与我。散文要以我观物,由物见我,防止有物无我。二是疏放与严谨。散文要疏放自如,言之有序,不拘束,不散漫。三是修饰与自然。散文讲究文采,要"刻画而自然",力避质而无文和有文无质。

一、科学理解散文体裁属性

散文是与诗歌、小说、戏剧并称的一种文学体裁,是一种自由灵活地抒写见闻和感受的文体。它之所以称为散文,"散"即是其文体特征,这是就形式而言,但并非松松散散之意。正如季羡林所说:纵观古今中外各家的散文或随笔,既不见"散",也不见"随"。它们多半是结构谨严之作,绝不是愿意怎样写就怎样写的轻率产品。

近年来,经过散文批评界的研究,关于"散"的视野拓展,比较统一的看法是:"散"不仅是形式上的散,同时也是一种表达方式,有专家将散文类型做了新的划分,分为三类:

一是形神俱不散类型。是指形式上具有整饬美、精致美,手法一致,巧心营构;内容与意蕴上只围绕一个中心,一个主题,并向深处挖掘,展现出清晰、单纯的情感与思维脉络。如鲁迅的《一件小事》、周作人的《故乡的野菜》、萧红的《回忆鲁迅先生》等。

二是形散神不散类型。形散是指散文的表达方式不拘一格，运笔如风，语言平易近人，自然清新；神不散是指散文的内容中心明确、紧凑集中。如杨朔的《荔枝蜜》《樱花雨》、秦牧的《花城》《土地》、刘白羽的《日出》《灯火》、梁衡的《觅渡》、余秋雨的《断裂的爱》等。

三是形神俱散类型。这是一种发散性的思维，开放的体系，需要不断丰富发展，能把散文艺术的审美自由极大地拓展开来。这种类型的文体在国外有很多例子，如波德莱尔的《头发里的世界》，普鲁斯特的《追忆似水年华》。中国余秋雨的《丛林的那边》，中国台湾叶嘉莹的《物缘有尽，心谊长存》，王鼎均的《水流过，星月留下》等，均是形神俱散类型的代表名作。

随着当今社会日新月异的快速发展，社会生活日趋复杂丰富，人们的心灵、精神世界也愈加复杂多变。因此意、绪、情、理在当下人们的内心常常是断裂的、碎片式的。形神俱散这种类型的散文，不仅可以思维发散表达多个主题，而且可以自由表现当代人心灵善变、跳跃、纠结等感觉世界。如网络上有一位名叫"拾花女人"的散文作家，便是这一类型的代表，其作品如《春夜临窗听雨音》《沁雪梅香谁入梦》等，往往是主体的、意念的、朦胧的，具有生命的转喻性、艺术触角的多矢性、审美价值的多解性等特点。

二、熟练掌握散文写作技法

散文是作者写自己经历见闻中的真情实感的灵活精干的文体，相比其他文体更为自由。因而，从古至今关于散文写作的谈论很多。鲁迅推崇曹操及魏晋散文的"力主通脱"；巴金说在他自己的任何散文里都有他自己；刘半农说散文要赤裸裸地表达。总之，散文的核心和生命在于写真实的"我"。那么，怎样才能写好散文呢？本书从散文写作实践出发，阐述散文的立意、构思、联想、布局等内容，引领初学者找到散文写作的门径。

（一）精于立意

所谓立意，是指在构思和写作过程中提炼和挖掘主题思想。文章以意为主，意是文章的灵魂，决定着文章的品质高低、价值大小。散文的立意是作者在写作中对事物与情感的定义，是事物与情感的完美结合。散文的意存在于自然、社会、人生中。要获得它，必须依靠我们深入的观察、感受、理解。因此，散文立意必须从实际出发，凭着敏锐的观察，深刻的感受，深厚的感情，丰富的想象，深沉的思索，才能激起我们创作的热情与冲动，这便是散文创作的灵感。要为散文立意，就要赶紧捕捉住心灵的颤动，思想的闪光。立意在散文创作中特别值得重视，因为散文的根本就在于要表达作者情感上和认识上的感悟，要融入作者个人生活体验，仿佛有一种魂魄在其中起着主导作用，既是行文的出发点，也是其终极目的。散文的目的在于写情写意，而情意千差万别，难以捉摸。正因如此，散文尤要讲究立意。可见，作为散文作者，功夫首先就表现在立意上。散文有了好的立意，就使文本在读者心中产生强烈的审美效应和永恒的艺术魅力，古今中外那些优秀散文作家的名篇佳作莫不如是。

散文重视立意，这就要求作者对自己的描述对象有真切的感受、精到的见解，又要有审美情致。也就是说，要求作者追求立意、精于立意，主要追求立意独特、新颖、多样性，并注意用造境来烘托立意。

如刘禹锡的《陋室铭》立意为：斯是陋室，唯吾德馨；杨朔《茶花赋》立意为：歌颂如花的祖国，歌颂祖国的劳动人民。贾平凹《丑石》立意为：丑到极处，便是美到极处。

在散文中表达主题思想主要有两种方式：一是明述事理，直抒胸臆。这种方式多用于叙事散文或通过直接叙述事件，来反映出某种思想；或在描写、叙述事件过程中夹叙夹议，表达出思想观点；或通过抒情、议论表达出作者的爱憎。这是散文中最常见的表达主题的方式。二是托物言志，借景抒情。这种方式主要是通过对事或景物的描写来抒发思想感情，一般比较含蓄。运用托物言志、借景抒情这种方法，应重视三个方面：贴切、新颖、深刻。

贴切是指所托之物和所言之志、所借之景和所抒之情，要协调贴切，浑然一体并具体化。散文名家的作品在托物言志、借景抒情上都是很贴切的。如茅盾的《白杨礼赞》用白杨树的高大、伟岸、挺拔、正直，来赞美北方农民坚定豪迈、英勇不屈的革命斗争精神，非常自然贴切。杨朔的《茶花赋》用火红烂漫的茶花来赞美祖国欣欣向荣的面貌，也很生动贴切。秦牧的《猎狗的风格》用猎狗狡猾阴险、怕大害小的性格来揭露"四人帮"的死党和亲信的丑恶嘴脸，同样很贴切。为达到如此境界，我们必须仔细观察、准确认识事物的特征，同时细致思索、认真琢磨，使思想得以升华。

新颖是指选材要新，选取的角度要新，表达的思想要新。选材新是指作品中引用的材料应尽量避免已常被用过的，要善于发现新材料，努力做到人无我有、人有我新。选材应着眼当代，紧贴现实生活，注意选用那些亲自经历的、具体的、有趣的、罕见的、深刻的材料。散文的角度新颖是散文创作中很值得研究的问题，既是技巧问题，又与作者对生活的观察与认识有关，渗透着作者的审美情趣和理想。如朱自清的《背影》，作者选取了一个很独特新颖的角度——"背影"，并将其转化为艺术美。作者另辟蹊径，选择背向的特定角度，饱含深情，全力抒写父亲的背影，令人称绝。散文表达的思想新颖是指作品主题不落俗套。如赞颂杨柳，古有杜甫视其为报春信使，而丰子恺的《杨柳》却揭示其高贵品质，以杨柳"高而能下"、"高而不忘本"与"高即忘本"的花木作对照，来抒写自己对杨柳的喜爱，从杨柳下垂这一自然现象中悟出人生哲理，不可谓不新颖独特。

深刻是指对表达的思想挖掘得要深，这来源于散文作者对生活的深刻感受和认识。生活中存在着丰富的思想内容，需要作者去发现、分析和提炼。鲁迅的杂文和散文之所以成为中国现代散文的典范，就是因为他观察生活敏锐，思想深刻尖锐，语言辛辣。

（二）善于构思

散文的构思是指散文在通过线索和结构来组织材料、选取角度展开内容叙写等环节所作的独到的选择和安排。巧妙的构思对于散文成败所起的作用显得更加突出，这与散文"形散神聚"的美学特征有关。散文的构思体现出作者的才能、匠心和独创性，显示出散文文体独特的审美效果和艺术风格。如朱自清的散文描写细腻、情调和谐、余味醇厚。他的优秀作品《春》虽不足千字,却以新颖精巧的构思,活灵活现地描绘了春天的踪迹,传递出无限春意,表达出作者特定时期的思想情绪和对人生、人格的追求。本文以盼春—春草图(嫩、绿、多、软)—春花图(多、艳、甜)—春风图(和悦)—春雨图(细、密、多、轻盈)—迎春图(广、多、全、新、美、力)—颂春进行结构,抓住春天的主要特征,用诗一样的笔调描绘出春回大地、生机盎然的景象,表达作者热爱春天、热爱生命、憧憬未来的思想情感。可见作家要在构思中为散文的思想内容寻找尽量完美的艺术形式,使思想性与艺术性达到和谐的统一。也就是说,构思要解决立意、选材、创造意境、确定体裁、基本手法、布局谋篇等问题。这里着重谈谈寻找线索和创造意境两个问题。

(1) 寻找线索。

线索是指作者选择材料的脉络或描写、记叙的脉络。散文的材料很"散",每一个材料都是一颗珍珠,作者要寻找一根线,用笔作针,将这些散乱的珍珠穿起来,成为一串光彩夺目的项链。常见的线索类型有:① 人物线索,如朱自清的《背影》以父亲的背影为线索,通过叙写父亲过铁道买橘子来表现父子相爱相怜的真挚感情。② 事物线索,如黄河浪《故乡的榕树》以榕树为线索,通过回忆童年往事来表达对故乡和祖国的深沉之爱。③ 景物线索,如鲁彦的《听潮》通过描绘大海沉睡图、海潮初涨图、大海怒潮图三幅图画,来展示大海的温柔静穆之美、充满生气之雄伟壮阔之美,从而构成独特完整的艺术形象,以寄托自己的思想感情。④ 感情线索,如朱自清的《荷塘月色》以感情变化为线索:心里颇不宁静→淡淡的月光下,淡淡的哀愁→自然美景中,淡淡的喜悦→感叹自己什么也没有→惦念江南,欲超脱而不可得,抒发了不满社会现实、向往宁静自由生活的思想感情。⑤ 事件线索,叙事散文常按故事的开端、发展、高潮和结尾的顺序来构思。⑥ 游踪线索,如碧野的《天山景物记》采取移步换景的写法,通过描述天山的美丽景物来赞美祖国山河,表达出热爱祖国边疆的深厚感情。

(2) 创造意境。

意境是指作品中通过形象描写表现出来的境界和情调。美好的意境是深刻的思想真挚的感情与生活环境或生活景物的完美统一,因此创造散文的美好的意境,在选择和描绘生活图景时,千万不要忘记要有深刻的思想和真挚的情感。散文的这种意境应是诗情画意的,既是物质的、可感的、形象的,又是精神的、可想象的、性灵的。如史铁生的《我与地坛》,是作者思考人生、叩问灵魂之作,通过变换的景物描写来表达作者人生态度的转变。刚开始时,"我"来到地坛,内心是苦闷的、绝望的、迷惘的、愤世的,因此看到的只是"园子荒芜冷落得如同一片野地",死气沉沉;当"我"读懂地坛后,"我"发现"园子荒芜并不衰败","我"开始重新审视生命,因此笔下的景物透着一股强大的生命力;重拾信心后,"我"开始思考生死问题,发现生命的真正价值,此时用排比手法,连用六个"譬如"来具体阐释"怎样活"的问题,于是描写的景物意境深远,内涵深刻,寄寓了作者对生命真谛的思考与领悟,表达了作者的人生观、价值观和审美观。

(三) 富于联想

联想是指对事物由此及彼、由表及里的想象活动,是由一事物想到另一事物的心理过程。由于事物之间存在着各种联系,因此联想有不同的方式和类型,常见的有四种：① 相似联想，又分为形似和神似。形似联想是由事物外形上的相似而产生的，如朱自清的《绿》描写梅雨潭的绿，从水级"皱"、水光"照"、水质"清"、水色"碧"四个方面展开联想，便是从水的外形特征而来的。神似联想是由于事物在精神、气质、情调等方面相似而产生的，如由荷花联想到情操高洁之人。② 类似联想，如由司马迁想到杜甫想到曹雪芹。③ 相反联想，如由"朱门酒肉臭"联想到"路有冻死骨"。④ 相关联想，如由树叶飞落联想到天下知秋再联想到凄清的环境和寂寞的人心。在散文创作中，运用联想可增强作品艺术魅力，一篇优秀的散文，几乎难以离开联想。联想在散文中的重要性特别突出，可丰富材料、拓宽思路、加深思索、深化理念，还有助于运用托物言志、借景抒情等构思和表达技巧，也有助于提炼和深化主题。

（四）巧于布局

布局是指作者对文章的整体结构所作出的规划安排。散文写作自由灵活，用"文无定法"来指称它是最合适的。"定体则无，大体须有"可视为散文结构的基本原则。

散文一般篇幅短小，布局有方便的地方，但要布局得好，却因篇幅短小而有其难处。散文布局的具体方法很多，一般而言，散文的布局都要巧设"文眼"，开头往往似谈家常，结尾则加以深化，画龙点睛，卒彰显志，并且首尾呼应，通体一贯，有机结合。初学散文写作，不妨运用这种布局方法。

刘熙载的《艺概》较为精当地概括了文章结构："笔法之大者三：曰起，曰行，曰止。"散文写作也是如此，其基本结构间架由起、行、止三部分组成。

起即是散文的开头，可以是一句话或几句话，也可以是一段话或几段话。从结构角度看，开头的好与坏，关系到散文的文气是否通畅。从阅读角度看，起是读者接触散文的第一部分，能否令其萌生阅读兴趣，这里是关键。起具有全局意义，其写法很多，如由新颖、形象的比喻入题，直接扣题；由生动贴切的拟人入题，激发想象；由精彩深刻的设问入题，启人深思；由优美的排比句式入题，先声夺人；由抒情议论入题，入情入理；由名言警句入题，彰显底蕴；由对比手法入题，表明立场；由假设情景入题，埋下伏笔；由品评时事入题，追踪本质。

行即是散文的主体部分，是最见作者功力的地方。它应该写得丰富、饱满。这个部分能否充分展开，直接影响散文的写作质量。散文的写法自由，表现在行的部分就是伸缩自如，讲究弹性，具体说来，就是妥善安排散文图式的开与合和处理好散文衔接的断与续。

散文图式的开与合：开，指放开笔墨，远远发来；合，指收敛笔墨，靠近题旨。如冰心的《谈生命》，其主体部分是两个比喻，每个比喻段落以"生命像……"开启，描述一江春水和一棵小树从生命开始到生命终结的过程，落笔于相同的句子，又以相同的句子结束每个比喻。两个比喻一大一小，一动一静，一个在空间中流逝，一个随时间变化，相映成趣。相同的结构形式，构造了一种回环往复、反复吟唱的氛围。作者通过描绘具有深刻意蕴的形象——一江春水和一棵小树，为读者展示出一幅幅优美的画面，透过这些画面，使读者既联想到生命的各种状态，又感受到作者对生命形态的认识和理解，不愧为散文中开合自如的佳作。

散文衔接的断与续：散文要"散"得起来，需要在叙写上注意断续的技巧，称为断续法。断,指"中断"正在进行的叙述;续,指以一种隐蔽的形式接续。即所谓"明断暗续"。断续之妙,在于使散文波澜起伏,并引发读者的阅读欲望,增强散文的艺术魅力。断续在散文写作中主要有两种表现方式:一种是断处皆续,另一种是先断后续。明于断续,能够使散文的行文挥洒自如。"先断后续"主要用于叙事散文。善于运用断续,是散文作者成熟的重要标志,能够获得令人意想不到的审美效果。运用断续法应注意的是:有断必有续,只断不续,文思不完整;续要续得不露痕迹,仿佛天然妙成。

止即是散文的结尾。一篇优秀散文,除了有引人入胜的开头,还应该有耐人寻味的结尾。结尾关系到散文结构是否完整。善始善终,才能首尾圆合。散文结尾的方法很多,主要有:① 自然结尾法,即用事情的结果作为散文的结尾。如《月光曲》《李闯王渡黄河》《飞夺泸定桥》等,都用自然结尾法。② 点题结尾法,如《美丽的小兴安岭》,在总分述写小兴安岭四季变化和土特产及名贵药材之后,用"小兴安岭是一座巨大的宝库,也是一座美丽的大花园"来作结尾,点明了文章中心。③ 抒发感情结尾法,即作者在结尾时对描述的事物抒发真情实感,表达赞美之情。如《海上日出》《桂林山水》《桥》等均采用了此法。④ 启发式结尾法,即结尾给人以某种启迪或教育。如《艰苦的岁月里》《草地夜行》等的结尾都用这种方法。

(五) 工于语言

语言是思维的外壳,散文作品的思想感情是通过语言来表达的,散文是一种用语言描写见闻、表达感情的自由灵活的文学样式。因此,散文的语言十分重要。散文创作者应高度重视并锤炼散文语言。

散文的语言具有朴素、自然、流畅、简洁等特点,因而首先是以口语为基础,以文语为点缀;其次是追求清新自然,优美洗练;再次还应讲究一些技法,如多用修辞特别是比喻,如句式长短相间、整散结合,如注重音调、节奏、旋律等,如运用排比、夸张、对比等手法。总之,散文语言不宜过于注重辞藻华丽,过于言过其实。

散文作者可从用字、构词、造句、修辞、风格等方面训练语言,使自己的散文语言具有以下几美。① 朴实自然美,是指散文语言朴实无华,准确逼真,简洁流畅,清新绚丽。如鲁迅的《从百草园到三味书屋》:"碧绿的菜畦,光滑的石井栏,高大的皂荚树,紫红的桑葚……鸣蝉在树叶上里长吟,肥胖的黄蜂伏在茶花上,轻捷的叫天子……直窜向云霄里去了。"这些语句朴素无华,亲切感人,可从中体会出作者对当时印象的深刻和对当时的怀念。② 含蓄美,这类语言含义丰富深刻,又富有哲理。如巴金的《灯》:"光驱散了我心灵里的黑暗,热促成它的发育。一个朋友说:'我们不是单靠吃来活着。'我自然也是如此。我的心常常在黑暗的海上漂浮,要不是得着灯光的指引,它有一天也会永沉海底。"作者运用象征手法,以细腻的文笔表达了真挚的思想感情。③ 音乐美,是指语言节奏明快,音节和谐,富有韵律,朗朗上口,能给人以音乐美的享受。如朱自清的《绿》用叠词构句:"花花的声音""湿湿的黑边""微微的云""油油的绿意";有的用排比句,有字数参差错落的长短句。④ 绘画美,这在朱自清的《荷塘月色》中有很好体现,作者通过细致入微地观察体验,为读者描绘出了月下荷塘光影和谐、浓淡相宜、疏密有致的迷人画面。⑤ 典雅美,主要表现为运用多种修辞手法如比喻、拟人、通感等。

总之,散文语言为心之苗,散文创作者应多多磨炼自己的观察力、感受力、领悟力、理解力、想象力,才能体会得深透,也才能表达得既简洁准确、又生动形象、富有文采。语言的锤炼,必须久久为功,持之以恒。

实　　训

1. 苏轼在《文说》中说:"吾文如万斛泉源,不择地而出,在平地滔滔汩汩,虽一日千里无难。及其与山石曲折,随物赋形而不可知也。所可知者,常行于所当行,常止于所不可不止,如是而已矣。"你怎样理解这段话？对你创作散文有何启发？

2. 郁达夫在《中国新文学大系·散文二集·导言》中说:"五四运动的最大的成功,第一要算'个人'的发现。从前的人,是为君而存在,为道而存在,为父母而存在的,现在的人才晓得为自我而存在了……现代的散文之最大特征,是每一个作家的每一篇散文里所表现的个性,比从前的任何散文都来得强。"请结合自己的阅读和写作实践,谈谈你对现代散文的认识和体会。

3. 专题讨论:网络-图像时代散文写作面临的机遇和挑战。

要求:

(1) 每位同学写一份发言提纲(用 A4 纸打印)。

(2) 发言者陈述 6 分钟,答辩 4 分钟。

(3) 请 5—7 名同学担任评委,给发言者打分,教师点评。

4. 在各类考试之后等待通知书的那段日子里,你的言语、行为、心情是怎样的？父母、亲友的表情、言语、行为又如何？家里的气氛怎样？相信在你的记忆中,那段生活的情景和感受还很鲜活。请以此为内容,自拟题目,写一篇散文。

提示:叙述、描写、议论、抒情,可以自由运用。

5. 刚进入一个新的环境(比如刚进大学),一切都很新鲜,也许你对自己身边的人和事观察得比较细致。请在观察和感受的基础上,写一篇散文。

6. 给父母或老师或同学写一封信,把自己进入大学之后的所见、所闻、所感告诉他们。

7. 观察一个或几个行人的形态,结合自己的生活经验,发挥想象力,设想行人是什么职业,正处于怎样的情绪之中,正在去干什么等,自拟题目,写一篇散文。

8. 写五位老师或同学,要求写出他们的肖像、动作、语言、心理、习惯等。

9. 生活中常见到这样的现象:有人因悲伤而流泪,也有人却是喜极而泣。请你以《眼泪并不只是悲伤》为题写一篇散文,字数不少于 800 字。

10. 离开父母来到大学校园,有很多事情也许是你第一次做。比如,第一次与那么多陌生的同学住在一间宿舍里,第一次自己去银行办理业务,第一次自己洗衣服,第一次见到教授……在此之前,你一定还有很多值得回忆的第一次,如第一次学习游泳、跳舞、骑自行车、打字、发 E-mail、制作电子贺卡、唱卡拉 OK、登台演讲、辩论、发表作品……这些都是人生经历中很甜蜜的记忆。请在你生活中的"第一次"里选择最有意味的内容,可以是最近的,也可以是以往的,自拟题目,写一篇文章,不少于 2000 字。

11. 自选题散文写作练习:从下列题目中选择一个,写一篇明理散文。

青春 老师 同学 偶像 梦想 衣裳 化妆 美容 颜色 写字 爱情 家庭 职业 观光 看电视 网恋

要求:

(1) 列出写作提纲(纲—目—节)。

(2) 要有开有合。

(3) 字数不少于 2000 字。

12. 将朱自清的散文《背影》改写成第三人称叙述,从中体会写作主体在写作过程中的地位和作用。

13. 在分析阅读李白诗的基础上,化用"孤帆远影碧空尽,唯见长江天际流"的意境,写一篇抒情散文。

14. 认真阅读《论语·先进》中记载的孔子与其弟子的谈话(已译成白话),按要求完成训练。

【开头】 有一天,子路(名由)、曾皙(名点)、冉有(名求)、公西华(名赤)跟孔子坐在一起。孔子说:"不要因为我比你们大几岁,就受了拘束,有什么话都可以说。平常你们说没有人赏识,如果有人赏识,你们想干什么?"

【主体】 子路先说:"有千辆兵车的国家,受到周围大国的威胁,且经过了兵灾,百姓在闹饥荒,让我来治理,不出三年,能使他们勇敢、懂得道理。"孔子听了,微微一笑。

孔子又问冉有:"求,你怎么样?"冉有说:"方圆六七十里或五六十里的地方,让我去治理,只要三年,能使人民富足;至于礼乐教化,就等待君子了。"

孔子又问公西华:"赤,你呢?"公西华说:"我的能力不是很强,但愿意学习。宗庙祭祀或诸侯会盟时,我穿上礼服,当个小小的司仪。"

孔子说:"点,该你了。"曾皙鼓瑟放缓了节奏,锵的一声放下瑟,站起身来,答道:"我的想法和他们三个不同。"孔子说:"那有什么关系?各人谈论各自的志向。"

曾皙说:"暮春三月,穿上轻便的春服,和五六个成人,六七个小朋友,到沂水里洗个澡,在求雨坛上吹一下风,唱着歌回来。"孔子听了,说:"我赞同点啊!"

【结尾】

要求:

(1) 改写开头。要求:字数在 200—400 字之间。提示:注意交代谈话的环境、气氛。

(2) 扩写主体。要求:以第一人称的视角("我"可以是孔子,也可以是他的四位学生中的一个)来叙述;字数在 700—900 字之间。提示:注意人物的神态、动作和心理描写。

(3) 续写结尾。要求:字数在 200—400 字之间。提示:注意氛围的渲染。

15. 假定身处这样的环境:漆黑的夜晚,躺在床上,似乎听见了远远近近、各种各样的声音,过去、现在、未来,如同放电影一般涌过。以此写一篇题为《夜之声》的散文。

16. 将下面这首诗歌改写成散文,要求符合原诗情境,人物可虚构。

《涉江采芙蓉》之六

涉江采芙蓉,兰泽多芳草。
采之欲遗谁,所思在远道。
还顾望旧乡,长路漫浩浩。
同心而离居,忧伤以终老。

第三章　小 说 写 作

> 学习要求

1. 了解小说的基本知识。2. 培养小说赏析能力。3. 掌握小说写作方法。4. 训练小说写作。

第一节　小 说 概 述

小说是与诗歌、散文和剧本并列的文学体裁。小说是一种以塑造人物为中心,通过描述完整的故事情节和具体的生活环境,形象、深刻、多方位地反映社会生活的叙事性的文学体裁。人物、情节和环境三要素构成了完整的小说艺术世界。

一、小说的发展历程

（一）中国小说的发展历程

中国小说,在各种文学样式里成熟得最晚。"小说"一词最早见于《庄子·外物》："饰小说以干县令,其于大达亦远矣。"在先秦所讲的小说,是对"大道"而言。上层人物的一些事情,如修身、齐家、治国、平天下,都是"大道","小说"是相对"大道"而言,是日常事物性的小道理。这里的"小说"没有文体的含义,同后来作为书之一种、文之一体的小说自然不是一回事。

《汉书·艺文志》收"小说十五家,千三百八十篇",首次承认"小说家"是一种可以独立成家的学术流派,并解释说"小说家者流,盖出于稗官,街谈巷语、道听途说者之所造也"。小说是地位低下的"稗官"将民间的街谈巷语、道听途说,收集整理、加工编纂而成的,具有虚构性。

魏晋南北朝时期,产生了谈神说鬼的"志怪"小说,和记录轶闻琐事的"志人"小说。《搜神记》《世说新语》是这个时期的优秀作品,里面收集了许多短小精悍的小故事,这是中国小说的萌芽。但这时人们关于小说的观念仍很薄弱。

从唐代开始,古代小说的发展趋于成熟,形成了独立的文学形式——传奇体小说,由此中国的小说脱离历史领域而成为文学创作。从志怪到传奇,是小说走向现实的一种进步。唐代小说的发展主要表现在富于想象虚构与讲求文采,这就同过去的作品有所区分。元稹的《莺莺传》、李朝威的《柳毅传》、白行简的《李娃传》、陈鸿的《长恨歌传》等都是传奇小说杰出的代表。

宋元话本的出现,是小说史上的一大变迁。为中国通俗白话小说的发展开辟了道路。宋人编《太平广记》搜集自汉至宋初的琐语小说,共五百卷,把毫无故事性的书排除在外,而将一向收入史部的志怪归入小说。至此,小说的概念才稍明晰了一点。

元末明初文人模拟话本创作的长篇章回小说,在形式上把小说推进到一个新的创作阶段,使中国古代小说观念又一次发生了重大变迁。从明代开始,小说开始走上了文人独立创作之路,这一类代表作是《金瓶梅》,它在小说发展史上开辟了一条新路,开创了中国"人情小说"的先河。清乾隆时期成书的曹雪芹的《红楼梦》,是中国古典小说艺术发展的高峰。《聊斋志异》异峰突起,成为文言小说的又一座丰碑。

中国小说的历史源远流长,有很辉煌的成就。但是,在中国,小说向来是不算文学的,一直处于被轻视、被排斥的地位,这不能不影响到对小说的理论概括和认识。直至19世纪80年代以后,随着资本主义改良主义运动的兴起,小说开始被推到文学的最上乘。这时,人们才有了关于小说的近代意识。

(二) 西方小说的发展历程

在西方,小说的观念也伴随着小说的萌发而有一个演变的过程。古巴比伦的《吉加美士史诗》,古希腊的《荷马史诗》《伊索寓言》等已具有小说讲求虚构的特点,但仍不是文人的创作,是直接从民间搜集记录下来的,所以这类小说情节比较简单,文笔比较粗糙。

西方小说,是在文艺复兴后快速发展、成熟起来的。中世纪的西方小说发展近乎停滞,14世纪末的文艺复兴推翻了教会对文学的控制,15世纪末西方出现了提倡思想自由和个性解放,以描写现实生活和刻画各阶层的人物形象为内容的人文主义小说,这类小说是为配合当时欧洲反封建而产生的,同时它也定下了西方小说以记叙凡人凡事为主的基调。

薄伽丘的《十日谈》开欧洲近代短篇小说的先河。他用"Novella"一词来指一种近于描摹实际人生的短篇散文故事。塞万提斯的《堂·吉诃德》被公认为近代小说的开山之作,是文艺复兴时期欧洲最重要的长篇小说之一,它对于欧洲近代长篇小说的发展有重大的影响。

出现在18世纪的近代小说,大体上是以情节为中心的寓言故事,但又有学者认为:小说是实际人生、世态习俗和时代的写照。传奇是以夸张而高雅的文字,描写从未发生和不会发生的情节。此时,"Novel"(小说)成为通称。Novel这个词的妙处是能将情节和写法是新的这个意思表达出来。

近代欧洲小说在19世纪现实主义文学中达到高峰,它以真实地再现典型环境中的典型性格为中心,巴尔扎克、狄更斯和托尔斯泰是其伟大代表。

此后,现代小说出现了异彩纷呈的现象。先后出现了以乔伊斯、伍尔夫和福克纳为代表的、以表现人物内心世界为中心的现代主义小说;以萨特、加缪和贝克特为代表的、以阐述某种哲理为目的的后现代主义小说;以海明威和辛格为代表的、对现实主义和现代主义兼收并蓄的新现实主义小说;以罗伯-格里耶、米歇尔·布托尔为代表的、以反传统相标榜的新小说派;在拉丁美洲还出现了以马尔克斯为代表的、现实和虚幻相结合的魔幻现实主义小说。

二、小说的类型

小说的体系异常庞大,以不同方式分类都可以分出不同而且众多的类别。根据小说的语言特点可以分为文言小说、白话小说;根据小说的题材可以分为历史小说、言情小说、武侠小说、科幻小说、推理小说等;根据小说的流派可以分为古典主义小说、现实主义小说、浪漫主义小说、表现主义小说、存在主义小说、意识流小说等。这里根据小说的叙述范式和容量的差异划分为微型小说、短篇小说、中篇小说和长篇小说,并作简单的介绍。

微型小说:又名小小说或极短篇小说,是英文 Flash Fiction 的直译,原为短篇小说的分支,是顺应现代人繁忙生活而发展成的一种篇幅短小的小说。跟一般小说一样重视场景、个人形象、人物心理、叙事节奏。一般认为微型小说的篇幅应在两千字以下。《丈夫支出账本中的一页》(马克·吐温)、《德军剩下来的东西》(哈巴特·霍利)、《喂——出来》(星新一)等。

短篇小说:平均篇幅在万言左右的小说会被划归短篇小说。特点是篇幅短小、情节简洁、人物集中、结构精巧。它往往选取和描绘富有典型意义的生活片断,着力刻画主要人物的性格特征,反映生活的某一侧面,以小见大。如《狂人日记》(鲁迅)、《聊斋志异·聂小倩》(蒲松龄)、《变色龙》(契诃夫)、《警察与赞美诗》(欧·亨利)等。

中篇小说:平均字数在三万至四万字的小说,其容量大小、篇幅长短、人物多寡、情节繁简等均介于短篇小说和长篇小说之间。通常只是截取主人公一个时期或某一段生活的典型事件塑造形象。反映社会生活的某个方面,故事情节完整。线索比较单一,矛盾斗争不如长篇小说复杂,人物较少。如《边城》(沈从文)、《透明的红萝卜》(莫言)、《百万英镑》(马克·吐温)、《羊脂球》(莫泊桑)等。

长篇小说:字数在六万字以上篇幅较长的小说。篇幅长,容量大,情节复杂,人物众多,结构宏伟的一类小说。适于表现广阔的社会生活和人物的成长历程,并能反映某一时代的重大事件和历史面貌。在篇章结构上,一般根据故事情节的发展,分成许多章节;篇幅特别长的,还可以分为若干卷或部、集等。如《红楼梦》(曹雪芹)、《家》(巴金)、《战争与和平》(列夫·托尔斯泰)、《飘》(玛格丽特·米切尔)等。

三、小说的主要特点

小说的特点主要有三点:第一,以塑造人物形象为反映或表现生活的主要手段;第二,有较完整、生动的情节;第三,有具体的、典型的环境描写。因此,人物、情节和环境被称为"小说的三要素"。

(一) 人物

人物是小说的核心。小说能够多角度、全方位地刻画人物,它可以凭借各种艺术手段,从各个角度对人物进行肖像描写、心理描写、对话描写、行为描写和环境描写,既能展现人物音容笑貌、言谈举止和衣着服饰等外在形态,也能呈现出人物心理和思想感情等内在活动,还能完整展现人物与环境互为作用的关系,从而塑造出丰满而成功的人物形象。

小说中的人物并非真实的人物,而是由作者展开想象、通过虚构创造的,因此他不同于生活中的真实人物。英国小说家福斯特在《小说面面观》中指出:小说人物在人生中的五项主要活动——出生、饮食、睡眠、爱情和死亡等方面,都有不同于真实人物的特点。只要他了解他们透彻入理,只要他们是他的创作物,他就有权要怎么写就怎么写。小说中的人物一般为以下两种。

第一种,以生活中的某一个原型为主,加以概括、想象和虚构,从而创造出典型人物。例如,鲁迅的《狂人日记》中的狂人,原型是他的一个表兄弟。鲁迅结合平时对黑暗社会的多方见闻,改造了这个疯人形象,赋予人物以深刻的社会意义,从而塑造出了狂人这个艺术典型。

第二种,在广泛地集中、概括众多人物的基础上塑造出典型人物。这就是鲁迅说的"杂取种种人,合成一个"的方法。巴尔扎克在谈人物塑造时指出:"为了塑造一个美丽的形象,就取这个模特儿的手,取另一个模特儿的脚,取这个的胸,取那个的骨。艺术家的使命就是把生命灌注到所塑造的人体里去把描绘变成现实。如果他只是想去临摹一个现实的女人,那么他的作品就不能引起人们的兴趣,读者干脆就会把这未加修饰的真实扔到一边去。"

(二) 情节

情节是在小说作品所提供的特定艺术描写的环境中,由于人物之间的相互关系和人与环境间的矛盾冲突,而产生的一系列生活事件发生、发展,直至解决的整个过程。情节是小说的骨架,通常由一组或若干组具体的生活事件组成,在一条基本情节线索的统领下包括许许多多的细节。

小说故事中的矛盾冲突是形成情节的基础,也是推动情节发展的动力,冲突双方的人物性格,则直接决定了情节进展的趋向。如《红楼梦·林黛玉进贾府》一文以林黛玉进贾府的行踪为线索展开故事情节,全文依次介绍了林黛玉进贾府拜见贾母→初见王熙凤→拜见两位舅父→宝黛相会等情节。

小说的情节一般由开端、发展、高潮、结局四个部分组成。但某些小说的情节安排已经不受这些环节的限制,比如有的小说前面有类似于话剧的序幕,有的可在高潮中暗示结局,有的在小说的最后有个尾声。如《项链》开头写玛蒂尔德的痛苦和梦想就属于序幕部分,最后发现项链是假的既是高潮又是结局。《守财奴》中"抢夺梳妆匣","诱骗继承权"和"看守密室"三个故事就同属于发展高潮部分。大多数小说全文只有一条线索,而有的小说则由两条线索组成。如鲁迅的小说《药》就是有明、暗两条线索,以华家的故事为明线,以夏家的故事为暗线组织材料,展开故事情节。明线按故事情节发展依次写了华老栓买"药"→华小栓吃"药"→茶客谈"药"→华大妈上坟四个部分;暗线则依次写了夏瑜就义→夏瑜的血被吃→茶客谈夏瑜→夏四奶奶上坟四个部分。

(三) 环境

小说中的环境是指人物成长、活动和事件发生、发展的时间地点、周围的情况、条件和气氛。环境即小说的背景,常分为大环境和小环境。大环境是指小说在一定历史时期的社会背景;小环境是指小说中人物活动的具体场所与情景。不论是大环境还是小环境,都包括两个方面:社会环境和自然环境。

社会环境是由人们的社会活动和具体的社会关系所组成,包括时代特征、社会风俗、风土人情、地域景观等。社会环境是人物性格形成和发展的土壤,它影响着人物的思想、性格和人物对客观生活的理解、认识,从而使人们对现实生活采取不同的态度。

对社会环境的描写,不仅是为了交代事件发生的时间、地点、背景和渲染气氛,增强作品的真实感,更重要的是为了提供典型环境以塑造典型人物。如鲁迅的《祝福》,为了塑造祥林嫂这个典型人物形象,揭示她被那万恶的社会吞噬的命运,鲁迅浓墨重彩地描写了鲁镇祝福的气氛、鲁四老爷的冷酷、柳妈的愚昧迷信以及鲁镇人们的冷漠,将祥林嫂这个悲剧人物置于冷酷无情的典型环境中,使作品的人物与揭示的主题更典型,更具有普遍的意义。

自然环境是指人物的活动场所、自然景物等。它是由一系列与人的活动有关联的自然事物组成,包括季节时令、大地山川、日月星空、风云雨雪、花草树木、鸟兽鱼虫等。在小说写作中,作者常常根据塑造人物,展开情节的需要,配置有关的自然环境,着力描写人物活动的场所和周围的自然景物,借以交代背景,渲染气氛,帮助推动情节的发展,揭示人物的精神世界,突出人物的性格特征。如鲁迅《药》一文结尾一段:时令虽已是清明,然而天气仍"分外寒冷","歪歪斜斜"的路旁是"层层叠叠"的丛冢;这里没有生机,只有"支支直立"的枯草发出"一丝发抖的声音";这里没有啼鸣的黄莺,只有预兆不祥的乌鸦,而且"缩着头,铁铸一般站着"。这里借助环境描写渲染出了坟场阴冷、悲凉的气氛。又如《曹操煮酒论英雄》中"酒至半酣,忽阴云漠漠,骤雨将至。从人遥指天外龙挂"一句,因为天气的变化,引出了对"龙"的评论,从而推动了情节的发展。再如老舍的《骆驼祥子》中,为了刻画人力车夫祥子的辛苦,揭示旧社会劳动人民的悲惨,作者极力刻画了日烈雨暴的情景。当太阳烈到人不能忍受的程度,祥子还不得不拉车挣钱;当雨大到人不能行走的程度,祥子还不得不在雨中挣钱。通过这样的环境描写,展现了祥子吃苦耐劳、勤劳的本性,从而揭示了旧社会劳动人民生活的疾苦和悲惨的主题。

人类是生活在社会环境和自然环境中,因而以反映人们活动为中心的文学作品,再现生活时,是离不开对社会环境和自然环境的描写的。正如茅盾所说:"人物不得不在一定的环境中活动,因此,作品中就必须写到环境。作品的环境描写,不论是社会环境还是自然环境,都不是可有可无的装饰品,而是密切地联系着人物的思想和行动。"

第二节 小说鉴赏

在小说、诗歌、散文、戏剧这四大文学样式中,小说是深受读者喜爱的一种文体。如何鉴赏小说,严格说来并没有什么固定的模式。不管是谁,只要具有相当的语言素养和语言能力,有正确的审美观和一定的生活经验,都会根据自己的理解对小说作出自己的品味和评价。一般来说,对小说作品鉴赏大都绕不过以下几个程序。

一、理清线索,把握情节

小说刻画的人物形象虽然是小说的中心,但是人物形象是建立在一定的故事情节的基础上的。小说也主要是通过故事情节来展现人物性格,表现主题的。故事情节是塑造典型性格的依托,优秀小说的故事情节都和塑造典型性格紧紧结合,故事发生、发展、结束的过程,也就是塑造典型性格的过程。因此,阅读鉴赏小说必须从梳理故事情节这一环节开始,只有熟悉故事情节,才能把握人物性格,分析人物形象,明确小说主题。

情节的发展离不开线索的贯穿,要分析小说情节,就要抓住线索。有的小说单条线索贯穿始终,没有第二线索干扰,更没有两条以上的线索穿插。中国古典小说,如"三言""二拍"中的大量短篇小说大多使用这种结构方式。小说的情节从发端——展开——结局直至尾声,次第展开,环环相扣。情节比较复杂的小说还会有两条线索,甚至多条线索。如小说安排的线索有两个,就构成复线式结构。《安娜·卡列尼娜》的主要线索就有两条:一条以渥伦斯基和安娜·卡列尼娜为主;一条以列文为主。还有的小说有三条以上线索互相交叉,盘根错节像一张蛛网。《水浒传》的每个主要人物都有自己的故事线索,其中有很多线索是交织在一起的,使得结构有气魄,生活内容复杂;《红楼梦》中情节线索繁多,互相交叉,把生活内容的深度和广度用蛛网形式组织起来。

由于作品篇幅长短的不同以及作品内容的特点,小说情节线索又有主线、副线和明线、暗线之分。鉴赏小说情节,如能抓住情节的线索,把握其来龙去脉,将有助于读者在分析作品时统观全局,全面地把握作者的意图。

二、掌握方法,分析人物

小说的故事情节实际上是由小说人物的性格、言行和发生的一件一件事情的有序组合。有什么样的人物性格和人物命运,小说就会发生什么样的故事和情节。小说鉴赏者在了解故事轮廓和故事类型的基础上就要进一步把握小说人物,理解小说人物的性格和命运。

(一)根据小说对人物的介绍和叙述来认识人物

作家在小说中塑造某个人物形象时,会对小说中人物的性格特征、思想倾向、行为动机等直接出面进行解释评说。如《红楼梦》中的贾宝玉,曹雪芹在其出场之前用充满了神话色彩的笔墨叙述了他的前身。这种不无荒诞之嫌的叙说和介绍,使读者已模糊感到贾宝玉是个性格不同凡响的另类,随着情节的发展,联系到他后来的种种叛逆,自然会让人认识到他性格的本质特征。有些小说的作者则喜欢在作品的结尾直接出面评价自己创作的人物,这类评价直接透露了作者的创作动机和价值观,鉴赏者当然不该轻易放过。如蒲松龄写小说常常模仿司马迁(司马迁往往在纪传之末以"太史公"的名义作出评说)借用"异史氏"之名,也评价自己作品中的人物。阅读和思索作者本人的相关评论,对于小说人物作出正确的审美评价自然有积极的作用。

小说中作者的直接解释评说有助于读者首先获得人物的概括性印象,因此小说中对人物的介绍和论述成为鉴赏小说不可回避的第一步。

(二) 根据小说中人物的肖像、语言、行动和心理描写来剖析人物

以人物自身的肖像、言论、行为和心理活动展现其性格特征,这是小说塑造人物最重要的手法,也是分析小说人物形象的一条必经途径。

外形是理解人物的钥匙。小说中的人物要做到形象鲜明,就要对人物的外貌、神态、身材、服饰等作一番具体的描绘。如《红楼梦》中通过对王熙凤外貌的直接描写"一双丹凤三角眼,两弯柳叶吊梢眉,身量苗条,体格风骚,粉面含春威不露,丹唇未启笑先闻"来刻画其性格。而小仲马在《茶花女》中,对玛格丽特美貌的描写则是:"这天晚上她真是惊人的美。……当她出现的时候,一个个脑袋此起彼伏,连舞台上的演员也对着她望,她仅仅一露面就使观众这样骚动。"这是用间接方法描写肖像。作者意在描写玛格丽特长得很美,但没有正面写一句她长得如何美,而是通过她"一露面",观众就"一个个脑袋此起彼伏"和演员们"也对着她望"这些描写,就深刻地将她与众不同的美貌表现出来。这样的描写可以给读者留下想象的余地,引起读者丰富的联想。

古人说:"言为心声。"小说中的语言描写包括人物独白和人物对白的描写。人物的语言总是切合他的身份、经历,反映他的思想感情。这就使得作家在写小说时,在用词、语气、表达方式上要显出人物的性格特点、文化水平、思想修养、职业身份、内心世界等。为了达到这样的目的,在描写人物的独白、对话时,常常适当加入一些关于人物的心态、声调和口吻的提示。如《孔乙己》中孔乙己的语言是独一无二的,他的"多乎哉?不多也""窃书不能算偷"打上了封建读书人的鲜明烙印;而咸亨酒店掌柜重复的"孔乙己还欠十九个钱呢",也打上了一个唯利是图的商人的鲜明烙印。又如小说《欧也妮·葛朗台》中对葛朗台的一段描写:"什么东西?"他拿着宝匣往窗前走去。"噢,是真金!金子!"他连声叫嚷,"这么多的金子!有两斤重。啊!啊!查理把这个跟你换了美丽的金洋,是不是?为什么不早告诉我?这交易划得来,小乖乖!你真是我的女儿,我明白了。""噢,是真金!金子!"表现了葛朗台发现金子时的惊和喜。"这交易划得来"说明了在葛朗台的心目中人世间没有亲情,没有爱情,一切都是交易,是赤裸裸的金钱关系。

人的行为完全受其思想、意识的制约,因此写了人物的行动,也就揭示了人物的内心世界。小说《欧也妮·葛朗台》中一段对葛朗台的描写:一看见丈夫瞪着金子的眼光,葛朗台太太便叫起来:"上帝呀,救救我们!"老头儿身子一纵,扑上梳妆匣,好似一头老虎扑上一个睡着的婴儿。"瞪着金子的眼光"写出了葛朗台一看见金子时那种贪婪、攫取的欲望,而"一纵""扑上"等动作,写出了已76岁高龄的葛朗台的敏捷、迅猛,看似与年龄不符,实则反映了他对金钱的痴迷、强烈的占有欲。从中我们不难看出葛朗台的贪婪本质。

金圣叹特别喜爱《水浒传》的原因,就是从梁山好汉的言行心态中读出了他们的性格,如其所说:"别一部书,看过一遍即休,独有《水浒传》,只是看不厌,无非为他把108个人性格都写出来。"

心理描写有助于揭示人物思想性格、烘托气氛、突出人物的精神世界等。如高尔

基的《母亲》这一小说中心理描写的方法很多,有侧面叙述人物内心活动或感觉的,有运用人物内心独白直接剖析心理活动的,有通过动作表情描写反映心理活动的。莫泊桑《项链》中对玛蒂尔德有一段心理描写:"她看着那个替她做琐碎家事的勃雷大涅省的小女仆,心里就引起悲哀的感慨和狂乱的梦想。她梦想那些幽静的厅堂,那里装饰着东方的帷幕,点着高脚的青铜灯,还有两个穿短裤的仆人,躺在宽大的椅子里,被暖炉的热气烘得打盹儿。她梦想那些宽敞的客厅,那里张挂着古式的壁衣,陈设着精巧的木器,珍奇的古玩。她梦想那些华美的香气扑鼻的小客室,在那里,下午五点钟的时候她跟最亲密的男朋友闲谈,或者跟那些一般女人所最仰慕最乐于结识的男子闲谈。"这段心理描写,突出了玛蒂尔德不满于目前的生活、爱慕虚荣、向往奢华生活的心理状态,她以后的一系列不幸遭遇,都与这种心理有着直接的关系。

总之,阅读和鉴赏小说,不能只看故事,只看热闹,而是要重视书中人物的言论、行动和心理活动,从这些足以展现人物性格特征的小说要素中去寻觅、索解和剖析。

(三)从人物活动的社会历史背景来理解人物

任何一部小说里的人物,都是在一定的社会历史背景下活动的。分析人物形象,如果离开了人物活动的社会历史背景,就不可能正确地理解人物,更不能理解人物形象的社会意义。这不仅是因为人物的个性形成与他的生活环境有关,更重要的是,作者每塑造一个人物,都是把他作为一定历史时期的典型人物来塑造的。从人物活动的社会历史背景来理解人物,不仅能理解故事情节的起伏变化、人物性格的形成发展,而且能对人物的价值和作品的主题作出合理的评价。脱离小说《祝福》的封建社会背景和农村社会环境,不明白那个时代的习俗观念如何像一把把钢刀悬在女性的头上,就很难理解祥林嫂肉体和灵魂的前后变化,很难理解祥林嫂这个人物的悲剧宿命。

当然,绝大多数小说在塑造人物形象时多采用多种描写手段进行集中塑造,因此分析评价人物形象必须分析多种多样的描写方法。

三、鉴赏环境,概括作用

小说中的环境是作品中的人物赖以生存发展活动的地方,是人物生活的"土壤",是人物性格形成和发展的依据。梅尧臣说:"状难写之景于目前,含不尽之意于言外。"确实,成功的环境描写,不但可以渲染气氛,而且还能让人感受到整个时代、整个环境的生活气息,感受到作者心灵深处的思想与情感。环境描写是小说的三要素之一,是小说鉴赏不可缺少的环节。

(一)交代事件发生的地点或背景

在小说里,一般会有社会环境的描写,交代事情发生的地点或背景,增加故事的真实性。

例如小说《子夜》中,吴老太爷进城时有这样一段描写:"汽车发疯似地向前飞跑。吴老太爷向前看。天哪!几百个亮着灯光的窗洞像几百只怪眼睛,高耸碧霄的摩天建筑,排山倒海般地扑到吴老太爷眼前,忽地又没有了,光秃秃的平地拔立的路灯杆,无穷无尽地,一杆接一杆地,向吴老太爷脸前打来,忽地又没有了,长蛇阵似的一串黑怪物,头上都有一对大眼睛放射出叫人目眩的强光,啵——啵——地吼着,闪电似地冲将过来,准对着吴老太爷坐的小箱子冲将过来,近了!近了!吴老太爷闭了眼睛,全身都抖了。他觉得他的头颅仿佛是在颈脖子上旋转,他眼前是红的、黄的、绿的、黑的、发光的、立方体的、圆锥形的,——混杂的一团,在那里跳,在那里转,他耳朵里灌满了轰,轰,轰!轧,轧,轧!啵,啵,啵!猛烈嘈杂的声浪会叫人心跳出腔子似的。"

这段社会环境描写,借吴老太爷的所见所闻,交代了故事的时代背景——20世纪30年代的上海,与纽约一样,既是天堂也是地狱。吴老太爷却觉得自己被送到了"魔窟",上海在他看来满街是"怪兽"。

又如《故乡》中描写中年闰土:"他出去了。母亲和我都叹息他的景况:多子,饥荒,苛税,兵、匪、官、绅,都苦得他像一个木偶人了。"短短一小段话交代了社会环境,介绍了闰土变化的根本原因。

(二) 渲染营造氛围

每篇小说都有其特定的某种感情基调,每篇小说也有某种特定的氛围,作家往往用生动的自然环境描写,来渲染故事的气氛,创造故事的特定氛围,从而增强故事的真实性,感染读者。

以小说《孙悟空大战红孩儿》(《西游记》选段)为例,一个显著的特点便是运用自然环境描写来烘托气氛。孙悟空离开了乌鸡国,夜住晓行,将半月有余。忽又见一座山,真个是摩天碍日。接着有一段景物描写:"高不高,顶上结青霄;深不深,涧中如地府。山前常见骨都都白云,忔腾腾黑雾。红梅翠竹,绿柏如松。山后有千万丈挟魂台,台后有古古怪怪藏魔洞。……"险山恶水、白云黑雾、挟魂台、藏魔洞等景物,共同营造了一个光怪陆离、神异奇幻的境界,渲染了神秘诡异、变幻莫测的气氛。接下来作者将这奇境与奇人、奇事熔于一炉,构筑成了一个统一和谐的艺术整体,展现出一种奇幻美,演绎出惊心动魄的故事。而所有这些,都笼罩在这借助于环境描写渲染出来的神秘诡异、变幻莫测的气氛里,增强了故事的真实性和立体感,达到了引人入胜的艺术效果。

又如老舍《骆驼祥子》中关于暴风雨初降的描写:"云还没铺满了天,地上已经很黑,极亮极热的晴午忽然变成黑夜了似的。风带着雨星,像在地上寻找什么似的,东一头西一头的乱撞。北边远处一个红闪,像把黑云掀开一块,露出一大片血似的。风小了,可是利飕有劲,使人颤抖。一阵这样的风过去,一切都不知怎好似的,连柳树都惊疑不定地等着点什么。又一个闪,正在头上,白亮亮的雨点紧跟着落下来,极硬的,砸起许多尘土,土里微带着雨气。几个大雨点砸在祥子的背上,他哆嗦了两下。雨点停了,黑云铺匀了满天。又一阵风,比以前的更厉害,柳枝横飞着,尘土往四下里走,雨道往下落;风、土、雨,混在一处,联成一片,横着竖着都灰茫茫、冷飕飕,一切的东西都裹在里面,辨不清哪是树,哪是地,哪是云;四面八方全乱,全响,全迷糊。风过去了,只剩下直的雨道,扯天扯地的垂落,看不清一条条的,只是那么一片、一阵,地上射起了无数的箭头,房屋上落下万千条瀑布。几分钟,天地已经分不开,空中的河往下落,地上的河横流,成了灰暗昏黄,有时又白亮亮的,一个水世界。"这段描写不仅极力渲染了暴风雨初降时的环境气氛,而且有力地烘托了祥子在暴风雨中惊恐迷茫的心理。

(三) 烘托人物形象,反映人物性格

人都活动生存在一定的环境中,环境既是人赖以生存的必要条件,又影响着人的性格和气质。因此，小说中环境描写的一个重要作用就是烘托人物形象，反映人物性格。作家为了表现人物丰富的心境、复杂的性格，往往要为人物设置多种不同的自然环境，用以"刺激"人物，以记录其种种行为，从而显露其性格。

小说《李逵负荆》(《水浒传》选段)的开头写道："此处草枯地阔，木落山空，于路无话。"这句话以自然环境的寥廓苍劲，烘托出李逵的粗犷豪放、勇猛胆大、"风风火火闯九州"的高大威猛形象。尽管文字不多，但精练、生动、传神。正所谓"人有其性情，人有其气质，人有其形状，人有其口声"。

果戈理《死魂灵》中写道："他走进宽阔的昏暗的门，就向他吹来了一股好像从地窖里来的冷风。由这门走到一间昏暗的屋子，只从门下面的阔缝里，透出一点很少的光亮。他开开房门，这才总算看见了明亮的阳光。但是四面的凌乱，却使他大吃一惊。好像全家正在洗地板，因此把所有的家具，都搬到这屋子里来了。桌子上面，竟搁着破了的椅子，旁边是一口停摆的钟，蜘蛛已经在这里结了网。也有靠着墙壁的架子，摆着旧银器和种种中国的瓷瓶。写字桌原是嵌镶螺钿的，但螺钿处处脱落了。只剩下填着干胶的空洞，乱放着各样斑驳陆离的什物：一堆写过字的纸片，上面压一个卵形把手的已经发绿的大理石的镇纸，一本红边的猪皮书面的旧书，一个不过胡桃大小的挤过汁的干柠檬，一段椅子的破靠手，一个装些红色液体，内浮三个苍蝇，上盖一张信纸的酒杯，一块封信蜡，一片不知道从哪里拾来的破布，两支鹅毛笔，沾过墨水，却已经干透了，好像生着痨病，一把发黄的牙刷，大约还在法国人攻入莫斯科之前，它的主人曾经刷过牙的，诸如此类。"作者通过描写庄园的败落凄凉，屋内的零乱肮脏，暗示了主人的慵懒、肮脏、浅薄和不学无术。活在世上的泼留希金正像浮在酒杯里的苍蝇，停了摆的时钟，失掉了光彩的家具一样，生活枯竭，灵魂已死。读了这段描写，"是谁也不相信这房子里住着活人的"。此外，这样的环境描写除了突出人物形象，还显示了时代的风貌，坟场一样的地主庄园正是正在瓦解的农奴制社会的缩影。

(四) 推动情节的发展

小说的情节发展与环境描写往往是相互依存、相互制约的。环境描写以情节为依据，而情节发展又离不开环境描写。环境描写可以推动小说情节的发展。

就《林教头风雪山神庙》(《水浒传》选段)而言。小说中对风雪的描写，虽着墨不多，但确实给人以"风大雪紧"的印象；更重要的是，由于风雪的变化也层层推动着情节的发展。

作者先是为林冲被逼上梁山设计了一个"光阴迅速，却早冬来"的季节。当林冲到草料场来时"正是严冬天气，彤云密布，朔风渐起，却早纷纷扬扬卷下一天大雪来"。北风呼啸，大雪纷飞，灰蒙蒙的天，白茫茫的地，恶劣的气候，正好映衬着林冲这个落难英雄此时此地的心境，也预示着林冲将卷入更大的斗争旋涡。

作者第二次描写风雪："雪地里踏着碎琼乱玉，迤逦背着北风而行。那雪正下得紧。"一个"紧"字，境界全出。一个"紧"字，使人感到了风雪的势头、力度，扬风搅雪，铺天盖地。一个"紧"字有"越下越大""越下越猛""越下越急"，一点也不放松的意思在内；一个"紧"字还暗含形势发展十分严峻，一场暗害林冲的阴谋正在紧张进行，使读者感到林冲处境越发严酷。

作者第三次描写风雪："仍然迎着朔风回来。看那雪,到晚越下得紧了。再说林冲踏着那瑞雪,迎着北风,飞也似奔到草场门口,开了锁,入内看时……那两间草厅已被雪压倒了。……火盆内火种都被雪水浸灭了。"这里写大雪,促进了情节的发展,迫使林冲只能到山神庙去过夜。

正因为风大雪紧,林冲才要喝酒御寒;亦因风大雪紧,草屋被压倒,林冲才得幸免于难,也由于风大雪紧,陆谦等未发觉草屋已倒,林冲已经离去。同时风雪交加之境又增添了林冲报仇雪恨的悲壮气氛。环境的恶劣严酷对逼上梁山的"逼"字起了强化作用。

(五) 表现小说主题

环境描写可以表现小说的主题。因此,分析小说主题,离不开对环境的细致考察。以鲁迅的《药》中写坟地的情景为例。从"西关外靠城根的地面"到"两面都已埋到层层叠叠,宛然阔人家里祝福时候的馒头"这一段景物描写,以深刻的比喻、辛辣的讽刺告诉读者,多少个革命者被杀害了,多少个穷苦人被贫病折磨而死,阔人的幸福正是建立在穷人的苦难之上。阶级的对立,社会的罪恶,在这一描写中得到深刻的揭露。

环境描写不仅是小说的有机组成部分,而且更重要的是能够创造气氛,烘托人物性格,推动故事情节的发展,表现作者的思想感情,为主题服务。小说的环境描写比其他文学体裁更注重具体可感性,人物的真实性、典型性、情节的可能性、合理性,都必须放到一定的环境中才能确定,因此,把握小说中的环境对小说的理解显得很重要。

总之,鉴赏小说的过程其实也是读者再创作的过程。人们常说:"有一千个读者,就有一千个哈姆雷特。"同一部小说,鉴赏者会见仁见智,各有各的审美感受。不能强求每个人的鉴赏结果都一样,只要能大体体会出小说人物的典型意义和警世价值,对小说的表现技巧有一得之见,那么鉴赏就应该算是成功了。

第三节　小　说　创　作

小说创作是指小说作者创作小说作品的实践活动和过程。即小说作者以一定的世界观、文艺观、小说理论为指导,运用一定的创作方法以及与之相适应的创作技巧,在对社会生活进行观察、体验、研究、分析的基础上,对生活素材加以选择、提炼、加工、改造,借助虚构和想象,运用文学语言塑造出艺术形象,创作出小说作品。小说创作的过程大体包括以下几个阶段:体验生活、积累素材、萌发冲动、艺术构思、艺术表达。

中篇、长篇小说字数较多、人物众多、人物关系及故事线索错综复杂、写作难度较大,不适合初学者练习写作。高尔基在《和青年作家谈话》一文中指出:"一开始就写大部头的长篇小说,是一个非常笨拙的办法……学习写作应该从短篇小说入手,西欧和我国所有最杰出的作家几乎都是这样的,因为短篇小说用字精练,材料容易合理安排,情节清楚,主题明确。"为了让初学者能够较容易、快速地掌握小说的写作方法和技巧,本章节以短篇小说的创作方法作为讲解。

一、积累写作素材

素材是复杂的、宽泛的、零碎的、不系统的社会生活现象,是作者搜集起来的生活材料。古今中外，无论是从事何种文学体裁的创作，素材的收集与积累都是不可或缺的环节。正如汉代学者桓宽所说，做学问要"厚其基而求其高"，宋代大诗人苏轼说写作要"博观而约取，厚积而薄发"。作者掌握的社会生活越广泛，可供比较、选择、提炼的素材就越多。作者独到的见识和作品深厚的内涵也都源于知识的广博。如同茅盾所说"文艺工作者要有'耻一物之不知'的精神，要有社会人生最广博的知识，然后才能深刻"。

一切艺术都来源于生活。小说的中心是在故事情节中塑造人物形象。因此，作者要善于在现实生活中用眼观察，用心思考。观察人、剖析人的内心世界，关心人们的各种命运，设身处地地体察不同的性格、不同的心理、不同的情绪、不同的色彩和节奏。从生活中获得只有作者个人才能捕捉到的那种独特的感受，抓住最能代表人物性格的特征和行为。那么，在观察中需要注意做到如下几点。

1. 文学的观察，必须耳眼并用

这里关键的一点，是要做个有心人。要能透过人们的表象及言行，去看他们的潜意识，这就是文学的感受力。

2. 不要为写小说而观察

一个作者，应以正常人的身份去生活，去感受生活中最本质的东西，不要先带着什么框子，去框生活中的各种现象。这样，就会失去正常人的身份，不仅观察不出真正需要的东西，而且还会出现两个不同的极端，将活的看成死的。

3. 观察时，要摆脱传统观念

在对人和事的观察中，不要被世俗和传统观念所左右。比如好与坏，美与丑，要站在时代的高度去观察，去发现顺应时代的闪光点，从而挖掘出代表时代主潮的深刻的内涵来。

同时，要在观察的基础上，进行反复的深入思考，透过生活现象探求生活真谛，逐步加深对生活的理解。在深入生活中，观察、体验、研究、分析各种人和各种社会现象，这是文学创作的前提。

生活的区域是无限广大的，小说描写的对象也是无比丰富的，但一个作家的阅历、精力及时间却是有限的，这就需要作者通过其他间接经验弥补。例如阅读大量文献资料、广泛听取他人的故事等。

二、练习写作技巧

好的故事需要优秀的文笔来呈现，因此良好的写作能力是小说创作的一个重要前提。

写作能力与阅读能力相辅相成，阅读不仅是摄取材料的主要途径，在小说写作上还有积累知识、储备材料、提高修养、借鉴技法等多方面的作用。鲁迅曾以亲身体验谈读与写的问题，他在谈到《狂人日记》之前的准备工作时说："大约所仰仗的全在先前看过百来篇外国作品和一点医学上的知识。此外的准备，一点也没有。"其实，鲁迅生活上的准备也是有的，他只不过没有说出来而已。鲁迅在这里就强调了阅读的作用。阅读重在理解和吸收。人们在广泛深入地阅读之后，知识更加丰富了，眼界更加开阔了,形象思维和逻辑思维更加发展了,审美修养更加提高了,这些都给写作者提供了写作材料和表达技巧的借鉴。阅读要注意多读优秀作品,注意分析一定数量的优秀作品,从中体会作者的独到匠心,不断丰富自己的写作技巧。

在阅读大量优秀作品的基础上,理解、分析能力会随之有较明显的提高。但实际写作小说时,仍会产生笔头生涩的感觉。解决这一问题的唯一途径就是勤练笔。巴金说过:"什么是技巧?我想起一句俗话'熟能生巧'。"茅盾在《茅盾论创作》中也指出:"一个初学写作者最好多做些基本练习,不要急于写通常所谓小说,不要急于成篇。所谓基本练习,现在通行的'速写'这一体,是可以用的。不过我觉得现今通行的'速写'还嫌太注重了形式上的完整,俨然已是成篇的东西,而不是练习的草样了。作为初学写作者的基本练习的速写,不妨只有半个面孔,或者一双手,一对眼。这应当是学习者观察中恍有所得时勾下来的草样,是将来的精制品所必需的原料。许多草样结合起来,融和起来,提炼起来,然后是成篇的小说。"只有在小说写作实践上反复摸索,反复练习,不断积累经验,才能逐步提高小说写作能力,并掌握写作技巧。初写小说者不妨从写"火柴盒""豆腐块"做起,从片段写起,做到勤写、多写并且坚持不懈。

三、鉴别和选择材料

由于短篇小说的篇幅和容量比较短小,人物集中,故事单纯,结构紧凑,在选材时往往截取生活中富有典型性的某一侧面或片断加以集中描绘,以提示社会生活的意义。如茅盾所说,它往往只有一个主人公,一条线索;往往只写几个小时或几天之内集中发生的事,但却使读者读了以后可以联想到更远更多的事。因此写作短篇小说必须严格选择题材,深入开掘。

对于初写小说者,一般先写自己熟悉的题材。因为这些题材是在自己的生活中积累的大量素材的基础上提炼出来的,是自己熟悉的、体现深刻的,甚至刻骨铭心的,写起来容易驾驭,而且能写得生动、深刻。古今中外很多小说家也大多是从写自己生活经历中的人和事开始走上小说创作道路的。如吴敬梓根据自己的亲身经历,写出了讽刺科举制度、揭露封建社会黑暗、鞭笞儒林群丑的《儒林外史》。

短篇小说短小精悍的形式特点,要求作者不能像写中、长篇小说那样写人生的方方面面,而必须截取人生的横断面或纵剖面。作者要善于"借一斑略知全豹,以一目尽传精神",截取生活中的横断面或纵剖面,加以集中概括的描写,表现比它本身更丰富、广阔而深厚的生活本质。如王蒙在《谈短篇小说的创作技巧》中就说过,短篇小说构思的很重要的一点就是要"从广阔的、浩如烟海的生活事件里,选定你要下手的部位。它可能是一个精彩的故事,它可能是一个给人留下了深刻印象的人物,它可能是一个美好的画面,它也可能是深深埋在你的心底的一点回忆,一点情绪,一点印象,而且你自己还一时说不清楚。这个过程叫作从大到小,从面到点,你必须选择这样一个'小',否则,你就无从构思无从下笔,就会不知道自己写什么。"横断面的写法,就是在时间的链条中选取一个点作为切入点来横向叙写人物、时间的某个片段,在很短的一段时间里,集中情节,集中场景,集中刻画人物,精雕细刻,突出主题。如《孔乙己》,尽管只有两千来字,但写出了一个社会横断面,除了描写代表旧时代乡村知识分子阶层的孔乙己外,还有丁举人、酒店老板、学徒和看客等各阶层人物,孔乙己坎坷的命运也得到反映。纵剖面的写法,就是选取较长的时间上的几个点来描写,纵向地展开人物、事件的发展脉络。如"三言""二拍"中的篇章,基本上是对人生经历、世事沧桑的纵向展示。

横断和纵剖只是相对而言的,在实际的创作中,很多小说家常将两者相互结合。如高晓声的《李顺大造屋》,以主人公造屋经历中的奋斗与挫折为纽带,以纵向剖示为主,但又辅以几个横断面的描绘。在这部小说中,纵横两方面互相补充,缺一不可。

四、确立小说主题

小说主题指小说家在作品中通过描绘现实生活图画、塑造艺术形象显示出来的,贯穿一部小说始终的基本思想,又称主题思想或中心思想。在行文之前,首先要确定小说的主题。主题是一篇小说的灵魂,材料是血肉,结构是骨骼,语言是细胞,叙述、描写、议论、抒情是手段,缺一不可。缺乏主题的小说犹如一具没有灵魂的行尸走肉,是毫无生机可言的。

写作者除了在占有大量素材并具备一定的鉴别和选材能力的基础上提炼主题还要认真思考一下:

(1) 这些给我一些朦胧启示的素材,最使我感动的是什么?
(2) 这个令我感动的地方,表现的是一种什么样的思想、情操?
(3) 这种思想、情操是否具有时代性、先进性、典型性?
(4) 具有时代性、先进性了,那么是否有新意?是不是别人都写"滥"了的,我还能否从中挖掘出新意、选出新角度?

对一篇小说主题的要求是:观点正确、内涵深刻、表现集中、角度新颖。因此在确定小说主题时一定要反复慎重思考。

五、提炼小说情节

对于小说这类型的叙事性文学作品来说,情节是非常重要的,短篇小说也不例外。一般来说,作者写短篇小说通常是从特定的生活感受出发的。作者在现实生活中,被某些事件、某些人物打动了,觉得这些感触能够写成一篇短篇小说,于是在此基础上,提炼出比较完整的情节。

首先,短篇小说的情节要合乎逻辑、合乎规律。情节要"以规矩来办事",情节的逻辑性、规律性是小说之为小说的前提,也是提升小说美感的基础。很多小说按时间先后顺序展开情节,但为了更好地讲述故事,表达主题,作者往往改变时间的先后顺序。先写结果,再从事情的开端写;或从情节的高潮部分写起,以便形成悬念,吸引读者。但不管用何种顺序,目的都是吸引读者的注意力。所以情节的设计必须得符合客观的规律,务必做到能使读者信服。当然,逻辑的合理设计与情节的曲折跌宕并不矛盾,而应该是彼此依赖,相辅相成。

其次,短篇小说的情节要高度典型化。小说的故事情节都是虚构的,但故事来源于真实的生活。小说作者通过整理、提炼和安排,把生活中的情节经过典型化,在小说中艺术地再现。小说中的情节就比现实生活中发生的真事更集中,更完整,更具有代表性。由于短篇小说容量和篇幅的限制,情节所包含的事件不多,也不复杂,所以情节的提炼对于短篇小说来说尤为重要。

如作者在生活中发现某一事件,而这事件比较完整,又有一定意义。作者在写作时对这样的事件往往不作大的改动,而是充分调动自己的积累,来充实、丰富这一事件。又如作者在生活中见到或听到某个故事,觉得这故事很有意思,但某个具体环节还不够理想,于是在写作时可将这个故事稍加改动,还可将听到或见到的许多不同时间不同地点的人物、事件,通过加工、改造,将它们综合成一个有机整体。再如作者在生活中积累了许多生动的细节、片断,但这些细节、片断之间没有直接的因果联系。这时,作者往往通过自己思想、感情的线索,将它连缀成一个有机的整体。

总之,无论用何种方法提炼、编织情节,都应该使情节既合乎逻辑又具有典型性。

六、安排小说结构

小说结构是小说作品的形式要素,是指小说各部分之间的内部组织构造和外在表现形态。安排一部小说结构的过程,就是小说家根据自己对生活的认识,按照塑造形象和表现主题的要求,运用各种艺术表现手法,把一系列生活材料、人物、事件分轻重主次合理而匀称地加以组织和安排的过程,包括小说作品情节的处理、人物的配备、环境的安排以及整体的布置等。安排短篇小说的结构,总的说来,头绪不能过繁,过程不能拉得太长,人物不能过多,铺叙不宜过详,表达不宜和盘托出,高潮不能一个接一个。它应该凝练集中,以少显多。短篇小说常用的结构有以下几种。

（一）线状结构

线状结构,就是各个情节组成部分按时间的自然顺序、事件的因果关系顺序连接起来,呈线状延展,由始而终,由头至尾,由开端到结局,一步步向前发展。作者有时将情节搓拧、颠倒,采用倒叙、插叙和补叙,使读者产生陌生感、惊奇感,但并不改变整个情节的线式格局,小说仍建筑在一个相当完整的故事结构上。情节结构的展开一般有开头、发展、高潮与结尾,有的还有序幕和尾声。

线状结构依据情节展开的线索,又可分为单线结构、双线结构、三线结构。单线结构往往是一人一事一线贯穿到底,情节单纯,其间间或有转折、曲折、升降等,但无论怎样地变化、反复,情节线索总是单一的。双线结构的特点是情节交叉或平行,如鲁迅的《药》。有的短篇小说还有三条或三条以上情节线索,如王安忆的《小院琐记》。短篇小说由于篇幅短、事件也不复杂,一般多采用单线结构和双线结构。三条情节线索以上的结构,采用的不是特别多,初学者也不易把握。

（二）散文式结构

散文式结构摒弃了那种由发端、发展而推向高潮,然后下降到结尾的情节模式,它没有常见的紧张集中的情节,也不讲悬念、扣人心弦的戏剧效果,看来只是一些看似零碎的片断,仿佛与日常生活差不多。散文化情节结构的特点:一是故事情节呈现为散文的片断,就如同散文的叙事是片段事件的连缀,而不是有头有尾的连贯故事一样。二是形散而神不散,即通过片断事件的叙述和自然景物以及社会风情的描绘,创造出生动的意境,表达特定的主体情思。这似乎同于散文了,其实不然,散文所叙之事之人多是真实的,而散文结构所叙之事之人之境,却是虚构的。散文结构实际上就是采用了散文的情节形式创造了一个虚构的世界。如孙犁的《荷花淀》、汪曾祺的《受戒》《大淖纪事》、日本作家志贺直哉的《到网走去》,都属这类作品。

散文结构往往给人自然本色之美。但由于它有意放弃了戏剧性的情节,有意淡化了事件与事件之间直接的、明显的因果关系,写作的难度也就大一些。

（三）心理结构

心理结构又称"意识流结构""情绪结构""心态结构""心理分析结构",是现代小说一种新兴的结构方法。它不按事物的因果规律和时空关系来安排结构,而是按照人物心理活动的流程来组织材料,通过人物的回忆、联想、闪念、内心独白、幻觉、梦境等内心活动连缀生活片断,如王蒙的《春之声》、施蛰存的《梅雨之夕》。

在这种结构里,传统意义上的故事情节看不到了,内心秩序取代了事件秩序,心理时空代替了物理时空,生活场景、片断、细节将主要通过人物心灵屏幕展现。心理结构小说能将一切故事剧情在人物的心灵屏幕上放映出来,加强了人物的感情色彩。心理结构不受时间、空间、地点的限制,可以把不同时空或地点发生的事情表现出来,这样加大了小说的表现容量。但是心理结构的局限也是明显的,极易写得拖沓、琐屑、冗长、晦涩,往往要读者重新梳理、索解。另一方面,人物想什么往往很细腻,做什么却不太清晰,易使人物形象性格内向、模糊。采用心理结构,要特别注意克服这方面的毛病。

实　训

1. 请描写一个人物肖像、动作、心理片段。
2. 请描写一段人物对话、独白片段。
3. 请描写一段繁华都市、脏乱都市、喧嚣都市、宁静都市的环境片段。
4. 请描写一段春、夏、秋、冬四节农村的环境片段。
5. 请描写一段中午学校食堂午饭时间的片段。
6. 请描写一段春运的片段。
7. 请描写一段过春节的片段。
8. 请以校园生活为题材,创作一篇校园短篇小说。
9. 请以乡村生活为题材,创作一篇乡村短篇小说。
10. 请以都市生活为题材,创作一篇都市短篇小说。

第四章　其他文体写作

> **学习要求**
>
> 1. 系统地学习和掌握新闻、报告文学、学术论文、网络写作的基础知识和基本理论。2. 了解它们写作的基本要求,提升写作的能力。

第一节　新闻写作

一、概述

（一）新闻的定义和特征

新闻文体是向社会公众传播最新信息的一种常用文体,随着社会的发展和媒体的进步,从传统的纸质媒体到新兴的网络媒体,新闻文体所包含的内容也越来越多。广义的新闻指及时报道新近发生的重要事件或生活现象的各种文章,是消息、通讯、评论等体裁的统称。狭义的新闻则专指对已经发生或正在发生的具有一定社会价值的人和事实的简要而迅速的报道。简而言之,新闻就是对新近发生事实的及时报道。它具有如下特征。

1. 真实性

新闻报道是以现实中新近发生的客观事实为对象,在事实和新闻之间,先有事实,后有新闻,事实是新闻的本源,是决定新闻存在的基础,离开了事实,新闻就不复存在,所以,真实性是新闻存在的基本条件。

2. 时效性

所谓新闻,重在一个"新"字,它不仅指新近发生的事件,更指对新闻事件要及时地进行报道。一般而言,新闻的报道越及时,为读者提供的信息越新,时效性越强,新闻的价值就越大。如果说真实性是新闻的生命,那么时效性则是新闻的价值体现。

3. 可读性

西方有句名言:"狗咬人不是新闻,人咬狗才是新闻。"此处的"人咬狗"正是新闻的可读性,或曰新鲜性的具体表现。新闻要面向社会大众,它所报道的内容需要引起公众的关注,如果是一件司空见惯的事情,大众则不会有太多兴趣,也不利于新闻更广泛的传播,在真实性和时效性的基础上,可读性是新闻能否广为传播的重要条件。

4. 传播性

新闻的面向对象是社会大众，一则新闻的传播范围越广，受众人数越多，它所发挥的作用和体现的价值就越大。传播性是新闻社会价值的重要体现。

(二) 新闻写作的基本要求

基于新闻的以上特点，对新闻写作者有如下几条基本要求。

1. 真实、客观

新闻报道的全部内容必须真实、客观。这是新闻工作必须遵守的基本原则。新闻要用事实说话，必须符合事物的本来面目。新闻报道不允许虚构，不允许使用合理想象、集中典型的手法，不允许对事实有任何渲染夸大，要真实、准确地对新闻事实作客观、公正的报道。

2. 及时、有效

新闻的时效性要求写作者必须在事实准确的基础上力求迅速、及时、有效地将新近发生的事件传播给社会大众。

3. 简明、扼要

文贵精要，为了保证新闻的可读性和传播性，简明、扼要是新闻写作始终需要遵循的原则。新闻写作者要有重点、有选择性地记述新闻事件，不能以偏概全、以点带面地报道，也不能要求面面俱到、事无巨细地陈述。写作者应该用简练而准确的语言，向社会大众传播最有新闻价值的新闻事实，力求做到言简意赅、文约意丰。

综上所述，一篇好的新闻作品，就是以简明、扼要的内容，客观、公正地报道最新发生的事件，并以最快的速度实现其最大范围的传播。

(三) 新闻写作的要素

新闻要素指新闻事实的主要构成因素。一般而言，新闻有五大要素(5W)，即何时(When)、何地(Where)、何人(Who)、何事(What)、何因(Why)。也有人认为，新闻在以上五要素之外，还应该包括何果(How)，所以，有时也称新闻六要素，简称"五W—H"。

"5W"或"五W—H"对于每一篇新闻而言都至关重要，人们阅读新闻，无非是想知道在什么时间在什么地点发生了什么事件，涉及哪些人物，原因是什么，结果又如何。这些要素的完整性对于读者准确地了解新闻事件及其意义非常重要。不过，新闻要素的运用并不是绝对的、一成不变的，在一篇新闻报道中，新闻的几大要素也不一定要样样俱全，对于正在发生的事件，有时结果并不明朗或原因尚未查清，可以删去"何因"和"何果"，只对事件作简要的报道，不过这种情况主要就消息而言，对于通讯、新闻评论、深度报道等体裁，往往要求要素完整，这样才能更加完整地呈现事件的前因后果。

(四) 新闻写作的体裁

新闻体裁是指新闻作品的类别和样式，即新闻写作的表达方式。广义的新闻包括消息、通讯、评论，和兼有新闻、文学双重特征的报告文学等；而狭义的新闻则专指消息。传统的分类将新闻体裁分为消息、通讯和评论，而新近的分类则主要分为新闻报道和新闻评论两大类,其中,新闻报道包含消息和通讯。

因为新闻定义的范围不同,以及分类标准的不统一,迄今为止,国内外无完全统一的关于新闻报道体裁分类的标准和名称,但对一些基本体裁样式仍有共识,如消息、通讯。

本书主要介绍常见的两种新闻报道体裁,即消息和通讯。

二、消息

(一) 消息的定义和特征

消息是运用概述的方法,对新近发生的事件进行迅速及时的报道,它是最基本的新闻文体,也是新闻报道中数量最大、受众最多、影响最广的一种新闻体裁,作为新闻写作中最基本、最常用和最重要的体裁,除了具备新闻真实性、时效性、可读性、传播性的几大特征外,消息还有其区别于其他新闻体裁的特点。

1. 简短性

简要、概括地反映新闻事实,是消息有别于其他新闻体裁的本质特点。由于新鲜、时效的特别要求,消息写作要求简明扼要、短小精悍,用最简要的文字,对纷繁复杂的新闻事件进行分析、整合,提炼出最重要的信息进行报道,一般而言,消息的篇幅短的只有几十字,长的也只有几百字,一般不超过800字。

2. 快速性

在新闻文体中,消息速度快的要求最高。时效性在消息上也体现得最为明显,换言之,消息的时效性越强,价值越大。它要求消息的写作做到事实把握快、报道写作快、新闻传播快,千万不能把新闻变成"旧闻"。

3. 切实性

所谓切实性,即更加要求切合实际,一般不允许写作者直接抒情或发表议论,尽可能减少主观色彩。当然,消息并非是不要思想、不要观点的纯客观的"实录",重要的是写作者要通过对新闻事件材料的分析、取舍和安排,通过事实本身表达观点或立场,简言之,即寓理于事,叙述为主,一定要使新闻报道切合实际。

(二) 消息的类型

消息的类型多种多样,从不同的角度看,有不同的类型。

按新闻所报道事件的性质来分,有事件性新闻和非事件性新闻。事件性新闻是对新近发生的事件的报道,时间性强,如动态消息、特写性消息等。非事件性新闻与事件性新闻相对,报道的是一个阶段持续发展的事实。如综合消息、经验性消息、述评性消息等。

按报道内容分,有政治新闻、经济新闻、科技新闻、军事新闻、体育新闻、教育新闻、文艺新闻、社会新闻等。

按媒体方式分,有文字消息(报纸)、广播消息、电视消息、网络消息等。

按篇幅大小分,有长消息、短消息、简讯等。

按新闻发生的地域或范围分,有本地消息、国内消息、国际消息等。

根据国内比较通行的按写作特点分类，本章综合消息的内容和形式特点，主要介绍动态消息、综合消息、经验消息、述评消息、人物消息和特写消息几种常见类型。

1. 动态消息

动态消息也称动态新闻，这种消息迅速、及时地报道国内国际的重大事件，或新近发生的大小事情，反映新情况、新成就、新问题、新气象等。它一般以一地一事、一人一事为对象，内容更加单一，文字更加精简，常常一事一讯，只有几行文字。

2. 综合消息

综合消息也称综合新闻，指的是综合反映带有全局性情况、动向、成就和问题的消息报道。它涉及的面较广，声势较大，能给人较为完整的印象。要求占有全面、充分、典型的材料，既有面的形势、成就、趋向，又有典型事例的说明、分析，讲求点面结合以及观点和材料的统一，善于将概貌的介绍与具体事例的叙述结合起来，做到既有深度，又有广度。

3. 经验消息

经验消息也称典型消息、典型新闻，是对某一部门或某一单位的典型经验或成功做法的集中报道，用以推动全局、指导工作的一种消息体裁。它既有概括的观点，又有具体的作法，偏重于交代情况、叙述做法、反映变化、总结经验。这类消息贵在题材重大、典型，提供的经验具有普遍的意义。写作时要着眼于政策，避免陷入事务性与技术性之中。

4. 述评消息

述评消息也称新闻述评，是用叙议结合的方式来反映国内外重大事件的一种消息。它的特点是既叙述事实，又评论分析；事实材料要丰富、典型，评论、分析要讲究逻辑，言简意赅；这种消息对事实的叙述较为概要，其针对性、理论性较强，要求作者具备相当的理论水平。述评消息常见的有记者述评、时事述评等形式。

5. 人物消息

人物消息也称人物新闻，是以写新闻人物为主的消息。它的特点是篇幅短小，叙事单一，内容、主题集中；时效性强，要求快速采写、报道；它通常采用以事带人的写法，抓住人物的本质特征、选取新鲜、典型的事实材料来表现人物的思想和精神面貌。不强调细节，也不作过多的描写。

6. 特写消息

特写消息也称新闻素描，是报道重要新闻事件中人物活动片断和事件场景的消息体裁。它的特点是运用形象的语言，再现人物活动过程和场景，给人以如见其人，如临其境的感受。它重描写，要求抓住富有特征的细节。但其描写多用简笔勾勒的白描手法，不事雕琢，而重在传神。

(三) 消息的写作要素

消息的要素主要包括以下六个方面：标题、消息头、导语、主体、结尾、背景材料。

1. 标题

标题用以概括消息内容，力求鲜明地提炼出新闻主题，是消息的点睛之笔。它的重要作用体现在:一是吸引读者注意,二是正确评价新闻,三是美化新闻版面。消息标题从性质上一般有三种类型:正题、副题、引题。

正题,又称主标题、主题、母题,它是消息标题的核心部分,通常揭示新闻中最重要、最吸引受众的信息。从表达上看,主题可是实题,即叙述新闻事实;也可是虚题,即评价新闻事实,揭示其意义或隐含的观点。但在单独使用时,应是实题或有叙有议的虚实结合题。在编排上,一般通过大字号以及不同于正文的字体加以突出,从而达到吸引受众,引导阅读的目的。

副题,又称副标题、次题、子题,一般用来补充、注释和说明、印证正题。副题一般多作实题。

引题,又称眉题、肩题,一般用来交代背景、说明原因、烘托气氛、揭示意义等。引题一般多作虚题。

消息标题在形式上一般有三种类型:

(1) 单层标题:正题。

(2) 双层标题:① 引题 + 正题;② 正题 + 副题。

(3) 多层标题:引题 + 正题 + 副题。

消息标题的写作要能概括新闻的中心内容,要做到准确贴切、态度鲜明、简洁明快、新颖生动。

2. 消息头

消息头是关于发出消息的媒体、地点、时间和作者的说明,它是媒体对于消息文字版权所有的标志,也是新闻来源的重要提示。

按照传递消息的方式,消息头分为"讯头"和"电头"两种。讯头是指通过邮寄或书面递交的形式向报社传递的新闻报道;电头则是指通过电报、电传、电子网络等形式向报社传递的新闻报道。

3. 导语

导语是一篇消息的先导,位于消息的开头,是紧接电头的第一句话或第一段文字,它以简练的文字概括最有价值的新闻内容,揭示消息的主题。导语写作的要求,一是要抓住事件的核心,二是要能吸引读者看下去。根据表达方式的不同,导语一般分为以下几种类型。

(1) 直接导语。

直接导语是导语的主要形式,就是直接叙述新闻事实的导语。它在新闻写作实践中被广泛运用,主要适用于时效性强的新闻和硬新闻,以及广播、日报等快捷的媒体。

直接导语的特点是开门见山,直奔要害,简洁明了。一般来说,直接导语叙述的事实,是非常单纯的,只包含一个明确具体的新闻事件。直接导语也可以将两个新闻事实合并在一起叙述出来,但这两个事实须有紧密的关联。

(2) 评述型导语。

夹叙夹议、有述有评的导语,就是对所报道的事实进行简要的议论,揭示其内涵和意义。评述型导语的优点在于:一是制造气氛,吸引读者——评述型导语中的评,可以指出新闻事件深层的、一般不易为读者所注意、所了解的含义。通过导语中的议论,在消息的开头就将其昭示给读者,可以使读者一接触新闻就获得某种启迪,从而对消息全文产生兴趣。二是发表意见,影响舆论——评述型导语可以引起共鸣,可以令读者对导语之后的"如何"以及"为何"产生兴趣。

但需要注意的是评述型导语中的评,应是言人之所未言,深刻而有新意;应是少而精,点到为止,不宜展开。为了使导语中的评更具客观色彩、更有说服力,有时,也为了防止因记者直接评论而招致被动,可以使用引语方式发表意见。

(3) 延缓性导语。

延缓性导语又可称为间接导语。它不直接叙述新闻事实,而是通过描绘场面、渲染气氛、解释概念、介绍背景、引用典故等方法,先作铺垫,然后再说出新闻事实来。这样写的目的是增强阅读的趣味性。

4. 主体

主体,也称新闻躯干、消息干等,是消息的主干部分,紧接导语之后,内容比导语更详尽、充实,篇幅比导语长些。主体的作用主要有两个,一是对导语进行展开,解释或深化导语,即对导语所涉及的内容,进一步提供有关的细节和新闻背景材料,使读者对于新闻事件有更清楚、更具体的了解。二是对导语进行补充,新闻导语一般只突出新闻事件最核心的内容,有时只突出六要素中的一到两个要素,在新闻主体部分往往要补充导语中所涉及的内容,使新闻六要素得以齐全,从而使读者对新闻主题和新闻事件的来龙去脉有清晰的了解。

5. 结尾

结尾是消息的最后一句话或一段话,它的作用是结束全文,加强主题的表达,保证消息形式上的完整和内容上的深刻性。但是,需要注意的是,结尾并不是所有消息必备的结构部分,很多短讯可以不要结尾。

结尾部分的写作,要紧扣主题,使其为表现和深化主题服务;要以叙事为主,切忌空谈;要力求简洁,不能重复导语和主体。

6. 背景材料

背景,原指绘画等艺术作品中衬托主体的背后景物,借用到新闻写作中,就是指新闻事件发生的环境和条件,从内容上看,它主要包括新闻事件的历史、环境情况和以新闻事实相关的注释性材料;从功能上来看,它是对新闻事件产生的历史和环境、原因与时间、空间条件以及对有关各方面所作出的说明、解释;从它与新闻的关系上来看,它是新闻中的新闻,或新闻背后的新闻。

背景的作用主要有两个,一是突出主题,阐明新闻价值。以背景材料突出主题,阐明新闻价值与意义,这是新闻背景最主要的作用。二是补充情况,使读者易于理解。有些报道所涉及的事件,一般读者比较陌生,难以理解,这就需要加以适当的解释性材料,使读者更好地理解该新闻事件。很多科技报道,或是对罕见自然灾害的报道,常常如此处理。

(四) 消息的结构形式

消息结构,即对新闻材料进行总体性的安排与布局。目前通行有四种结构方式:

倒金字塔式结构，金字塔式结构，倒金字塔与金字塔结合式结构，自由式结构。

1. 倒金字塔式结构

倒金字塔式结构是一个形象的比喻。其含义是：从整篇来讲，把最重要的事实放在最前面，即导语中，主体部分又依材料的重要性递减的原则来安排各项事实。此结构一般适用于单一事件性新闻，即动态消息的报道。

倒金字塔式结构有以下几个优点：一是这种写作方式可以使记者高度集中，把最重要的新闻找出来。二是编辑在选用新闻或制作标题时只需要看一看导语或第二段，就能知道消息的基本事实，而不必看全文。三是报纸版面编辑在压缩一条消息时，比较容易删减而不破坏消息的完整性。四是对生活节奏相当快的当代读者来说，如果没有时间，只要略看前一两段就可以知道消息的内容了。

2. 金字塔式结构

金字塔式结构也是形象的比喻。它与倒金字塔式结构正好相反，按时间顺序安排事实。事件开端，就是新闻的开头；事件结束了，新闻也就收尾了。所以也可称之为编年体结构。

3. 倒金字塔与金字塔结合式结构

倒金字塔与金字塔结合式结构也可称之为悬念式结构，这类结构一般开头是一个带有悬念的新闻导语，巧妙地点出最精彩或最重要的新闻事实，吸引读者的关注，然后在主体中按事件发生、发展的顺序写作。

4. 自由式结构

自由式结构也可称为散文式结构，这类结构吸收了散文在结构和表达等方面的特点，用灵活、自由的手法组织安排段落和层次的结构方式。

（五）消息的写作要求

作为新闻写作中最为常见和通用的一种体裁，消息的篇幅虽然简短，但要能够做到以简明扼要的文字迅速及时地记述新闻事件的核心内容也并不容易，对于消息的写作，一般要求做到以下几点。

1. 要素交代清楚

要素是构成新闻事实不可或缺的部分，一条完整的消息要将新闻事件涉及的各大要素交代清楚，使报道更加完整、准确。当然，出于简练的需要，在不影响报道事实的前提下，也可以省略部分要素。

2. 主题提炼深刻

主题源于对新闻事实客观地表述和深入地分析，它涉及写作者认识新闻事实的角度问题、准确性问题和深刻性问题，一条好的消息要求写作者能找准报道角度，选取最有价值和意义的新闻要点，紧扣主题进行写作。

3. 事实表达准确

真实性是新闻的生命所在，一条虚假的新闻除了哗众取宠，没有丝毫的价值。消息的写作要求写作者以客观、公正的态度去叙述新闻事实，在立场、观点和倾向上不能有丝毫的主观偏好，唯有如此，才能真实地呈现新闻事实。

4. 文字表述简练

消息的一大特点就是简短,要通过不多的文字清楚地交代新闻事实,就需要写作者有较强的文字处理能力,能够以简练的文字准确地概括最核心的新闻内容,做到言简意赅、文约意丰。

三、通讯

(一) 通讯的定义和特征

通讯是以叙述、描写为主要表达方式,具体生动地报道客观事物和典型人物的新闻体裁,是报纸、电视、通讯社常用的一种文体。

和消息一样,通讯也是一种常见的新闻体裁,但它们之间也有明显的不同,主要体现在以下几个方面。

(1) 就篇幅而言,消息更短,通讯则较长。消息往往只是客观地报道新闻事件,一般只有几百字,而通讯则不仅要求能反映新闻事件的全部过程,而且着重于事件细节的描写和意义的展现,一般篇幅较长。

(2) 就表现手法而言,消息多为叙述,通讯则手法多样。消息以记事为主,通常用叙述的方式概括地报道新闻事件,较少细节描写,语言简练;通讯则要求更加详尽完整地报道人和事,不仅要陈述事实,还要再现场景、刻画人物、阐述观点,所以较多借用文学手段,可以描写、抒情、议论,也可以用比喻、象征、拟人等修辞手法。

(3) 就结构形式而言,消息较为固定,通讯则更为自由。消息的结构基本以导语+主体为主,同时在标题、导语、主体、背景材料等写法上也要求规范;而通讯在结构安排上则显得更加自由,无论是在标题的拟定,还是主体、结尾、背景材料等的写法上,都没有具体规范和要求,写作者自由创作的空间很大。

(4) 就新闻的时效性而言,消息更强,通讯则较弱。这也是由通讯写作素材的复杂性和内容表现的丰富性决定的。消息只要对新近发生的新闻事件进行简要的概括,就可以迅速发布,而通讯则需要对事件的起因、经过、结果等有完整的了解,才能进行深度报道,所以时效性上不如消息那么快。

综上所述,相比消息而言,通讯的特征主要有以下几点。

1. 新闻性

通讯首先是一种新闻体裁,它充分具备新闻的几大特点,即真实性、时效性、可读性和时效性。同时在新闻报道的表现方法上,它具备新闻背景更广泛、新闻场景更详尽、报道角度更新颖、新闻内涵更深邃的特点。

2. 文学性

文学性是通讯的一大显著特征,由于通讯对新闻事件或人物的报道要求更为翔实、更为深刻、更为完整,所以它在语言和表达方法上都具有一定的文学性,这一点在人物通讯上尤为突出。它在报道真实的人和事的过程中,善于再现情景,平添许多生动和形象,给人以立体感、现场感。

3. 评论性

通讯可运用夹叙夹议的方法对人或事作出直接的评论,它具有一定的针对性、分析性和倾向性。针对性主要指评论的内容要么契合党和国家的方针政策或社会主流价值观,要么贴近现实生活中的热点、难点、疑点问题或社会重大、敏感事件;分析性主要指评论要在事实和调查的基础上作出解释性和分析性的报道,而不仅仅是简单的客观呈现;倾向性指写作者或媒体要在新闻报道中体现其对于新闻事件或人物的态度、立场和观点等,当然,这种倾向性要基于客观事实。

(二)通讯的类型

通讯的类型一般有两种分法。一是按报道内容分,有人物通讯、事件通讯、工作通讯、风貌通讯。二是按报道形式分,有访问记、专访、新闻小故事、特写、大特写、集纳、侧记、巡礼等。

1. 按内容分类

(1)人物通讯。人物通讯是以人物为报道对象,反映一个人或几个人的思想、言行、事迹,在一个主题贯穿下容纳相当丰富的材料,着重以人物的精神面貌来感染、教育读者的一种通讯。

(2)事件通讯。事件通讯是以记事,通过某一事件的发生、发展和结束的记述,揭示事件的本质和意义,反映社会风貌和时代精神的一种通讯。它可以是单一的事件,也可以是若干时间的综述。

(3)工作通讯。工作通讯是报道工作成就或工作中的成功经验,揭示和讨论工作中存在问题的一种通讯。

(4)风貌通讯。风貌通讯也称概貌通讯,是勾勒某一地区、某条战线或某个单位面貌变化的一种通讯。

2. 按报道形式分类

(1)访问记。由记者出面登场,以采访活动的过程为主要线索来结构和组织材料。写作时有问有答,现场感较强,而且可以穿插各种背景材料,使通讯有一定深度。

(2)专访。访问记的一种,是就特定的问题、特定的对象进行的专门的访问,内容集中。专访以人物、现场和记者为三要素,突出"专""访"二字。

(3)新闻小故事。或称新闻故事、小故事。其要求一是"小",二是有"故事",三是以小寓大。通常反映一人一事,表现一个片断,内容单一,篇幅短小,线索简单,不求写繁多人物,不必横生庞杂枝节,但求精悍、生动。

(4)特写。将生活中某个特定的画面予以放大,集中突出地描绘事件和人物的某些片断、细节和部分,给人以深刻的印象和强烈的感染。

(5)大特写。是抓住社会热点中的事件、人物或现象,对新闻事实作全方位、多侧面的报道,用优美的文笔、新颖的题饰、突出的照片吸引读者的一种报道形式。也有人认为它是深度报道的一种形式。

(6)集纳。把表现一个主题的而又相对独立的小故事或片断事实组合起来,"集纳"而成为一篇。集纳中的事实,可以是发生在同一时间的,也可是不同时间的;可以是发生在同一单位、一条战线,也可以不是。

(7) 侧记。从一个侧面反映新闻事件或新闻人物的通讯。取材自由,不求反映事件全貌、全过程,但求抓住特点,扣紧受众的兴趣点、回答受众普遍关心的问题。写作时往往夹叙夹议,兼谈感受。

(8) 巡礼。边走边看,巡游浏览,很自由地把所见所闻写出来告诉受众;讲求动态感、现场感、亲切感;常用移步换形的方法,有较多议论和抒情。

(三) 通讯的要素内容

通讯的要素主要包括以下四个方面:标题、开头、主体、结尾。

1. 标题

和消息标题一样,通讯的标题也力求鲜明地提炼出新闻主题,同样也起到以下作用:提炼通讯内容,揭示通讯主题;吸引读者注意,诱发阅读兴趣;评价通讯事实;美化新闻版面。但通讯的标题和消息的标题也有较大的不同:一是通讯的标题更加单一。消息的标题可以是单层、双层甚至多层,而通讯的标题则最多两层,要么表现为单层标题,要么表现为"主题 + 副题"的双层形式。二是通讯的标题可以更加虚化。消息的标题要求含有具体、明确的信息,无论是单层、双层、多层标题,都必须要有表达明确事实的实题,而通讯则可以只用虚题。

就通讯标题的制作而言,一般要求遵循以下几点:

(1) 提炼通讯主题。
(2) 概括新闻事实。
(3) 体现关注要点。
(4) 揭示新闻意义。

2. 开头

消息的开头主要包括消息头和导语,通讯则没有具体要求,也没有具体的规定,它只是在形式上位于通讯内容的首句或首段。通讯开头的写作,可以遵循以下几种方式:

(1) 点题式。即点出通讯主题。
(2) 描写式。即通过一段文字描写引出下文。
(3) 悬念式。即设置悬念,引出下文。
(4) 导语式。即以简练的文字概括出通讯的主要内容。
(5) 提问式,即通过提出问题,引出下文。
(6) 议论式。即通过对通讯的评论,引出下文。

3. 主体

主体是新闻信息的展开部分,要求对新闻人物或事件进行具体的记述,在通讯中,就是指开头之后,结尾之前的那一部分内容,它包括背景的内容。对于通讯的主体写作,要求内容充实、细节翔实、选材得当、结构合理、表达精准。

4. 结尾

结尾在消息写作中显得不是十分重要,甚至可有可无,但对于通讯写作而言,结尾部分至关重要。因为通讯具有文学性和评论性,结尾的写作就需要起到呼应全文、归结全文、渲染情感、深化主题、揭示意义等作用。

（四）通讯的结构形式

通讯的结构是指通讯内容的组织方式及内部构造,一般常见的结构形式有三种：纵式结构、横式结构、纵横结合式结构。

1. 纵式结构

所谓纵式结构,就是单纯按照事件的先后、因果等发展顺序,写作者对事件的认识顺序或采访过程的先后顺序等来安排写作层次。这种结构方式符合事物本身的发展状况,条理清楚,表现自然,符合大多数人的阅读习惯,也便于写作者处理材料。

2. 横式结构

所谓纵式结构,即按照空间变换或事物性质的不同方面来安排层次,所以也叫空间转换结构。这种结构方式写作方便,易于处理写作素材,在通讯写作中应用广泛,尤其是在人物通讯、工作通讯和风貌通讯中应用较多。

3. 纵横结合式结构

所谓纵横结合式结构,即将纵式和横式结合起来,它以事件发生的时间顺序为基本线索来展开事件的同时,描绘多个同一时间发生在不同空间的事实,所以又叫时空交叉结构。这种结构方式多用于时间复杂而时间和空间跨度都较大的通讯。

（五）通讯的写作要求

1. 主题提炼精准、深刻

通讯的主题体现全文的中心思想和基本观点,是决定其材料取舍、组织结构和表现形式等一系列问题的内在依据,是通讯的灵魂和核心所在。不同于消息的是,消息的主题主要是对新闻事实的客观概括,而通讯则是作者经过对现实社会的观察、体验、分析、研究,通过对素材的提炼和组织,所表达的对客观世界的一种认识或一种思想观念,它决定这篇通讯的基调、立场和价值取向。所以,对于主题的提炼要做到精准而深刻。

2. 素材选择典型、精当

由于通讯的篇幅一般较长,表现方式和手法也更加多样和自由,其时效性要求也并不十分严格,所以写作者通过实地采访、资料搜集往往能都占有大量丰富的写作素材,那么,如何选择和取舍这些素材则变得十分重要。所以在确定了主题思想之后,选材就变得至关重要,它直接决定通讯的可读性。对于素材的选择要到以下两点：第一,典型。即所选的材料要是对新闻事件的发生、发展有典型的代表意义,能够反映通讯的主题和思想。第二,精当。所谓精当,一是典型材料不能太多,有所取舍,要精确而适当。二是要内容丰富、形式多样。即材料的选择要能表达丰富的内容,同时要能从不同的角度对主题进行深化。三是要具有一定的时效性。虽然通讯对时效性的要求不如消息那么迅捷,但在选材的时候,也要尽量以新近发生的事实作为主要内容占有主要位置,其他与新近事实相关的材料,不能表现太多,而只能作为背景材料而居于次要位置。

3. 表达方式丰富、多样

通讯由于其文学性的特点,要做到具体生动地报道新闻事件和人物,在语言和表达方式上的要求就更高。一般而言,对通讯的表达需要做到以下几点。

(1) 叙述直接有效。通讯要求较为详细和深入地报道新闻事件和人物,所以叙述上要求具体、形象、生动,但不能含糊其词、转弯抹角,而要做到明白晓畅、直接而有效地表述事实。

(2) 描写形象直观。描写是通讯写作中一种重要的表现手法,它能以更生动的画面,形象地表述新闻事实的相关过程、情节、场面和人物等,但不能像小说一样,靠虚拟、想象,或更为夸张的修饰和形容,而是应基于事实,描写事物或人物的本来面貌,让人有一种深入现场、感同身受的感觉,表现出新闻性和现场感。

(3) 抒情真切自然。通讯需要体现写作者的立场和情感倾向,所以,它虽然以叙述和描写事实为主,写作者也可以适当地抒发情感,这对于通讯的渲染也有一定的好处,但这种抒情大多是缘事而发,并能使人产生共鸣,进而深化主题,所以要做到真切自然,而不能夸张做作。

(4) 议论要深刻。通讯具有评论性的特点,这个特点就要求写作者体现其对于新闻事件或人物的态度、立场和观点等,这就需要适当地进行议论。但这种议论不能是写作者直抒胸臆、肆意渲染,而是要在对新闻事实调查的基础上作出解释性、分析性和有针对性的评论,它只能围绕新闻事实,紧扣叙写的人物和事件进行,应做到贴切实在、深刻。

第二节 报告文学

一、报告文学的概述

(一) 什么是报告文学

1. 概念

报告文学是用文学手段表现新闻题材的一种文体,来源于报纸,是新闻报道和纪实散文中生成并独立出来的一种,即新闻与文学结合的散文体裁,也是一种以文学手法及时反映和评论现实生活中的真人真事的新闻文体。它的形式兼有报告和文学两个成分:报告指内容既有新闻的真实性,文学指又有艺术的生动性,它是采用文学手段及时地反映和评论真人真事的一种文学体裁,它具有新闻和文学两个方面的特点。

报告文学与新闻报道、通讯有关系密切,但又有所区别。

二者相同点在于都以真人真事为写作对象。

区别在于:

一是新闻通讯依附于某一事件,写人是以事带人;而报告文学是以人带事,事是背景,甚至是朦胧的远景。它把人物推向前台,写人与人之间的关系、摩擦、矛盾、冲突等。

二是报告文学有较多的文学色彩,它注重人物形象的刻画与细节描写,强调在真人真事的基础上进行艺术创作。

2. 作用

一篇文章就是一块碑铭,就是一个理想,就是一个需要反思和解决的问题。

报告文学是"艺术的文告",是用文学形式创作了有新闻价值的报告。中国第一部以报告文学命名的作品集是1932年阿英选编的《上海事变与报告文学》。夏衍的《包身工》、周而复的《诺尔曼·白求恩片断》和那时的其他作家关于抗日战争题材、社会问题的作品,都代表了它的社会意义。

再如《哥德巴赫猜想》《地质之光》,是陈景润的光芒,是李四光的风采,而这一切的背后,负载的是国人对国家强盛、民族崛起的追求。

3. 报告文学的分类

报告文学分为人物类报告文学和事件类(问题类)报告文学。

人物类报告文学是以一些典型人物为主,如《地质之光》。

事件类(问题类)报告文学如《人妖之间》。

(二) 报告文学的主要特征

1. 反映生活的及时性

报告文学往往像新闻通讯一样,以最快的速度,把社会生活中刚发生的激动人心的事件和群众关心的热点、焦点问题及时地传达给读者,并受到读者欢迎,它的作用就在于能把握时代的脉搏,把社会关心的现实问题迅速地反映出来,发挥"文学轻骑兵"的作用。

2. 表现内容的纪实性

真:真人、真事,报告文学不同于小说,不像小说那样虚构人物、情节,它必须以现实生活中的真人真事为描写对象,写真纪实是它的重要特征。报告文学要追踪事实,写真人真事要有所选择和提炼(但并不是任何事实都值得去报告,能成为报告文学描写的对象)

3. 强烈的文学性

报告文学属于文学范畴,它是报告,也是文学。报告文学必须以现实生活中的真人真事为描写对象,这就需要写作者在选材剪裁的过程中尊重客观事实,绝不能够虚构编造。报告文学需要从文学引进多样化的表现方法与技巧,如提炼、剪裁、描摹、比兴、工笔刻画、重笔渲染、精选角度、截取断面、澎湃的抒情、恰当的议论,以及艺术语言的调动,等等。

二、报告文学的写作方式

报告文学的写作方式:新闻采访 + 艺术构思 = 报告文学。

(一) 写作准备

(1) 进行深入采访,获得素材。

(2) 采访是十分重要的。报告文学作家则通过采访获得生活材料(素材),然后综合研究,在宏观的表现和理论的展现中突出主题。

(3) 报告文学作家主张：写报告文学，应该"六时跑，三时想，一时写"。进行采访，重点应是写作对象周围的有关的人与事。

(4) 注意结构安排，巧妙布局。

一般采用"全景式""卡片式""点面式"的构思。

艺术构思中一个重要的内容是巧妙地安排结构。借鉴优秀的报告文学作品是必需的。

巧妙地安排结构。作者要从描写的对象出发，从面临的读者出发结构文章。

一方面，要善于把最精彩、最感人、自己感受最深而最能吸引、打动读者的关键材料，放到最显著的地位，突出它，着力写好它，使它处于显著的位置，以增强艺术效果。

另一方面，能写成横断面的，不要拉成纵剖面。如《包身工》，作者很巧妙地将包身工所受的苦难的一些特写镜头和横断面加以调动和集中，组织到一天来写。

(5) 报告文学也要求在写作中综合运用文学技巧。如小说的描写技巧，戏剧的对话艺术，电影分镜头的叙述方法，以及诗歌的手法等来塑造丰满的人物形象，加强感染力。

总之，除虚构和夸张外，艺术构思、艺术想象、描写、抒情和修辞手法，都是可以运用的手段。

(6) 选取事实，展开合理想象。

(7) 没有想象，就没有文学，也就没有报告文学，那种把想象同虚构等同起来，从而认为在报告文学创作中不需要想象的观点是不对的。

想象可以使报告文学文学性增强。这是因为报告的对象是已发生过的、有很大时间跨度的。因此，只有展开想象，才能写出具有感染力的好文章。

注意：报告文学写作中的想象与小说创作中的想象不同。小说创作中的想象是虚构，故事情节是生发的是创造想象；报告文学写作中的想象是情节的描述、生活的再现是再造想象。

(二) 报告文学的写作

1. 标题

报告文学的标题就明确、大气，具有吸引力和震撼力。一个题目，就是一尊雕像。

标题一要求实，二要讲究修辞，三要具有概括力和气魄。概括或透露文章中的重大事件，一览无余。如魏巍的《谁是最可爱的人》。

2. 开头

开头是理清文章脉络的思想示意图，往往把生动鲜明的形象及场面或振聋发聩的议论，简明扼要地以介绍背景引出主题的形式，展示给读者。如《谁是最可爱的人》：

在朝鲜每一天，我都被一些东西感动着，我的思想感情的潮水，在放纵奔流着。它使我想把一切东西，都告诉给我祖国的朋友们。但我最急于告诉你们的，是我思想感情的一段重要经历，这就是，我越来越深刻地感觉到谁是最可爱的人！

3. 主干

主干要内容丰富。

（1）安排文章结构。主题统率文章的结构，反映和适应内容的特质。因此，文章的结构服务于主题。将不同材料、内容组合，是表现主题的基本要求。

一般结构模式有：纵式以时间发展为线索，横式以空间状态展开，纵横交叉式以时间为经，空间为纬，同时，可以多线索进行。如夏衍的《包身工》的结构由两条线条组成，一条线索是从她们起床到下工的全天经过；另一条线索是包身工制度的产生、发展和灭亡的必然。两条线索交织得紧密自然。

（2）人物的活动绝对不能虚构，必须是生活中的真人真事。事件必须是实际发生过的，并且对事件主人公要有鲜明深刻的认识评价，显示出社会意义。

① 运用生动鲜明、个性化的语言，刻画人物性格，揭示人物的内心世界。只有抓住人物思想性格的特征，才能把人物鲜明的个性刻画出来。如《汤用彤》中，"颇有一个私见就是不愿意说什么好东西都是从外国来的"，言为心声。生动鲜明的个性化语言，可以使报告文学中的人物鲜明地活动起来，得以呼之欲出的效果。

② 注意细节描写、环境描写。《谁是最可爱的人》中"吃雪"标明战士的可爱。《汤用彤》中汤用彤把早点拌墨汁吃，说明他的超然物外。

（3）事件真实典型，有感染力。如《为了六十一个阶级兄弟》，在同一时间内，展示了不同地点的人们发扬人道主义精神抢救中毒民工的紧张活动。

（4）恰当的抒情与议论。采用比拟、夸张、反语等修辞手法进行议论是必要的，有助于增强议论的艺术性。如《扬眉剑出鞘》中"呵！多么纯真的思想，多么可爱的品格！这就是我们一个不到二十岁的姑娘，站在欧洲击剑台上……我们应该为有这样毫光四射的年青一代而骄傲"，作者就直抒胸臆，表现出强烈的感情。

4. 结尾

报告文学的结尾常常是主题的总结和升华，或者一种感慨和展望。采用鼓舞展望式或哲理思索式，造成一种余味无穷的意境，引人深思遐想。如《包身工》的结尾写道："黑夜，静寂得像死一般的黑夜！但是，黎明的到来，毕竟是无法抗拒的。索洛警告美国人当心枕木下的尸首，我也想警告某一些人，当心呻吟着的那些锭子上的冤魂。"如此的结尾与单纯的揭露和控诉相比，显然更能提高文章的艺术境界。

所以，报告文学的结尾不仅是艺术的升华，更是思想的升华！

三、报告文学的写作要求

1. 真人、真事是铁律
2. 宣传教育意义为目的
3. 创新写作，打破常规

即打破三段式或五段式（即写一个光辉人物，开始写他怎么树立远大理想，如何经过一个攀登的过程，克服了种种困难，最后达到光辉的顶点）。

第三节 学术论文

一、学术论文概述

1. 学术论文的概念

学术论文是科学研究的结果,探讨问题进行科学问题研究的一种方式,又是描述科研成果进行学术交流的一种工具。即在科学事实的基础上探索某个科学领域中的学术问题或者未知现象而形成的表述科学研究成果的理论文章。它是某一学术课题在理论性、实验性或预测性上具有的新的科学研究成果或创新见解和知识的科学记录,是某种已知原理应用或科学事实用于实际上取得新进展的科学总结,它的目的是提供学术会议上宣读、交流、讨论或学术刊物上发表,或用作其他用途的书面文稿。

学术论文包括科技论文、成果论文、毕业论文/学位论文等,总称为论文。

2. 学术论文的特点

(1) 科学性。学术论文的科学性,要求作者在立论上不得带有个人好恶的偏见,不得主观臆造,必须切实地从客观实际出发,从中引出符合实际的结论。在论据上,具备理论权威,或者事实上的说服力的论据作为立论的依据。在论证时,逻辑严密,推理客观,严谨分析。论文的内容必须符合唯物辩证法,符合"实事求是""有的放矢""既分析又综合"的科学研究方法。

(2) 创造性。创造性是科学研究的生命。学术论文科学研究,是对新知识的探求。创造性在于作者要有自己独到的见解,能提出新的观点与新的理论。没有创造性,学术论文就没有科学价值。"科学方法主要是发现新现象、制定新理论的一种手段……旧的科学理论就必然会不断地为新理论推翻。"(斯蒂芬·梅森)

(3) 理论性。学术论文在形式上属于议论文,但它与一般议论文不同,必须有自己的理论系统,不能只是材料的罗列,应对大量的事实、材料进行分析、研究,使感性认识上升到理性认识。一般来说,学术论文具有论证色彩,或具有论辩色彩。

(4) 平易性。指的是要用通俗易懂的语言表述科学道理,不仅要做到文从字顺,而且要准确、概括、明确、凝练,尽量避免使用生涩的语言。

二、学术论文的写作方法

(一) 选题

选题在学术论文写作中具有头等重要的意义。

有研究意义的课题,能够促进科学事业的发展,指导现实生活;而无意义的研究,即使论文写作得再美,也是没有科学价值的。钱学森曾说:"研究课题要紧密结合国家的需要。……在研究方法上要防止钻牛角尖,搞烦琐哲学。目前在社会科学中,有的人就古人的一句话大做文章,反复考证,写一大篇论文,我看没有什么意思。"因此,我们要选择有科学价值的课题进行研究和写作。

1. 选题原则

选题应符合科学性原则。

(1) 符合本学科的理论发展,解决学科建设、科学发展的理论或方法问题,有一定的科学意义,符合中国经济建设和社会发展的需要,解决应用性研究中的某个理论或方法问题,具有一定的实际价值。

(2) 需要性原则。科学上的新发现、新创造,学科上短缺或空白的填补,通行说法的纠正,前人理论的补充等。

(3) 创造性原则。有已知到未知是创造发现,在客观可能中创新。

(4) 可行性原则。即:要有浓厚的兴趣;能发挥业务专长;先易后难,大小适中;占有的资料丰富;在一定时间内能完成。

2. 选题时应注意的问题

(1) 选题确定之前,要查阅文献资料,观察、实验。目的在于了解本学科的研究历史与现状,明确在本学科中过去已经进行了哪些研究,有什么成果;了解本学科的研究现状,以便明确现阶段的研究达到了什么程度,以及有哪些尚待解决的问题。

(2) 发挥想象力进行积极的思考。在阅读资料、进行思考的同时,既要注意资料的记录,更要注意思考的记录,尤其是对突然来临、转瞬即逝的灵感的记录。

在查阅文献资料、做目录卡和对目录卡进行分类整理的过程中,大脑的思维就已经开始工作。论文作者应该充分运用自己的思考力(分类、归纳、组合、综合、分析、演绎、加减、类推等),对文献资料进行积极的加工,这是一种创造性的想象,缺少它就得不到新的题目。

(二) 研究

1. 搜集资料。

凡是与课题有关的资料都应该搜集齐全。

2. 整理资料

使散乱的资料条理化,具有可用性。

3. 调查材料

材料是科研的基础,除了查阅资料、搜集材料外,有时还要进行调查。调查分为实地调查和书信调查两种,实地调查可用开会、查勘、个别访问等方法进行。在调查中要注意搜集原始材料,有时要绘图、摄影、录音、翻印。

4. 观察实验

这主要是自然科学使用的研究方法,社会科学中的某些学科也要用到。通过观察、实验,我们可以取得重要的数据和材料,经过分析、综合,使感性认识上升到理性认识,从而检验和发展科学理论。

5. 思维创造

这是研究中的最富有创造性的阶段。它是由一系列既相互区别又密切联系的方法组成,其中主要有:归纳和演绎,分析和综合,从具体到抽象,再从抽象到高级的理性认识。这种科学的逻辑思维方法就是辩证逻辑。

(三) 写作步骤

1. 拟制论文写作提纲

写作学术论文先要拟提纲,形成论文全篇骨架、轮廓,展现文章的论点、材料的组合关系,局部与整体的逻辑构成,达到均衡、严谨。

论文写作提纲应包括以下项目。

(1) 题目。论文题目是一篇论文给出的涉及论文范围与水平的第一个重要信息,要准确得体,简短精练,外延和内涵恰如其分,醒目。

(2) 基本论点。是论文的核心观点,是要论述的中心,围绕它可以应用分论点研究阐述。以论点句写出论文基本论点。以一个能表达完整意思的句子形式把该部分的内容概括起来。

(3) 选择论文构成的基本类型,确定全篇逻辑构成的骨架。一是按照提纲排列的顺序从绪论写起,接着写本论、结论。二是从本论入手,写好本论、结论后再写绪论。① 写出层次与段落的先后顺序。② 资料、卡片按构思的顺序标上序码备用。

(4) 全面检查,修改提纲。

2. 根据论文提纲写作

一般情况,较短的论文可以在充分准备的基础上一气呵成。对于长篇论文,可以先分成几部分,一部分一部分地写,然后合成一篇。

具体写作的方法如下。

(1) 归纳与演绎——从已知的到未知的。

(2) 从具体到抽象——科学事实到科学理论。

(3) 从历史到本体——过去,现实,结论。

(4) 从形象思维到逻辑思维——形成科学思维贴。

3. 提纲案例(如【例4-1】)

【例4-1】

中西创世纪神话的化育与民族精神的定格

袁学敏

(四川攀枝花学院 人文社科学院,攀枝花 617000)

【摘要】中国和西方,在不同的天元条件下,创造了各自的文明,都以神话作为话语方式,探索自身来源,定格了各自民族的精神。追溯远古,神话不仅是最初使万物产生内在联系的手段,是原始人生命的终极归宿,还是对世界的另一种见解,是人对自身的追寻。本文进行民族间的神话比较,意在说明神话蕴涵人本特点的一致性问题,定格民族精神问题。

【关键词】天元文化 神话 民族精神 宗教 话语

一、中西天元文化的化育：生存权与话语权的获得
1. 气候
2. 地理条件
二、中西原初神话的主体呈现：创世纪神话是原始初民共同诉求的话语方式
1. 西方以古希腊为代表的庞大的奥林匹斯山权威神系
2. 中国独具特色的崇拜神
三、神话对民族精神的定格
1. 对生存形式的选择
2. 美性意义：崇高美的分流
3. 民族精神取向维度
（正文）

三、论文写作格式要求

（一）一般学术论文

（1）论文题目黑体加粗、居中，如有副标题则另起一行用小三号黑体加粗。

（2）标题下空一行居中用小四宋体写明作者姓名，单位、第一作者邮箱与电话在作者姓名下一行居中注明，作者简介（作者姓名、单位、职称、主要研究方向），如多名作者则以1、2、3脚注的形式注明（见下，是论文署名问题。署名一是便于读者与作者的联系及文献检索，二是记录作者的劳动成果，三是为了表明文责自负）。

（3）作者单位下空一行写中文摘要与英文摘要，"摘要""关键词"中英文摘要（500字/词以内）、关键词（3—5个）。论文一般应有摘要，有些为了国际交流，还有外文（多用英文）摘要。它是论文内容不加注释和评论的简短陈述。其目的是不阅读论文全文即能获得必要的信息。摘要包含以下内容：① 从事这一研究的目的和重要性。② 研究的主要内容，指明完成了哪些工作。③ 获得的基本结论和研究成果，突出论文的新见解。④ 结论或结果的意义。

（4）论文正文内一级标题用"一"表示，四号宋体加粗，二级标题用"（一）"表示，小四宋体加粗，三级为"1"。

（5）参考文献标记方法如[1]、[2]……并应与正文中的指示序号格式一致。期刊类：作者. 文章题目名（中文文献）. 期刊名[J]，年（期）。著作类：作者. 图书名（中文文献）[M]. 出版社，出版年，页数。

（二）注意问题

1. 正确处理借鉴和创新的关系
2. 正确处理研究和撰写的关系

(三) 格式模式(如【例4-2】)

【例4-2】

正标题[①]

副标题

第一作者[②]　第二作者[③]
(1.单位,省市,邮编;2.单位,省市,邮编)

摘　要:(略)
关键词:××　××　××　××
一、一级标题
(一) 二级标题
(正文)
注释:
① 曹雪芹.红楼梦[M].北京:人民文学出版社,1981年.

参考文献

[1][8] 普安迪.中国叙事学[M].北京:北京大学出版社,1996.
[2] 丹纳.艺术哲学[M].傅雷译.北京:人民文学出版社,1963.
[3] 陈虹.学校心理健康教育教师胜任力研究[D].福州:福建师范大学,2007.

说明:
① 本文为研究基金项目"××××"的相关研究。课题编号:××。
② 作者简介:……
③ 作者简介:……

四、毕业论文的写作

(一) 毕业论文的概念

毕业论文是高等院校毕业生提交的一篇有一定学术价值的文章。

毕业论文是大学生在教师指导下所取得的科研成果的文字记录,是完成学业的标志性作业,也是对学习成果的综合性总结和检阅,是检验学生掌握知识的程度、分析问题和解决问题基本能力的一份综合答卷,也是大学生从事科学研究的最初尝试。大专毕业论文篇幅一般在五千字左右,本科毕业论文篇幅一般在八千字以上。

(二) 特点

毕业论文从文体上看,归属于议论文中学术论文的种类。议论文,是一种证明自己观点正确的文章。因此,毕业论文具有议论文所共有的基本属性特征,即论点、论据、论证是文章构成的三大要素。在写作上,主要以逻辑思维的方式为展开的依据,强调在事实的基础上,展示严谨的推理过程,得出令人信服的科学结论。

毕业论文的特点如下。

1. 指导性

毕业论文是在导师指导下独立完成的科学研究成果。毕业论文作为大学毕业前的最后一次作业,离不开教师的帮助和指导。对于如何进行科学研究,如何撰写论文等,教师都要给予具体的方法论指导。

教师在学生写作毕业论文的过程中,要启发引导学生独立进行思考,注意启发学生的创造精神,帮助学生确定题目,指定参考文献和调查线索,解答疑难问题,审定论文提纲,指导学生修改论文初稿,等等。

2. 习作性

教学计划规定,大学分为两部分学习。前期,学生要集中精力学好本学科的基础理论、专门知识和基本技能;后期,学生要集中精力写好毕业论文。大学生撰写毕业论文就是运用已有的专业基础知识,独立进行科学研究活动,分析和解决一个理论问题或实际问题,把知识转化为能力的实际训练。写作的主要目的是为了培养学生具有综合运用所学知识解决实际问题的能力,为将来作为专业人员写学术论文作好准备,它实际上是一种习作性的学术论文。

学生为了写好毕业论文,必须主动地发挥自己的聪明才智,认真思考问题,独立完成毕业论文的写作任务。

3. 层次性

毕业论文与学术论文相比要求比较低。专业学术论文,是指专业人员进行科学研究和表述科研成果而撰写的论文,一般反映某专业领域的最新学术成果,具有较高的学术价值,对科学事业的发展起一定的推动作用。而大学生的毕业论文由于受各种条件的限制,在文章的质量方面要求相对低一些。因为:第一,大学生缺乏写作经验,多数大学生是第一次撰写论文,对撰写论文的知识和技巧知之甚少。第二,多数大学生的科研能力还处在培养形成之中,大学期间主要是学习专业基础理论知识,缺乏运用知识独立进行科学研究的训练。第三,撰写毕业论文受时间限制,一般学校都把毕业论文安排在最后一个学期,而实际上停课写毕业论文的时间也许会更短,在如此短的时间内写出高质量的学术论文是比较困难的。当然这并不排除少数大学生通过自己的平时积累和充分准备写出较高质量的学术论文。

4. 创建性

毕业论文本质上属于学术论文,要求在本专业范围内,对选题有自己的独到见解,力求创新,强调选题、表达的新颖性、实践性,而不是简单地重复、模仿或抄袭别人的东西。

5. 科学性

毕业论文的科学性包括:论题必须正确;论据必须正确可靠,应用的材料必须准确无误;论述必须具有逻辑严密性。毕业论文注重对客观事物作理性分析,指出其本质,提出个人的学术见解和解决某一问题的方法和意见。

（三）分类

毕业论文就其内容和研究的方法不同,可分为理论性论文、实验性论文、设计性论文。文科生一般情况下写的都是理论性论文,理工科学生可以选择的论文形式较多。第一种是解决学科中某一问题的,用自己的研究成果加以回答;第二种是对所提出的学科中某一问题,用自己的研究成果,给予部分的回答;第三种是只提出学科中某一问题,综合别人已有的结论,指明进一步探讨的方向。

（四）毕业论文的写作步骤

1. 毕业论文的选题

（1）从专业强项和兴趣出发进行选题。选择对本专业中感兴趣的研究方向,通过限制题目外延的方法,设计适合自己的论题。例如《论〈围城〉中的女性形象》。

（2）从实践中发现问题进行选题。如《浅谈小学语文教育中的审美情趣》。

（3）从前人研究中发现需进行补充或纠正的题目。如《浅析公关营销中的品牌战略》。

2. 资料收集及筛选整理

（1）资料搜集。直接调查是获取大量的第一手材料的重要途径。第一手资料反映的是现实实际情况,对认识选题的现实意义有很大帮助。

查阅可以获取二手基础资料和多方面的有用信息,如获取研究对象的研究现状,学习研究方法以及撰写论文方法。

（2）整理筛选。根据选题多搜集相关资料,然后将资料分类并分析,以形成自己的观点、提出独到的见解,储备写作。

（3）编写提纲。在对资料进行初步分析的基础上,编写提纲,明确写作方向。

编写提纲的步骤如下。

① 先拟标题。力求做到简单、具体、醒目,或揭示论点或论题。

② 用主题句子列出全文的基本论点,以明确论文中心,通领全文。

③ 合理安排论文各部分的逻辑顺序,用标题或主题句的形式列出,设计出论文的结构和框架。一般常用的有并列式、递进式或因果式,它们往往是综合运用的。

④ 将论文中的各部分逐层展开,扩展深化,设置项目,并结合收集到的材料,进一步构思层次,形成近似论文概要的详细提纲。

⑤ 将每个层次分成若干段落,写出每个段落的论点句子,并依次整理出需要参考的资料,如卡片、笔记等,标上序号,排列备用。

⑥ 检查整个论文提纲,进行必要的修改,增加、删除、调整等。

（五）毕业论文一般的格式

毕业论文如果只是为申请学位的论文答辩所用,不发表,可以以单行本形式出现,加以封面页。除封面外,毕业论文的格式还包括摘要、关键词(中英文)、目录、绪论、正文、结论、注释、参考文献、致谢等部分。

1. 封面

封面设计有题名(标题,是论文内容的高度概括,可直接揭示论点或课题的具体内容,应写得简明扼要,准确鲜明。标题不宜过长,不能超过20个字,必要时也可使用破折号,加副标题)、学校、专业(系科)、指导教师姓名和职称、作者姓名、论文提交日期等项,依次如实填写。

封面样本(如【例4-3】)。

【例4-3】

攀枝花学院本科毕业论文

(论文题目)

学生姓名：　　任××
学生学号：　　××××××××
院(系)：　　××院
年级专业：　　××××
指导教师：　　于××教授
助理指导教师：　张×× 讲师

××××年××月

2. 摘要、关键词(中英文)

摘要,也称内容提要,是论文内容的高度浓缩,应具有独立性和概括性,即不阅读论文全文,就能获得必要的信息。一般应包括研究的目的、对象、方法、内容、结论及应用范围等。

关键词,是从论文选出的最能代表论文中心内容特征的有实质意义的名词和术语,3—7 词。

3. 目录

有些毕业论文篇幅较长,文中又有若干小标题,为方便阅读,需列出目录。目录页中的每一条都是由序号或章节号、章节标题、页码组成的。编制时,目录上的章节标题的文字和正文中的相应章节标题必须完全一致,目录页码也必须和正文页码一致。

目录举例(如【例4-4】)。

【例4-4】

目 录

摘要 ··	I
ABSTRACT ··	II
绪论 ··	1
一、《穆斯林的葬礼》的主体内容 ··	2
(一)概论《穆斯林的葬礼》 ···	2
(二)《穆斯林的葬礼》的主体内容 ···	2
二、《穆斯林的葬礼》中两种爱情悲剧分析 ···	5
(一)韩子奇、梁君璧和梁冰玉三人之间的爱情悲剧 ·······················	5
1. 韩子奇、梁君璧和梁冰玉三人之间的情感纠葛 ·························	5
2. 个人性格催生的爱情悲剧 ··	6
(二)韩新月和楚雁潮的爱情悲剧 ···	7
1. 韩新月和楚雁潮的爱情 ··	7
2. 命运、宗教造就的爱情悲剧 ···	8
(三)两种爱情悲剧的差异 ···	10
三、《穆斯林的葬礼》对现当代爱情的启迪 ···	11
(一)爱情本质研究 ···	11
1. 爱情与爱的区别 ··	11
2. 爱情的本质 ···	12
(二)对待爱情的正确态度 ···	12
结论 ··	14
参考文献 ··	15
致谢 ··	16

4. 绪论

绪论也称引言或前言,简要说明研究课题的目的、意义、范围。对研究的课题,前人研究的情况、现状及发展趋势作客观的阐述,表明自己研究的依据及方法等,引出中心论点。

5. 正文

正文是论文的中心,主要是分析问题和解决问题,体现了作者学术理论水平的高低和研究成果的创造性。要求以充分有力的材料阐述观点,准确把握论文内容层次间的各种内在联系,具体表述自己的研究成果。

论文的结构层次的安排要根据研究内容来选择拟定,体现形式能更好地为内容服务。

6. 结论

结论是全文的归纳、总结部分。一般写论证得到的结果,即研究成果的结论,也可对自己或他人在这一领域的研究提出要求及发展趋势。这部分要求结论明确,文字简练。

7. 注释

注释分为尾注和脚注。论文写作中,有些问题需要在正文之外加以解释,这就是注释。注释的功用有两类,一类是补充论文的内容,一类是注明资料的出处。

8. 致谢

致谢是表示尊重他人的劳动,感谢他人的帮助。对于毕业论文而言主要是对指导教师和曾经帮助、指引过自己的师、友、同学等表示感谢。

9. 参考文献

按学术论文规定。

撰写毕业论文需注意的问题如下。

(1) 毕业论文达到一定的研究水平,可以公开发表,在专业刊物上发表时格式有所区别,有的项目可略去。如取消封面、致谢。

(2) 保留部分,即标题、作者、摘要、关键词、绪论、正文、结论、注释、参考文献等。增加作者简介。

五、一般论文写作举例(如【例 4-5】)

【例 4-5】

《满城尽带黄金甲》的情节与悲剧意识

袁学敏

(四川攀枝花学院 人文社科学院 四川攀枝花 617000)

【摘要】《满城尽带黄金甲》借用《雷雨》的情节,表现的是一幕家庭乱伦后发生的悲剧,建构了影视文学的叙事法则,"消解神圣化",引起颠覆的悲剧效果,表现出历史的厚重,突出了悲剧色彩和救赎的悲剧意识。

【关键词】《满城尽带黄金甲》 《雷雨》 悲剧 情节

作者简介:(略)

(一) 情节的借用

在文学与影视文化领域,视觉艺术把文学投向公众,图像文化改变日常生活的审美原则,在建构文学的叙事法则中,电影文学时尚化的趣味,狂欢的格调,夸张的风格,使边缘化的文学走向大众文化前台,造成时尚文化大批量复制经典文学,"消解神圣化",如美国后现代主义理论家弗·杰姆逊在北京大学演讲时所说

"在今天的社会里,社会现象及各种事物的发展速度越来越快,我们处于一个多变的时代,意识形态的主流也是不断变化,而且随着社会交流的增加,社会界限的相对减弱,一个人越来越难死守一种意识形态了。"[1]

我们对传统文学和表现艺术的要求都是创新,但《满城尽带黄金甲》对《雷雨》的情节却有重述性的复制和演绎。这是一种模仿、抄袭,还是艺术革命?

两部作品都是如亚里士多德所说的技高一筹的诗人的杰作,曹禺的《雷雨》是天才的创造,张艺谋的《满城尽带黄金甲》以其不同凡响的多重效果,非常高明的借用,成为人们谈论的话题,他们共同用同一类有震撼性、扣人心弦的情节,简练含蓄的语言,各具特色的人物和极为丰富的深层意义,造成了颠覆的悲剧效果。

……

可见,《满城尽带黄金甲》对《雷雨》的情节借用的意义,就在于他对悲剧效果的追求。

(二) 悲剧意义

作家为何要构建这样一个对象世界?他们的目的何在?我们需要思考的是这种叙事所具有的社会象征行为。它的故事消解了一切神圣化的东西,升华到一种文化的认识。

……

《满城尽带黄金甲》和《雷雨》都是诗人统帅一切并创造的世界。他们具有史诗般的恢弘,表现出历史的厚重,使神性得以再度光临人身。他们建立次序,是"避开无所不在的历史和无法改变的社会影响的情况下,一个自由王国已经存在,不管它是文本话语的微观经验的自由王国还是形形色色私人宗教的极乐和激情的自由王国,是一种绝对心理的救赎的悲剧意识。只有一种真正的历史哲学才能尊重过去社会的文化特性和根本差异。"它的形式、结构、经验和斗争,都与今天的社会和文化休戚相关。"[5]对人类来说,认识它,表现它是必要的也是痛苦的,只有诗人才能去建立它,并引导人们寻找救赎,当然这无疑是悲剧性的,对人自身的打击就在于它根本就是存在的。

……

作家通过人物的行为达到超越现象的本质思考,这是一种民族的、时代的、人类的心灵,寓言一般令人不安的命运,是每个人的深渊,是男人和女人愈挣扎愈暗沉的"深渊"故事。所以,他们也就是雪莱说的诗人,是"那些想象并表达这种不可摧毁的次序的人,他们创造了语言、音乐、舞蹈、建筑、雕塑以及绘画,他们是法律的制定者、文明社会的建立者、生活艺术的发明者。他们也是导师,对怪力乱神的彼岸只有一知半解的宗教因他的引导而走近美和真"[7]。《满城尽带黄金甲》和《雷雨》都建构了一个虚拟世界,表达了严肃的诗意,激发了人类的感性,使所有心灵都受到影响,从情感上升到哲学的交流。

参 考 文 献

[1] 杰姆逊演讲《后现代主义与文化理论》[M].唐小兵译,北京大学出版社,1997年1月版,第64页。
……
[5]《二十世纪西方文论.叙事是社会象征行为》[M].朱刚编著.北京大学出版社,2006年8月版,第126页。
……
[7] 文学批评理论:从柏拉图到现在[M].[英]拉曼·塞尔登编.刘象愚,陈永国等译.北京大学出版社,2003年10月版。

第四节　网 络 写 作

一、网络写作的内涵

随着互联网和信息技术的高速发展和广泛应用,传统的写作方式受到很大冲击,自20世纪90年代以来,"电脑写作""网络写作""在线写作""网络文学"等词相继出现,并得到迅速发展和传播,渐而蔚然成风。近年来,随着BBS、网络社区、博客、微博、微信等新媒体的相继涌现,网络写作已经逐渐成为现代人生活中不可或缺的一部分。

对网络写作的定义,目前主要有以下几种意见:一是认为凡在网上发表的作品即是网络写作;二是指以网络为载体和工具的写作方式;三是仅指网络文学。这些定义都有各自的缺陷,一是未能将网络写作与传统写作区分开来,二是对网络写作的界定模糊,三是对网络写作的理解比较局限。

网络写作首先应该与传统写作区分开来,其次还应和网上作品区别开来,后者包括将已经写好的作品贴到网上的发表方式,它不能显示网络写作的真正特征。另外,在内容上不仅包括文学写作,基于网络的基础写作和应用文写作也应该纳入网络写作的范畴。

据此,我们简单地将网络写作定义为运用网络方式而进行的写作。确切地说,是指借助因特网实现发表和传播的一种写作方式。

与网络写作比较接近的概念有电脑写作和在线写作。电脑写作主要是指人们借助电脑作为写作载体的一种写作方法,简而言之,就是指写作者使用电脑进行的写作。其写作资料可以来自于网络但不局限于网络,作品也不一定在网上发表,也可在纸质媒体上发表。这是它与网络写作最大的不同。在线写作则是指通过电脑网络工具在互联网上进行的实时写作。它充分代表了现代多媒体技术对写作方式的重大影响,明显地表现出与传统写作的不同及其对传统写作的挑战。在线写作可以看成是网络写作的一种重要方式或重要特征。

二、网络写作的特征

1. 写作的自由性

网络写作最明显的特点就是它的自由性。它不像传统写作那样依靠作品的出版发行实现传播,因而不仅摆脱了资金和物质基础的困扰,也在一定程度上避免了意识形态和出版审查制度的干涉,加上署名的虚拟性和隐秘性,使写作者的写作更加自由。

2. 思维的活跃性

传统写作因为受稿纸和书本的空间影响,必须以时空和逻辑顺序进行,属于单维的线性思维,而网络写作极大地突破了这种限制。首先,手书意识的减弱,使作者能把更多的注意力集中在思维上,使得写作比以往更接近心想手书的同步状态。其次,网络集文字、声音、图形、动画、视频等信息表现方式于一身,以更为丰富的载体将信息传递给写作者,它更具跳跃性、广延性,更容易激发写作者的灵感,活跃写作者的思维。

3. 材料的丰富性

网络无比丰富的信息资源,为写作者进行网络写作提供了方便而快捷的服务。在网络中,写作者可以随心所欲地查阅和拷贝各种各样有关的信息和资料,而不必像传统写作那样需要时间通过各种渠道采集写作素材,网络为作者提供了内容丰富、形式多样的信息资源,写作者可在文本编辑状态下,将网络资料以整合或以剪贴方式,直接插入到文章的文本中,并且可以在文本中插入传统写作所无法具备的动画、音频、视频等超文本材料,为写作者的写作提供了极大的便利。

4. 传播的快捷性

在传统写作中,一篇文章或者一部作品要进入社会大众的视野,网络要通过向报纸杂志、出版社投稿,经过严格的审核、编辑和修改后才能得以传播,这使得作品的传播速度、传播效率和传播范围都受到很大的局限。而网络写作则与之完全不同,只要写作者完成甚至部分完成文章或作品并存为文件,就可以在互联网的各大网站、网络社区、微博、空间、微信等载体上即时发表。而今一篇备受追捧的文章或作品,网络在几天之内,就能被读者点击数十万、数百万乃至数千万次,其传播的速度之快、传播范围之广,是传统写作不敢想象也无法比拟的。

5. 读写的交互性

网络作品一经发表,读者就可以即时在线写文章发表评论,提出批评、意见、建议,或仅仅表达赞同或者反对的情绪。这种及时、迅捷的互动,不仅能让写作者及时获取读者对作品的评价回馈,获取更多的信息,还会让写作者根据反馈的意见对作品进行修改和完善。这种读写的交互性,也使得在线连载这种写作方式得到更大的发挥,也更有利于写作者调整自己的写作方向、提升自己的写作水平。

网络写作除了以上五个显著的特征之外,还有其他许多特点,诸如语言方式的口语化、符号化,写作风格的通俗性、随意性,网络平台的开放性、共享性等。但是,这些特点大多还属于网络写作的一般特点,故不再一一展开论述。

三、网络写作与传统写作

网络的出现和网络写作的蔚然成风,对传统写作的影响至深至远。这些影响,对传统写作而言,既是一种挑战,也是一种促进。它既极大地提升了传统写作在材料收集、表现方式、传播反馈等方面的速度和效率,同时也明显地表现出了一些诸如过度依赖网络、材料难以内化、修改缺少痕迹等缺陷。此外,网络写作虽然在写作载体、写作工具、写作方式、写作习惯等方面对传统的写作进行了极大的改变,但它并未改变写作的主体、客体和受体,也未改变写作的本质、规律、技法、技巧和各种文体的写作规则。

1. 网络写作与传统写作的异同

网络写作在诸多方面与传统写作有极大的不同,从写作工具上来说,传统意义上的以笔、纸作为工具进行写作的方式受到彻底改变,取而代之的,是键盘输入和屏幕显示所构成的现代写作方式;从写作环境上来说,在网络写作中,网络取代实体的书本成为文本信息生成、存在和传播的重要媒介和途径;从传播途径上来说,作品也从传统的向报纸杂志、出版社邮寄投稿转变为向各大网站、社区空间等电子投稿,或者直接在各大论坛、空间、博客、微博、微信等载体上即时发布;基于以上这些差别,以及网络写作的特点,传统写作与网络写作在写作的思维方式、作品的呈现形式、传播的方式、途径以及速度和范围,以及写作者和读者间的交互性等方面都有很大的不同。

但从写作理论上而言,网络写作与传统写作又并没有太大的不同,二者的写作主体、客体和受体具有共通性,在写作的本质、规律、技法、技巧和各种文体的写作规则上,也完全一致。下面就网络写作在写作主体、写作客体、写作载体和写作受体上的特征,与传统写作的异同作简要阐述。

写作主体是写作活动的发动者,也是写作活动的策划者、执行者,是写作活动的主宰。这一点上,网络写作和传统写作并无不同。不过在传统写作中,在思想理论、知识结构、思维能力、表达能力、审美能力等方面,都对写作主体有着较高的要求。而网络时代的写作主体,其基本特征与要求都与传统写作有所不同。首先,网络写作主体主要是网络文化的消费者,他们经常上网,熟悉人们在网络上的心态和精神需求,网络写作往往以情感宣泄和精神自娱为目的,摒弃了书面写作的功利欲求,保持着淡然随意的写作心态,同时,他们的写作观念显得自由率性,书面写作的读者意识在这种写作观的影响下更加弱化。此外,由于网络写作语言风格的通俗化、随意化,表达形式的多样化、自由化,对传统的写作规范也带来了挑战甚至颠覆。

在写作客体方面,网络带给人们许多新的感受和体验,这些感受和体验是每个个体从自身的感觉出发,具有鲜明的个性化特点。在题材方面,网络写作所涉及的范围相当广泛,其中以个人情感的表达、娱乐休闲的传播、针对社会热点问题的评论短文为主要内容。在写作内容的深度上,由于网络写作的自由性和传播的便捷性,总体而言,网络写作以文学类、娱乐生活类为主,量多质次、题旨平庸,不如传统写作呈现出的深度和高度。

在写作载体方面,传统写作主要通过纸面进行传播,而网络写作则使用了包括文字图像、声音乃至动画等在内的复合符号系统,从不同层面对表述对象进行描述。文本呈现出开放多变的结构模式,表达手法更加多样化,超文本的诞生改变了纸面文本的线性结构,这也直接影响了写作主体和受体的思维模式从线性转向非线性。此外,网络的高时效性使语言使用表现出简约性、通俗化的特点,打破了传统写作对语言表达规范性的要求。

在写作受体方面,传统写作的读者主要是通过报纸杂志等纸质媒体阅读作品的人,而网络写作的读者主要是经常上网的网民。由于网上作品数量众多,但佳作相对匮乏,读者阅读速度相当快,无法进行有效选择,随机性成为网上阅读的主要特征。此外,视频、图像、声音符号要素的介入,阅读不仅仅通过视觉得以实现,而是需要调动身体的各个感官进行,消解了传统纸面阅读中的理性转换过程。另外,网络写作的交互性使读者的阅读反馈及时、有效地被写作主体获取,使其主体性大大增强,读者实现了有效参与写作主体的写作。

2. 网络写作对传统写作的影响

毋庸置疑,网络写作的大行其道给传统写作带来了巨大而深远的影响,这种影响有积极的层面,也有消极的层面。主要体现在以下三个方面。

(1) 写作方式的变革。网络写作的自由性、思维的活跃性和写作材料的丰富性极大地改变了传统的写作方式。从写作素材的采集方式,到写作材料的组织、使用,再到文章的修改、保存,以至于文章的最终传播和反馈,网络写作都比传统写作更加便利、快捷。这是积极的层面,但同时,由于这种便捷,写作主体往往沉湎于虚拟世界而忽略了读书和阅世。写作材料采集的便捷往往使得写作主体无法将这些材料内化为己所有。构思和表达的便捷往往使得写作主体的思考缺乏深度和高度,而往往只是通过对写作材料的简单拼凑而来,缺少创造性。发表和传播的便捷往往使得写作主体对于作品不够严谨和慎重。技术手段的便利导致了写作修改这一环节的缺失,即使对作品作了修改,也因为网络媒体的特点,无法显示这种修改的痕迹,不利于写作主体提升写作能力和水平。

(2) 思维模式的变革。传统写作因为受稿纸和书本的空间影响,总是以时空和逻辑为顺序的线性思维模式为主,而网络写作由于文字、声音、图形、动画、视频以及超链接等信息形式的加入,使网络写作极大地突破了这种限制,演变成一种跳跃的、非线性的思维。这种网络型的叙事思维模式以网状形式将信息传递给读者,确实极大地调动了写作主体以及受体的感官反应,更容易激发写作者的灵感,活跃写作者的思维,增加作品的可读性和可观性。但这种方式的呈现也消解了传统纸面阅读中的理性转换过程,往往使文章仅仅表现为一种感官刺激而缺少深度和高度。

(3) 语言运用方式的变革。传统写作对语言运用有着严格的规范和要求,书面语和口语在表达上的区别,各种体裁和文体对语言风格的要求,都受到严格的规范。而网络写作则完全打破了这种规范。表达的自由性、传播的便捷性使得网络写作的语言风格更加通俗化、随意化,不仅在表达方式上,在语词的构成上也对传统写作带来了极大的变革,产生了许多数字化、口语化、符号化的表达。由此而产生的新词新语更成为一种语言现象而受到广泛关注和研究。这种变革确实为写作的自由和便利带来了益处,但同时也使得语言的表达显得草率而不够严谨、随意而不够郑重。

总而言之,网络写作是一柄双刃剑,无论是在技能、技术方面,还是在思想、观念方面,都与传统写作大相径庭,而其传播速度、广度和影响力又是传统写作所不可比拟的。它不仅对传统写作带来了挑战和颠覆,也为传统写作注入了新的活力和血液。它在为写作带来便利的同时,也产生了一系列的问题。它在给写作者带来自由、便捷、全新的写作环境的同时,也带来写作主体懒于思考、作品缺乏深度高度的问题。对于网络写作的各种现象和存在的问题,应该进行深入思考和分析,在充分认识和理解的基础上予以适当的引导,使之更加规范、有效,更好地发挥其自由、便捷、开放的优势,从而使有着悠久历史传统的汉语写作在新的写作形式中能够焕发新的活力,勃发新的生机!

实　　训

1. 根据以下题材,自拟标题,分别写一则消息和事件通讯,注意二者的不同。

2014年3月8日凌晨2点40分,马来西亚航空公司称有一架载有239人的波音777-200飞机与管制中心失去联系,该飞机航班号为MH370,原定由吉隆坡飞往北京。该飞机本应于北京时间2014年3月8日6点30分抵达北京,马来西亚当地时间2014年3月8日凌晨2点40分与管制中心失去联系。马航已经启动救援和联络机制寻找该飞机。失去联络的客机上载有227名乘客(包括两名婴儿)和12名机组人员。其中有154名中国人(中国大陆153人,中国台湾1人)。

2. 2013年11月11日,攀枝花学院举行建校30周年校庆,评选了30年30人为优秀校友,请以所在学院的一位优秀校友为对象,写一篇不少于1000字的人物通讯。

3. 如果你有用网络写作的经历,结合自己的经历,在同学中做一些调查,对网络写作的过程、方法、方面进行了解和研究,思考其与传统写作的异同,写一篇关于"网络写作"的研究文章。

4. 写作一篇反映当前社会问题的报告文学。

下编

应用文写作

引 言

什么是应用文？根据国务院办公厅颁布的《国家行政机关公文处理办法》中对公文的定义，推广开来，应用文的定义如下。

应用文是国家机关、企事业单位、社会团体以及人民群众在日常工作、生产和生活中办理公私事务、传播信息、表述意愿所撰拟的实用性文体。具有实用性、程式性、强制性、针对性和条理性等特点。

应用文的使用非常广泛，几乎涉及各个领域、各个部门、各个阶层甚至每个人。在工作、学习、生活中都需要用到应用文，小到写张请假条，大到计划、总结、各类书信等。在信息社会、科技社会中，应用文使用得广泛，已经到了无所不在的程度。应用文是任何企事业单位和个人日常工作、生活中不可缺少的重要工具。正如叶圣陶所说："大学毕业生不一定能写小说诗歌，但是一定要能写工作和学习中实用的文章，而且非写得既通顺又扎实不可。"

第五章 公 文

> 学习要求

1. 系统地学习和掌握公文写作的基础知识和基本理论,提高公文写作的能力。2. 了解各种类型公文的定义、特点。3. 熟悉公文的使用范围、与相近公文之间的区分。4. 掌握公文的基本格式和写作要求。5. 在历次公务员资格考试中重点考核通知、决定、请示、意见、函等常用公文。

第一节 公文概述

一、公文的内涵及其特征

公文,全称公务文书,广义是指机关团体、企事业单位等依法成立的社会组织用来履行职能、处理公务的具有特定效力和规范体式的文书,是传达贯彻党和国家方针政策,公布法规和规章,指导、布置和商洽工作,请示和答复问题,报告、通报和交流情况等的重要工具。狭义的公文是指各级党政机关制发的公文,这类公文严格遵照中共中央办公厅、国务院办公厅于2012年4月联合印发的《党政机关公文处理工作条例》的纸张要求、排版和印制装订要求、公文格式各要素的编排规则等各类规范。鉴于党政机关的公文格式对其他社会组织也具有参照意义,因此本章介绍的公文为党政机关公文。公文具有如下特征。

(一)法定性

作者的法定性是指公文内容具有法定权威和法定效力。首先,公文的内容必须合法。公文是党政机关行使管理职能、办理具体事务的重要工具,对国家政治、经济和社会生活的各个领域都有着指导作用,是维护和发展社会主义制度、建设物质文明和精神文明的保障。各级党政机关制发的公文,都必须用来贯彻执行党和国家的有关政策,执行国家的法律和法令,丝毫不能偏离党和国家的政治目标和政策轨道。其次,公文只能由法定的作者发出。法定的作者即社会组织机关及其部门都规定了隶属关系和职权范围,其公文是这种隶属关系和职权范围的反映。再次,公文的文体和格式以及处理方式都有明确的法律规定,其他文体往往是作者依据习惯自由处理,但是公文的写作和处理必须严格依照法定规范进行。

(二) 有效性

有效性是制发机关的法定地位所赋予的特定现实效用。行政公文是由法定作者制发的,这些法定作者是由中国《宪法》和《组织法》规定的,国家授予其相关的管理职能,受到法律的保护,因此其履行职能所形成的公文内容真实可靠,现实写作公文和办理公文也就具有一定的效用。也就是说,对于作者和读者,公文具有法规给予社会组织职权所产生的制约性。制约性在不同的公文中表现出不同的情况。行政公文的命令,对于公文的接受者具有强制性。行政公文的决定,具有国家指挥性和约束力。行政公文的通知,具有规定性、指挥性和指导性等特点。

(三) 规范性

公文文体、格式具有统一的标准和要求。公文的规范格式是判断公文合法性的重要依据之一。公文只有具备了规范的格式,其权威性、严肃性才能真正地表现出来。此外公务具有公众性和同一性,对社会组织成员产生一致的认可、制约和指挥,否则社会组织就不可能运作。为了更方便、有效地让成员产生认同,公文形成了自身特有的办理程序和写作格式。中共中央办公厅和国务院办公厅对公文作了统一的规范(详见中共中央办公厅颁布的《中国共产党机关公文处理条例》和国务院颁发的《国家行政机关公文处理办法》)。对公文的种类、用途、文面以及处理程序都作了统一的规定。另外,多数常用文种在结构、用语等方面,也有着约定俗成的规定。

二、公文的类别

《党政机关公文处理条例》规定现行各类党政机关的公文种类有15种,分别是决议、决定、命令(令)、公报、公告、通告、意见、通知、通报、报告、请示、批复、议案、函、纪要。根据公文的行为对象和功能可作如下分类。

(一) 领导指导性公文

以行文关系或行文方向为标准划分,这类公文属于下行文,是上级领导机关对下属机关的一种行文。常见的有命令、决定、通知、通报、批复、会议纪要。领导指导性公文的一般特点是:公文内容对规定受文者的行为具有强制约束力,有关下级机关及有关个人必须认真遵行;公文所针对的问题带有一定的随机性,涉及特定的问题、特定的人,一般不具有普遍性;有效期一般不长,时过境迁的公文即失去执行效用;与规范性公文相比生效程序相对简约,除决定、决议等之外,只要发文机关的法定代表对公文的效用予以确认(如签发),即为有效;在效用方面,一般"溯及既往",即公文的效力所及不仅针对成文之后发生的有关事物和问题,而且包括成文之前发生的问题,受文者应根据作者要求纠正有关偏向,采取措施弥补不足。

(二) 呈报性公文

以行文关系或行文方向为标准划分,呈报性公文属于上行文。常见的有议案、请示、报告等。议案用于各级人民政府(或者法定人数的人民代表)按照法律程序向同级人民代表大会或人民代表大会常务委员会提请审议事项(党的各级领导机关不用此文种)。

请示用于向上级机关请求指示、批准。

报告,用于向上级机关汇报工作,反映情况,答复上级机关的询问。

(三) 公布性公文

公布性公文一经形成即直接公之于众,无保密要求。受文者不仅包括各种机关团体等社会组织,而且包括个人甚至主要是个人,所涉及事项性质重要且具有普遍意义或重复发生的特点。除少部分公文为重要消息只需国内或国外各方面广泛知晓外,大部分公文对有关方面的行为具有强制约束力,要求严格遵守施行。有关规范多为政策且是反复使用的,所涉及的是多数人和普遍性事务而非特定具体的人或事,有效适用期限虽不如规范性公文长,但比一般的领导指导性公文要长。公文公布形式多样,可直接张贴、广播,可在报刊上发表。常见的有公告、通告、公报。

(四) 商洽性公文

商洽性公文是平行机关之间的一种公文,实务中较少见,公文中唯一的平行文只有函。其用于不相隶属机关间商洽工作、询问和答复问题,向有关主管部门请求批准等。也体现着双方平等沟通的关系,这是其他所有的上行文和下行文所不具备的特点。即使是向有关主管部门请求批准,在双方不是隶属关系的时候,也不能使用请示和批复,只能用函,并且姿态、措辞、口气也跟请示和批复大不相同,也要体现出平等性和沟通的特点。商洽性公文对发文机关的资格要求很宽松,高层机关、基层单位、党政机关、社会团体、企事业单位,均可发函。函的内容和格式也比较灵活,所以运用得十分广泛。

(五) 兼容性公文

兼容性公文既可上行、下行又可平行。法定的兼容性公文仅意见一种。意见适用于对重要问题提出见解和处理办法。分为三种类型:一是要求下级机关贯彻执行的意见;二是要求上级机关批转或转发的意见;三是平级或不相隶属机关参考的意见。作为下行文的意见,有较强的规范性和强制性,如《关于进一步做好退耕还林还草试点工作的意见》《关于加强职工住房建设的实施意见》等。作为上行文的意见,一般由业务主管部门提出,经政府机关或上级业务主管部门批转下发贯彻执行。作为平行文的意见,是对函的补充。函一般需要回函,而意见只作为沟通情况,供参考,不需要回复。

三、公文写作应遵循的基本原则

认识到公文的本质和特点,明白了公文的功能和作用,就应当懂得公文写作者肩负的责任,从而自觉遵循相应的公文写作原则。

(一) 按领导者意图起草公文的原则

对一般的公文写作人员来说,接受起草公文的任务,大都是做"奉命文章"。因此,在起草公文前,首先要弄清领导者的意图和发文目的,明确发文的主旨和主送对象,以完整、准确地表达去体现发文机关的意图。实践中很多公文写作人员的感叹是,写公文不难,领会领导意图难。当然,做"奉命文章"并不是说公文写作人员不要进行创造性劳动,恰恰是奉命而作,才更需要公文写作人员充分发挥主观能动性。因为只有这样,才能把领导者粗略交代的意图表达完整和准确,甚至把领导者一些随意的想法表达清楚,把领导者想说而没有说清楚的话写出来。但是应当懂得,这种创造发挥,是以符合领导者意图为前提的。起草公文不是发表个人学术论文,起草者不能以个人意志代替发文机关的意图,当然也不能为了迎合领导意图编造材料。

（二）依法的原则

主要是在制发公文的程序上,一定要按规定的必经程序进行,不能借口情况特殊或某些理由不按规定办事。所起草的公文内容,一定要符合党的路线、方针、政策和国家的法律、法规以及上级机关的指示精神,并且要注意与现行的有关公文所作出的政策规定相衔接。

（三）实事求是的原则

主要是一定要按实际需要行文,要从实际情况出发来阐述思想,表达公文意图,所举事例、数据等真实可靠,所提意见和措施符合实际,切实可行。

（四）尚简无华的原则

要文风朴实,不装腔作势,不无病呻吟。要开门见山,观点明确,直述不曲。要言之有物,不讲虚话、套话、空话,也不追求华丽辞藻。要简明扼要地陈情说事,不拖泥带水。要条理清晰,结构严谨,表述准确,篇幅简短。

（五）保密的原则

由于公文与公务活动密不可分,而有些公务活动往往带有秘密性。因此负责写作这种公务活动的公文,必须遵守相应的保密规定,做到从接受写作任务到起草、到发出,直至解密前,始终守口如瓶,并处处严防泄密事件的发生。

（六）时效的原则

主要是起草公文不要拖拉,接受写作任务后,要积极努力,及时完成起草任务,并尽可能提早交到上一级负责人手中,使其有修改、斟酌的时间,以保证公文按时按质发出。起草的公文内容中,凡涉及时间要求的,应精心核对,留意是否可行,并防止前后矛盾。

四、公文的格式

公文的格式是指正式印发并运行的党政机关公文各构成要素排列标志的法定性位置及标志样式,也包括正式制发的公文书面印刷、装订的固定格式。本书所介绍的公文格式,主要是依据《党政机关公文格式》(GB/T 9704-2012),是由国家质量监督检验检疫总局、国家标准化管理委员会发布的关于党政机关公文通用的国家标准,是党政机关公文规范化的重要依据,适用于各级党政机关制发的公文。其他机关和单位的公文可以参照执行。

（一）公文的构成要素

公文一般由份号、密级和保密期限、紧急程度、发文机关标志、发文字号、签发人、标题、主送机关、正文、附件说明、发文机关署名、成文日期、印章、附注、附件、抄送机关、印发机关和印发日期、页码等组成。在一份公文中并不是所有的构成要素都应当具备,比如附件并不是所有公文都必须具备的,公文起草者应当根据客观情况准确选择,应当有的就必须有。

（二）公文的排版形式

排版形式指公文各组成要素在文件版面上的标印格式。

1. 公文用纸幅面尺寸

采用国际标准 A4 型纸,210 mm×297 mm。

公文页边与版心尺寸:公文用纸天头 37 mm,公文用纸订口 28 mm,版心尺寸 156 mm×225 mm(不含页码)。

发文机关标识上边缘至版心上边缘为 25 mm。对于上报的公文,发文机关标识上边缘至版心上边缘为 80 mm。

2. 字体字号

发文机关标识使用 2 号小标宋体字,红色标识;秘密等级、保密期限、紧急程度用 3 号黑体字;发文字号、签发人、主送机关、附注、抄送机关、印发机关、印发时间用 3 号仿宋体字;签发人姓名用 3 号楷体字;正文以 3 号仿宋体字,一般每面排 22 行,每行排 28 字,正文中如有小标题可用 3 号小标宋体字或黑体字。

3. 页码

用 4 号半角白体阿拉伯数码标识,置于版心下边缘之下一行,数码左右各放一条 4 号一字线,一字线距版心下边缘 7 mm。单页码居右空 1 字,双页码居左空 1 字。

4. 信函式公文

发文机关名称上边缘距上页边的距离为 30 mm,推荐用小标宋体字,字号由发文机关酌定;发文机关全称下 4 mm 处为一条武文线(上粗下细),距下页边 20 mm 处为一条文武线(上细下粗),两条线长均为 170 mm。每行居中排 28 个字。发文机关名称及双线均印红色。

(三)公文各要素及其排版形式

公文的各要素分为版头、主体、版记三部分。

1. 版头

置于公文首页红色反线以上的各要素统称为公文版头。版头即公文的文头部分,版头包括:公文份数序号、秘密等级和保密期限、紧急程度、发文机关标识、发文字号、签发人。

(1)份号:公文印制份数的顺序号,即将同一文稿印刷若干份时每份公文的顺序编号。涉密公文应当标注份号。如需标注份号,一般用 6 位 3 号阿拉伯数字,顶格编排在版心左上角第一行。

(2)密级和保密期限:密级分为绝密、机密和秘密;保密期限是对公文秘密等级时效规定的说明。如需标注密级和保密期限,顶格编排在版心左上角第二行;保密期限中的数字用阿拉伯数字标注。

(3)紧急程度:是对公文送达和办理的时限要求。根据紧急程度,标注"特急""加急";紧急电报分为"特提""特急""加急""平急"。如需标注紧急程度,顶格编排在版心左上角;如需同时标注份号、密级和保密期限、紧急程度,按照份号、密级和保密期限、紧急程度的顺序自上而下分行排列。

(4)发文机关标识:发文机关标识表明公文的作者,是发文机关制作公文时使用的、规范板式的文件版头,通常称"文头"。由发文机关全称或者规范化简称加"文件"

二字组成,也可以使用发文机关全称或者规范化简称。发文机关标志居中排布,上边缘至版心上边缘为35 mm,推荐使用小标宋体字,颜色为红色,以醒目、美观、庄重为原则。联合行文时,如需同时标注联署发文机关名称,一般应当将主办机关名称排列在前;如有"文件"二字,应当置于发文机关名称右侧,以联署发文机关名称为准上下居中排布。

(5) 发文字号:发文字号是发文机关按照发文顺序编排的顺序号。编排在发文机关标志下空二行位置,居中排布。年份、发文顺序号用阿拉伯数字标注,年份应标全称,用六角括号"〔〕"括入;发文顺序号不加"第"字,不编虚位(即1不编为01),在阿拉伯数字后加"号"字。上行文的发文字号居左空一字编排,与最后一个签发人姓名处在同一行。

(6) 签发人:签发人是在上报的公文中批准签发的领导人姓名。只用于上行文。由"签发人"三字加全角冒号和签发人姓名组成,居右空一字,编排在发文机关标志下空二行位置。如有多个签发人,签发人姓名按照发文机关的排列顺序从左到右、自上而下依次均匀编排,一般每行排两个姓名,回行时与上一行第一个签发人姓名对齐。

(7) 版头中的分隔线:发文字号之下4 mm处居中印一条与版心等宽的红色分隔线。红色分隔线的高度推荐使用0.35 mm—0.5 mm,具体高度可根据发文机关标志字体字号酌定。

2. 主体

置于公文首页红色反线(不含)以下至抄送机关(不含)之间的各要素统称主体。包括:标题、主送机关、正文、附件说明、成文日期、印章、附注、附件。

(1) 公文标题:即对公文主要内容准确、简要的概括。由发文机关名称、事由和文种组成。除法规名称加书名号外,一般不用标点符号。一般编排于红色分隔线下空二行位置,分一行或多行居中排布,回行时,要做到词意完整,排列对称,长短适宜,间距恰当,标题排列应当使用梯形或菱形。

(2) 主送机关:是指要求公文予以办理或答复的主要受理机关,应当使用机关全称、规范化简称或者同类型机关统称。编排于标题下空一行位置,居左顶格,回行时仍顶格,最后一个机关名称后标全角冒号。如主送机关名称过多导致公文首页不能显示正文时,应当将主送机关名称移至版记。

(3) 公文正文:公文正文表述公文的具体内容。通常分导语、主体和结束语。公文首页必须显示正文。一般编排于主送机关名称下一行,每个自然段左空二字,回行顶格。文中结构层次序数依次可以用"一、""(一)""1.""(1)"标注,一般每面排22行,每行排28个字,并撑满版心。特定情况可以作适当调整。

(4) 附件说明:公文附件的顺序号和名称。公文如有附件,在正文下空一行左空二字后标全角冒号和名称。附件如有序号使用阿拉伯数字(如"附件:1.××××"),附件名称后不加标点符号。附件名称较长需回行时,应当与上一行附件名称的首字对齐。

(5) 发文机关署名:署发文机关全称或者规范化简称。

(6) 成文时间：指公文签发的时间。署会议通过或者发文机关负责人签发的日期。联合行文时署最后签发机关负责人签发的日期。标识在正文之下，空两行右空四字。用汉字将年、月、日标全，用阿拉伯数字将年、月、日标全，年份应标全称，月、日不编虚位（即1不编为01）。

(7) 印章：公文中有发文机关署名的，应当加盖发文机关印章，并与署名机关相符。有特定发文机关标志的普发性公文和电报可以不加盖印章。联合上报的公文，由主办机关加盖印章，联合下发的公文，发文机关都应加盖印章。

单一机关制发的公文在落款处不署发文机关名称，只标识成文时间。加盖印章应上距正文2 mm—4 mm，端正、居中、下压成文时间，印章用红色。

当印章下弧无文字时，采用下套方式，即仅以下弧压在成文时间上；当印章下弧有文字时，采用中套方式，即印章中心线压在成文时间上。

当联合行文需加盖两个印章时，应将成文时间拉开，左右各空七字，主办机关印章在前，两个印章均压成文时间，印章用红色。只能采用同种加盖印章方式，以保证印章排列整齐。两印章间互不相交或相切，相距不超过3 mm。

当联合行文需加盖三个以上印章时，为防止出现空白印章，应将各发文机关名称（可用简称）排在发文时间和正文之间。主办机关印章在前，每排最多排三个印章，两端不得超出版心，最后一排如余一个或两个印章，均居中排布。印章之间互不相交或相切，在最后一排印章之下右空二字标识成文时间。

当公文排版后所剩空白处不能容下印章位置时，应采取调整行距、字距的措施加以解决，务使印章与正文同处一面，不得采取标识"此页无正文"的方法解决。

(8) 附注：是需要说明的其他事项，如公文的发放范围、使用时注意的事项、联系人及联系方式等。公文如有附注，居左空二字加圆括号标识在成文时间下一行。

(9) 附件：公文正文的说明、补充或者参考资料。附件应与公文正文一起装订，并在附件左上角第一行顶格标识"附件"，有序号时标识序号，附件的序号和名称前后标识应一致。如附件与公文正文不能一起装订，应在附件左上角第一行顶格标识公文的发文字号并在其后标识附件（或带序号）。

3. 版记

置于抄送机关以下的各要素统称为版记，包括：抄送机关、印发机关和印发日期。

(1) 抄送机关：指除主送机关外需要执行或知晓公文的其他机关。公文如有抄送，在主题词下一行，左空一字标识"抄送"，后标全角冒号，抄送机关间用逗号隔开，回行时与冒号后的抄送机关对齐，在最后一个抄送机关后标句号。

(2) 印发机关和印发时间：印发机关是印制公文主管部门，印发时间是公文的付印时间。位于抄送机关之下（无抄送机关在主题词之下）占一行位置。印发机关左空一字，印发时间右空一字。印发时间以公文付印的日期为准，用阿拉伯数字标识。

(3) 版记中的反线：版记中各要素之下均加一条反线，宽度同版心。

【例 5-1】

党政公文一览表

序号	文种名称	性质	用途
1	命令（令）	指令性法规性	适用于依照有关法律发布行政法规和规章；宣布施行重大强制性行政措施；嘉奖有关单位及人员
2	决定	决策性指挥性	适用于对重要事项或者重大行动做出安排，奖惩有关单位及人员，变更或者撤销下级机关不适当的决定事项
3	公告	告知性	适用于向国内外宣布重要事项或者法定事项
4	通告	公布性知照性	适用于公布社会各有关方面应当遵守或者周知的事项
5	通知	批示性指示性告知性	适用于批转下级机关的公文，转发上级机关和不相隶属机关的公文，传达要求下级机关办理和有关单位周知或者执行的事项，任免人员
6	通报	告知性指导性	适用于表彰先进，批评错误，传达重要精神或者情况
7	议案	法规性	适用于各级人民政府按照法律程序向同级人民代表大会或人民代表大会常务委员会提请审议事项
8	报告	呈报性	适用于向上级机关汇报工作，反映情况，答复上级机关的询问
9	请示	请示性	适用于向上级机关请求指示、批准
10	批复	批示性	适用于答复下级机关的请示事项
11	意见	指导性	适用于对重要问题提出见解和处理办法
12	函	商洽性告知性	适用于不相隶属机关之间商洽工作，询问和答复问题，请求批准和答复审批事项
13	会议纪要	告知性指导性	适用于记载、传达会议情况和议定事项

第二节 请示 报告 批复

一、请示

（一）请示的内涵

请示是下级机关向上级机关请求对某项工作、问题作出指示，对某项政策界限给予明确，对某事予以审核批准时使用的一种请求性公文，是应用写作实践中的一种常用文体。请示可分为解决某种问题的请示，请求批准某种事项的请示。具有如下特点。

1. 针对性

只有本机关单位权限范围内无法决定的重大事项，如机构设置、人事安排、重要决定、重大决策、项目安排等问题，以及在工作中遇到的新问题、新情况或克服不了的困难，才可以用请示行文。请示上级机关给予指示、决断或答复、批准。所以请示的行文具有很强的针对性。

2. 呈批性

请示是有针对性的上行文,上级机关对呈报的请示事项,无论同意与否,都必须给予明确的"批复"回文。

3. 单一性

请示应一文一事,一般只写一个主送机关,即使需要同时送其他机关,也只能用抄送形式。如果把多个事混淆在一起,不利于上级机关处理。

4. 时效性

请示是针对本单位当前工作中出现的情况和问题,求得上级机关指示、批准的公文,如能够及时发出,就会使问题得到及时解决。因此请示必须事先进行,不能"先斩后奏"。

(二) 请示的写作技巧

请示由首部、正文和落款三部分组成,其各部分的格式、内容和写法要求如下。

1. 首部

首部主要包括标题和主送机关两个项目内容。请示的标题一般有两种构成形式:一种是由发文机关名称、事由和文种构成。如《攀枝花学院关于×××的请示》;另一种是由事和文种构成,如《关于是否建立诊所式实验室的请示》。请示的主送机关是指负责受理和答复该文件的机关。每件请示只能写一个主送机关,不能多头请示。

2. 正文

正文一般由开头、主体和结语等部分组成。

开头主要交代请示的缘由。它是请示事项如何处理的前提条件,也是上级机关批复的根据。原因讲得客观、具体,理由讲得合理、充分,上级机关才好及时决断,予以有针对性的批复。

主体主要说明请求事项以及具体存在的困难、具体要求等。它是向上级机关提出的具体请求,也是陈述缘由的目的所在。这部分内容要单一,只宜请求一件事。另外请示事项要写得具体、明确、条项清楚,以便上级机关给予明确批复。

结语应另起段,习惯用语一般有"当否,请批示""妥否,请批复""以上请示,请予审批"或"以上请示当否,请指示"等。

3. 落款

落款一般包括署名和成文时间两个项目内容。标题写明发文机关的,这里可不再署名,但需加盖单位公章,成文时间×××年××月××日。

4. 请示写作中应注意的问题

在实践操作中很多人容易把请示和报告相混淆,以报告代请示,或者在报告中加入请示等,导致上级可能会产生误认,得不到及时批复,甚至无法得到批复,贻误工作。

请示的主题务必要明确单一,阐述一定要简明扼要,把过多的事情甚至不相干的事混在一起会使上级机关无法快速、便捷处理。

请示的语气一定要把握得当,要反映出对上级机关的尊重,语气要平实、恳切、以期引起上级的重视,但同时虽是上级机关,也不宜讨好求全,应不卑不亢,拿捏恰当。

二、报告

(一) 报告的内涵

报告是向上级机关汇报工作,反映情况,回复上级机关的询问时使用的公文。按要求分类,可以分为工作报告、情况报告、答复报告、报送文件或物件的报告、上述报告;按内容含量分类,可以分为综合报告和专题报告;按其报告的目的分类,可以分为呈报性报告和呈转性报告两种。具有如下特点。

1. 报告是陈述性公文

报告在汇报工作、反映情况时,所表达的内容和使用的语言都是陈述性的。本单位遵照上级的指示,做了什么工作、怎样做的这些工作、取得了哪些成绩、还存在哪些不足,必然要一一向上级陈述。反映情况时,也要把时间、地点、人物、事件、原因、结果叙述清楚,向上级机关提供准确的现实性信息。即便是提出建议的报告,也要在汇报情况的基础上,才能深入一步提出建议来。

2. 上级不作答复

报告是下级机关向上级机关汇报工作、反映情况、提出建议时使用的单方向上行文,不需要上级机关给予批复。在这方面,报告和请示有较大的不同,请示具有双向性特点,必须有批复与之相对应,报告则是单向性行文,不需要任何相对应的文件。为此要特别提请注意:类似"以上报告当否,请批示"的说法是不妥当的。

3. 一般在事情过程中间或之后撰写

在机关工作中,有"事前请示,事后报告"的说法。多数报告,都是在开展了一段时间的工作之后,或是在某种情况发生之后向上级作出的汇报。但建议报告没有明显的事后性特点,应该尽量超前一些,如果木已成舟,再提建议就没有意义了。

(二) 报告与请示的区别

1. 具体功用不同

报告是呈阅性公文,主要作用是向上级机关汇报工作、反映情况、提出建议,属于陈述性公文;而请示是呈批性公文,主要作用是向上级机关请求指示批准。

2. 内容含量不同

综合性报告大多涉及多个事项,即使是专题报告,也往往要涉及一个事项的几个方面,内容含量大、篇幅较长的报告比较多见;而请示的撰写强调一文一事,内容单一、篇幅较短的请示比较多见。

3. 行文时机不同

报告既可以写在工作开展之前,也可以写在工作进行当中或完成之后;请示必须写在事前,不能先斩后奏。

(三) 报告的写作技巧

报告的结构一般包括标题、主送机关、正文和生效标志等几个部分。

1. 标题

报告的标题多采用"事由加文种"的格式,例如《关于开展群众路线活动的报告》等。也有些报告,标题除前述的事由加文种之外,还在前加上报告单位,个别时候也会添加事由发生的时间或者标明紧急等特殊情况。如《攀枝花学院2013年本科评估自察报告》。在报告的标题中需要特别注意的是不能出现"呈报""申报""上报"等词语。

2. 主送机关

报告一定是向某个上级机关报告,因此报告的主送机关必不可少,但是报告的主送机关尽量要少,一般只送一个上级机关即可。但行政机关受双重领导的情况比较多见,只报送其中一个上级机关显然不妥,因此有时主送机关可以不止一个。报告应报送自己的直接上级机关,一般情况下不要越级行文。

3. 正文

常见的报告有工作报告,情况报告,答复询问的报告,报送文件、资料、物品的报告等。报告正文的写法一般随种类的差异而变化,但主要构成均是由"引据+主干+结束语"三个部分构成。引据主要概括说明全文的主旨,主干为正文的核心构成,为叙述报告的具体内容。结语是在报告的实践中长期形成的规范化定型化用语。

工作报告是向上级机关汇报工作开展情况的报告。引据概括工作的总体情况,由"概括+过渡句"两部分构成。如"在2013年,学院以培养应用型人才为目标,以试点行动教学法,在科学方面取得了一定成就,现将有关工作报告如下:……"主干部分写回顾与评价,具体来说,就是在工作方面采取了哪些措施,取得了哪些经验和成绩,显现出了哪些不足,有何打算,有何建设等。常用的结束语有"特此报告"等。

情况报告是用于向上级汇报工作中碰到的重大情况或特殊情况,以及接办事项的处理情况的报告。引据部分写缘起,即何时何地发生了何事件产生了何后果。如果是反映事件的来龙去脉,主干部分写:情况概述+原因分析+应对措施或意见、建议;如果是反映错误情况,主干部分则写:查(错误事实)+处(如何处分)+整(整改措施)。常用的结束语有"专此报告"等。

答复询问的报告是答复上级机关询问的报告。引据部分写报告的起因,即点明上级所询问的问题;主干部分分条写明上级机关想要知道或要求回答的问题。常用的结束语有"以上报告,如有不妥,请指正"等。

报送文件、资料、物品的报告是向上级机关报送文件或物件时随文随物而写的报告。写清楚所报送的文件、资料、物品的名称和数量,结尾用"请审阅"或"请查收"收束。

4. 落款

落款及报告的单位和时间均标注在正文的右下方。

5. 报告写作的注意事项

报告的主要作用是为上级机关了解具体情况,为上级机关的工作提供参考,因此用语应主要以叙述为主,以客观事实为根本,以便上级了解准确情况,而不是根据自身经验加以评论,实践中很多人存在以议论代叙述的错误做法。其次,对于报告的素材处理恰当与否是报告写作成功的关键。写作者应先概括素材总结出基本的规律,以明确报告的"线",然后理清各类素材之间的层次和逻辑关系,如果只是简单地罗列材料会使报告显得杂乱无章,明确主体素材和辅助素材并最终串联在一起形成"珠"。对于主要的"珠"应放在报告最显眼的位置——前面,尽显其光彩,详细论述、深入分析,对于次要材料要简略分析,对于不能反映实质问题的一般材料,应当机立断地舍去,总之要做到有点有面、有红花有绿叶。

三、批复

(一)批复的内涵

批复是用于答复下级机关请示事项的公文,是党政机关公务往来中的一种常用公务文书。根据内容、性质的不同,批复可分为两类:一类是审批性批复;一类是指示性批复。审批性批复主要是针对下级机关请示的公务事宜,经审核后所作的指示性答复。比如活动开展、经费使用、机构设置等事项的审批。指示性批复主要是针对方针、政策性问题进行答复。这一类批复,不只是对请示机关提出请示事项的答复,而且批复的指示性内容,在其管辖范围内,具有普遍的指导和规范作用。另外,授权政府职能部门发布或修改行政法规和规章的批复,也属于指示性批复。有如下特点。

1. 行文具有被动性

上级机关不能主动批复,批复的写作以下级的请示为前提。当下级机关的工作涉及方针、政策等方面的重大问题,报请上级机关审核批准时;当下级机关在工作中遇到新情况、新问题,无章可循,报请上级机关给予明确指示时;当下级机关遇到无法解决的具体困难,报请上级机关给予指导帮助时;当下级机关对现行方针政策、法规等有疑问,报请上级机关予以解答说明时;以及当下级机关因重大问题有意见分歧,报请上级机关裁决时,上级机关都应该用"批复"予以答复。

2. 内容具有针对性

它与请示是一上一下、一来一往。首先,批复只能针对请示行为,不能针对其他文种行为。其次,批复只能针对其请示的下级机关批复,因此批复的效力仅限于其请示的下级机关。再次,批复的内容必须是请示中所请示的事项,态度鲜明表明同意与否,明确、简洁地说明理由即可。

(二)批复的写作技巧

1. 标题

批复的标题一般为"发文机关+主要内容+文种"的形式。需要注意的是批复往往在标题的主要内容一项中,明确表示对请求事件的意见和态度,而一般公文标题中的主要内容部分一般只点明文件指向的主要事件或问题,多数不明确表明态度和意见。

2. 主送机关

批复的主送机关只有一个,即发出请求的下级机关。

3. 正文

这部分内容由批复依据、批复事项、执行要求三部分组成。

(1)批复依据。批复依据主要涉及对方的请求和与请求事项有关的方针政策、上级规定。对方的请求是批复最主要的论据,要完整引用请示的标题并加括号注明其请示的发文字号。必要时,可标引上级机关的文件名、文件编号和条款序号。

(2) 批复事项。针对下级机关请示所发出的指示,作出的批准决定,以及补充的有关内容皆属于批复事项。如果内容复杂,可分条表述,但必须坚持一文一批的原则,不得将若干请示合并一起用列条的方式分别给予答复。

(3) 执行要求。对要求下级执行的批复可写在结尾处,文字要简约。

(三) 批复写作的注意事项

首先,批复是针对请示作出,因此批复的内容应紧扣住请示的问题,而不能答非所问。其次,批复的内容应便于请示机关理解执行。因此不能含糊其词,更不能存在歧义,应针对请示的内容旗帜鲜明地表明态度,但同时批复不是专断的命令,上级机关的语气应平和近人,不管是同意还是驳回,都应当充分地说明理由,以便下级机关明确类似行为或者现象所涉及的方针、政策以及党的精神和相关工作的宗旨等,使其融会贯通于日常工作中。最重要的是要急下级机关之所急,忧下级机关之所忧,及时快速地回复,而不是雨后送伞。

第三节　通告　通报　通知

一、通告

(一) 通告的内涵

通告是在一定范围内公布应当遵守或者周知的事项时所应用的公文。它的使用者可以是各级各类机关,它的内容又往往涉及社会的方方面面。

1. 权威性

一般而言,公文都具有一定的权威性,但通告是各行政机关及业务部门在执行公务的过程中向社会有关方面公布应当遵守或者周知事项的文体,是代表行政机关直接面向公众公布公众应当遵守或周知事项的文体。公文一旦公布就会对受文者的行为产生强制性的影响,因此通告具有很强的权威性。

2. 宽泛性

对受众而言,告知的人们越多越好,最好是家喻户晓。其他文种并非如此,多数是在特定的范围内运行,有的甚至划定一个限制阅读的界限,机密、绝密文件的限定更是极其严格。其行文主体与公告相比较为宽泛,各级机关均可使用,人民团体(企事业单位)也可使用。值得注意的是,行政机关使用通告时多由政府的职能部门发布或者由几个职能部门联合发布。其行文客体也较为宽泛,既可以是应当遵守的,也可以是应当周知的,而且不一定是重要的事项。当然,很琐碎、细小的事项不应以通告发布。

3. 业务性

常用于水电、交通、金融、公安、税务、海关等主管业务部门工作的办理、要求或事务性事宜,内容带有专业性、事务性。

(二) 通告的写作技巧

通告是由标题、正文、署名与日期三部分组成。

1. 标题

标题的写法有四种。

（1）发文机关＋事由＋文种，如《四川省师范学院关于2014年春季直接考核招聘教师通告》。

（2）发文机关＋文种，如《工业和信息化部的通告》。

（3）事由＋文种，如《关于加强道路交通安全管理的通告》。

（4）只写文种"通告"，如果是紧急的，也可在之前加上"紧急"字样。

2. 正文

正文一般包括目的和依据，事项和规定，要求和希望等三个方面的内容。通告的结语常写明执行起始日期或以"特此通告""此告"之类的习惯语结尾。

3. 署名与日期

文末加上署名和日期。

4. 通告的写作要求

通告的写作要求是：规定明确，事项清楚，文字简练，语言一定要做到准确鲜明、庄重严肃、简洁有力。这样才有利于政府威信的树立，保障通告措施事项的贯彻执行。

二、通报

（一）通报的内涵

通报是上级机关表彰先进、批评错误、传达重要精神和告知重要情况所使用的公文。具有如下特点。

1. 告知性

通报的内容，常常是把现实生活当中一些正反面的典型或某些带倾向性的重要问题告诉人们，让人们知晓、了解。

2. 教育性

通报的目的，不仅仅是让人们知晓内容，它主要的任务是让人们知晓内容之后，从中接受先进思想的教育，或警戒错误，引起注意，接受教训。因此，通报重在叙述事实，让事实说话，寓理于事，以事明理。它要通过对社会实践中发生的正反两个方面事实的陈述，来对人们起到示范、指导、教育和警戒作用。

3. 政策性

政策性并不是通报独具的特点，其他公文也同样具有这一特点。可是，作为通报，尤其是对表扬性通报和批评性通报来说，在这方面显得特别强一些。因为通报中的决定(即处理意见)，直接涉及具体单位、个人，或事情的处理，同时，此后也会牵涉到其他单位、部门效仿执行的问题。决定正确与否，影响颇大。因此，必须讲究政策依据，体现党的政策。

（二）通报的写作技巧

通报的写法，在结构上大体是由标题、受文单位、正文、落款四部分组成。

1. 标题

通报的标题写作情况同通知、通告。

2. 受文单位

一般通报都有受文单位。少数普及性通报可以不写受文单位。

3. 正文

正文一般由四部分组成。

一是引言部分,主要是概括通报的内容、性质、作用和要求。如表扬性通报的引言是"特此通报表扬,望各单位组织学习"等。批评性通报的引言可以写:"现将通报发给你们,望从中吸取教训,引以为戒。"

二是事实部分。表扬性通报写先进事迹,批评性通报写错误事实。既要把主要事实写出来,又要写得精练概括。

三是分析处理部分。分析指出事例的教育意义。表彰性通报,要在阐述先进事迹的基础上,提炼出主要经验、意义和值得学习与发扬的精神。批评性通报要分析错误的性质、危害,产生的根源和责任,指出应吸取的主要教训等。

四是号召或要求部分。表彰性和批评性的通报,应写明组织结论与予以表彰或处理的决定,同时提出对表彰或批评对象与读者的希望、要求。为了防范和杜绝类似错误发生,批评性通报的结尾处,通常要有针对性地提出防范的措施或规定。传达性通报一般不写决定要求。

有的通报正文部分不写引言,开门见山直接叙述事实,这也是可以的。

4. 落款

写上发文机关名称及发文日期。

(三) 通报写作的注意事项

教育性是通报写作的最核心目的,因此发布通报的目的在于用典型事实对广大干部和群众进行引导、教育,既可以是正面典型,也可以是反面典型。要达到教育目的,其所依据的事实材料必须是客观真实,并且具有一定的代表性和针对性。其次,对事实材料的处理应先要在叙述事实的基础上作出进一步的分析和评价,挖掘事件或事故发生的根本原因和责任归属,据此揭示问题的实质,概括出可资借鉴的经验和应当汲取的教训。要注意触及事件的本质,向思想和灵魂深处发掘,切中要害,一针见血。否则,就起不到以典型事例指导工作的目的。在表达手法上要有所侧重。如前所述,根据通报发布方式的不同,可将其分为直述式与转述式两种类型。其中前者是以领导机关名义直接下发,后者则是对下级来文加写按语后予以批转。一个是单体行文,一个是复体行文。有鉴于此,在写作时其表达手法也就各不相同。直述式通报侧重于叙事,兼以必要的说明;而转述式通报则侧重于议论,属评价性文字。应注意这种评价性文字不是对下级来文内容的重复,而是在此基础上的提炼与升华,要起到画龙点睛的作用,以指导下级机关的行动。从这个角度讲,它是转述式通报写得是否成功的关键所在。

三、通知

(一) 通知的内涵

通知适用于发布、传达要求下级机关执行和有关单位周知或者执行的事项,批转、转发的公文,是党政机关中使用最多、使用范围最为广泛的一种文种。具有如下特点。

1. 功能的多样性

在下行文中,通知的功能是最为丰富的。它可以用来布置工作、传达指示、晓谕事项、发布规章、批转和转发文件、任免干部等,总之,下行文的主要功能,它几乎都具备。但通知在下行文中的规格,要低于命令、决议、决定、指示等文体。用它发布的规章,多是基层的,或是局部性的、非要害性的;用它布置工作、传达指示的时候,文种的级别和行文的郑重程度,明显不如决定、指示。

2. 运用的广泛性

通知的发文机关,几乎不受级别的限制。大到国家级的党政机关,小到基层的企事业单位,都可以发布通知。通知的受文对象也比较广泛。在基层工作岗位上的干部和职工,接触最多的上级公文就是通知。而且通知虽然从整体上看是下行文,但部分通知(如晓谕事项的通知)也可以发往不相隶属机关。

3. 一定的指导性

通知这一文体名称,从字面上看不显示指导的姿态,但事实上,多数通知都具有一定程度的指导性。用通知来发布规章、布置工作、传达指示、转发文件,都在实现着通知的指导功能,受文单位对通知的内容要认真学习,并在规定时间内完成通知布置的任务。个别晓谕性的通知,特别是通知作为平行文发布的时候,可以没有指导性或只有微弱的指导性。

4. 较强的时效性

通知是一种制发比较快捷、运用比较灵便的公文文种,它所办理的事项,都有比较明确的时间限制,受文机关要在规定的时间内办理完成,不得拖延。

(二) 通知的写作技巧

通知从格式上讲比较简明,由"标题+主送机关+正文+落款"四部分构成。落款和上述公文均相同,本节不再重复介绍,主要介绍标题、主送机关和正文三个部分。

1. 通知的标题

通知的标题一般由发文机关、事由和文种三部分组成,如《××市民政局关于对市级社会团体实施2013年年度检查及换发登记证书的通知》。也可采用事由和文种省略发文机关的写法,如《关于召开计划生育工作会议的通知》,这则标题省略了发文机关××厂,只在落款中才能明确是哪个单位发的通知。相比起来,采用由发文机关、事由和文种组成的完全式标题比由事由和文种组成的部分式标题,更能全面体现文章的中心,更为明确,以示庄重。切忌不可单独使用"通知"二字作为公文的标题,这不符合公文规范。

2. 主送机关

必须在正文之前独立一行顶端标出,写出受文机关、社会团体等称谓,后跟冒号,以示引领全文。主送机关的名称一般用全称,也可用规范化的简称,还可使用统称,如国务院对下级发通知,主送机关为"各省、自治区、直辖市人民政府,国务院各部委、各直属机构"。

3. 正文

通知的正文,表现在不同的通知类型中略有差异。总体形式分为三部分:通知缘由、通知事项和通知结束语三部分。通知缘由可简述形势、背景、基本情况,也可直接点明通知的根据、原因及目的,还可对通知的内容作导语式的概述。通知的事项是正文的主体和核心部分,是对通知的内容进行具体阐述,这一层次的写作必须要求明确,交代具体。通知结束语形式多样,常见的有"务实型""务虚型""套语型"。下面主要介绍发布性通知、转发(批转)性通知、会议通知和任免通知的正文写法。

(1) 发布性通知。用于发布规章的通知。一般较短小,只要写明发布内容名称、要求,而把所发布的规章作为附件处理,需选用适当的发布词语。例如《国务院关于发布〈广告管理条例〉的通知》的正文只有"现将《广告管理条例》发给你们,请遵照执行"。

(2) 转发(批转)性通知。是机关公文中最常见的一种通知类型,主要用于"批转下级机关的公文""转发上级机关和不相隶属机关的公文"(有时也用于转发上级机关领导的讲话)。一般由授权阐述、主题表达和贯彻要求三个部分构成。授权阐述如"根据××意见""××已经同意""××会议已经通过"等。主题表达通常使用"现将《××》转发(批转)给你们"的句式。这一句虽然字数不多,却是整个"转发(批转)性通知"的核心内容。与标题相对应,也要注意两点:一是书名号使用要合乎规定或范例,与标题中的用法相统一,与权威文本样式相一致;二是批转、转发两词选用要准确,是批转就是批转,是转发就是转发,不能错用、混用。批转的具体内容往往以附件形式出现。贯彻要求常见用语为"遵照执行""认真贯彻执行",具有很强的原则性,不讲特殊情况,要求受文对象无例外地"原原本本"执行。

(3) 会议通知。会议通知是上级对下级、组织对成员或平行单位之间传达召开会议的有关事项的通知。该通知的写法较灵活、较简单,要求写明发文目的、会议名称、议题、召开时间、地点、出席对象等。但一定要把有关事项交代得明确、具体,比如会议的时间和地点,必须确切到具体的时间或场所,不能笼统、宽泛。

(4) 任免通知。任免通知主要用于任免或聘任干部。它是上级机关在任免下级机关的领导人或者上级机关通知任免事项时,需要下级机关知道时发出的一种下行公文。一般由任免依据、干部职务任免和结束语三部分组成。任免依据主要包含组织决定、会议讨论通过、领导提名、会议研究等。干部职务任免是通知的核心内容,如果任免对象只有一人,处理非常简单,但现实中往往同是任免多人,这就需要注意的是任免对象排序问题,一般顺序为先任后免,排序的依据为职务的重要程度和高低,一人占一行,按职务高低依次写。

4. 通知写作的注意事项

(1) 要讲求实效,切忌滥发通知。通知的目的是要求所属机关单位贯彻执行或周知,其意在于指导和推动工作的深入开展,因此要特别注意发布的必要性,讲求实效,严禁随意滥发,严格控制发文的数量,做到量度适中。实践中,有些机关不分巨细,逢事必发通知,以致过多过滥,有损通知的严肃性,必须加以纠正。

(2) 要把握内涵,切忌越俎代庖。由于通知具有多功能的特性,因而在实践中往往备受"偏爱"。有些公文,按其内容性质及发文的目的要求本来应当用函、意见或通告,却往往被通知代替,甚至有些本来应用启事、声明之类的日常应用文也随意用通知行文,既失严肃,又有悖法规规定,应当引起高度注意。

(3) 要明确无疑,切忌含混。发布通知是为了解决实际问题并且需要贯彻执行,因此在写作时必须做到主旨明确,结构严谨,用语通畅,令人一目了然。同时,在内容上必须符合党和国家的方针政策以及上级机关的文件指示精神,还要合乎本地区、本部门的实际情况,否则就会从根本上损害通知的质量和效用。

四、通告、通报与通知的区别

(一) 适用范围不同

通告是行政机关的外部行文,通报的对象为社会公众。通报与通知往往适用于行政机关的内部行为,行文单位与收文单位之间往往具有直接的上下级关系。

(二) 作用不同

通告是行政机关和企事业单位在一定范围内公布应当遵守或周知的事项时使用的文书。通报是上级机关用以表彰先进、惩戒错误或向下属单位及有关人员传达重要情况的周知性文书。通知是公务活动中使用最多最广泛的一种公文。通知主要用于批转下级机关的公文、转发上级机关和不相隶属机关的公文、发布重要规章制度、传达告知要求下级机关办理和执行的有关事项、任免或聘用干部等方面。

(三) 发放渠道不同

通告不涉及任何秘密,制成之后往往张贴出来直接公之于众。通报和通知需按组织系统或专业系统逐层下达,有一定的保密性。

第四节　公告　决定

一、公告

(一) 公告的内涵

公告适用于向国内外宣布重要事项或者法定事项,是党和国家高级领导机关才能使用的一种公文。新华社、司法机关以及其他一些政府部门也可以根据授权使用公告,企事业单位不能使用公告这一文种,如《中华人民共和国全国人民代表大会公告》。其主要特点是知照性、权威性、广泛性。

1. 公告的特征

(1) 知照性。公告的主要内容是在一定范围内应当为公众知道的重大事项或者应当遵守的重大事宜。如公布国家领导人的出国访问、国家领导人的选举结果等或者要求遵守某些规定的公告。

(2) 权威性。公告的主体是党和国家高级领导机关,因此公告本身也就具有很强的权威性,一般的事业单位要让公众知晓相关事件只能是通知或启示。公告的内容往往受到法律法规的保护,由相应的执法机关或者业务机关负责监督执行。

(3) 广泛性。公告涉及的范围广,即可能是面向全世界、全国、国内某一地区,受众为不特定的社会公众,与发文之间不存在直接隶属关系,具有普遍性,属于泛行文。

2. 公告和通告的区别

在实践操作中很多人容易混淆公告与通告的差别,存在以通知代通告或者以通告代公告的情况。虽然公告和通告有非常多的相似之处,二者均属于泛行文,主要是采用公开张贴或报纸刊登、电台广播、电视传播的形式予以公开发布,均具有较高的权威性等,但二者也存在一定差异性。

(1)行文目的。公告以普遍告知为目的,但受众并不被强制要求遵守或执行,甚至并不被强制要求周知。通告以告知且须有关方面遵守或执行为目的,所告知的事项要求有关方面周知甚至遵守或执行,以便规范其社会行为。可见,公告体现的是国家行政机关公开政府信息的义务,以及公众了解政府信息的知情权,而通告体现的是国家行政机关行使管理职能的权力。

(2)告启范围。公告适用于面向国内或国外宣告事项,通告仅限于在发文机关所管辖区域内告知事项。前者的告知范围广,后者则相对狭小。

(3)告知事项的特性。公告所告知的事项一般以消息性为主,通告所告知的事项一般具有较强的执行力和约束力。

(4)发文机关的级别。公告的发文机关一般具有限定性,级别常常较高,一般基层行政单位无权制发公告。通告的发文机关则上可至国家最高行政机关,下可至基层行政单位。

(二)公告的写作技巧

公告的写作格式规范与格式和通告都基本相同,需要特别注意的有两点:一是公告的写作需要在标题正下方加入编号,如"××年第2号"等。公告的正文部分应开门见山,直述其事,写清什么时间、什么地点,将要进行或者已经发生什么重大事件,由谁作出重大决定。公告内容单一,篇幅不宜太长,往往篇段合一。二是写清公告依据和公告事由。结尾可加"特此公告"等惯用结尾语,也可以不添加。公告的写作要求是:规定明确,事项清楚,文字简练,语言一定要做到准确鲜明、庄重严肃、简洁有力。这样才有利于政府威信的树立,保障公告措施事项的贯彻执行。示例如下。

【例5-2】

国家安全生产监督管理总局公告

2014 年　第 4 号

根据《非煤矿山安全生产标准化评审工作管理办法》(安监总厅管一〔2011〕190号)的规定,经考评,××城××股份有限公司矿冶分公司等12个矿山(尾矿库)为非煤矿山安全生产标准化一级企业(第三批),现予公告。有效期为自公告之日起3年。

附件:非煤矿山安全生产标准化一级企业名单(第三批)

国家安全监管总局
2014 年 1 月 27 日

二、决定

(一) 决定的内涵

决定是党政军机关、社会团体、企事业单位对重要事项作出决策和部署、奖惩有关单位和人员、变更或者撤销下级机关不适当的决定事项的一种指挥性公文,属于下行文种。具有如下特征。

1. 重要性

一般来说,事关全局、政策性强、任务艰巨、执行时间较长的重要工作,如由国家行政机关发布重大行政措施、公布经会议通过的议案具体内容和权力机关处理某个具体问题时,都用决定行文。因此,决定或通过会议充分讨论,或由领导机关负责人研究商定。

2. 约束力

决定除公布实际内容外,还提出执行办法、措施、要求和号召,其内容既原则又具体,是执行者展开工作的规则和依据,它具有明显的制约性、法定的规范作用和指导作用。

(二) 决定的写作技巧

1. 标题

标题由"作出决定的机构+事由+文种"构成,也可以省去发文机关。

2. 正文

(1) 指令性决定。用于对重大行动作出安排。指令性决定的正文分为三部分:决定的依据、原因、背景;决定的事项;决定的实施要求。重点在决定的事项。

决定的依据、原因、背景:简要说明作出决定的背景、目的、根据、意义等。最后一般用"作如下决定"引出下文。

决定的事项:阐明决定事项的具体内容。决定事项可以采用分类式的写法,把决定事项从整体上分为若干大类,每一类再分为若干层次或条款。也可直接采用条款式,每一条款写一个决定事项。每个条款的写法可采用先论后说的写法,也可以直接表达。

决定的实施要求:结尾。即执行要求或提出号召。这部分作用在于加深人们对决定事项的认识、理解,提高执行决定的主动性或自觉性,增强决定的执行效力和感染力。有的决定没有结尾,事项交代完毕,全文即告结束。

(2) 知照性决定。用于表彰、处分决定和变更性决定。正文分为情况介绍、决定的事项、希望或号召。

情况介绍:交代背景情况,即作出决定的根据缘由。说明表彰或处分的主要事迹或违章事实发生的原因、经过、后果及影响,变更性决定要说明变更的原因和依据。

决定的事项:表彰或处分的要写明表彰或处分的名目、类别和等级以及奖励和处分的具体内容。变更性决定必须要明确变更的具体内容,删除什么,增加什么,变更什么等务必要表达清楚。

希望或号召:针对决定的内容,站在领导机关的角度提出要求。有些决定也可以没有希望或号召部分。

3. 签署

决定的签署有两种形式:一种采取题注式,即在标题下加括号注明什么时间、什么会议通过;一种与其他文件一样,在文尾注明成文时间,加盖公章。

4. 决定写作的注意事项

决定事项是决定的主要内容,有关机关据此贯彻执行。因此,决定事项要求具体、明确,明明白白地讲清应当如何贯彻执行。内容比较复杂的决定,事项部分要分条列项表述,把主要的、重要的放在前面,次要的放在后面。结构要合理,层次要分明,内容要合乎逻辑。

第五节　其他常用公文

一、意见

(一) 意见的内涵

意见适用于对重要问题提出见解和处理办法,是公文当中唯一的一种泛行文,即可用于上行文、下行文也可用于平行文。意见最早的时候并不是一种法定意义上的公文,但是由于实践的需要,国务院 2000 年 8 月 24 日发布、2001 年 1 月 1 日起施行的《国家行政机关公文处理办法》对原先 12 类 13 种行政公文进行了调整和改动,规定了 13 类文种,其中删除了指示,增加了意见。当时的意见,是上级机关或主管部门针对当前即将进行的主要工作和亟待解决的重大问题,提出原则性的要求和具体的处理办法,并直接发至下级机关或转发到有关部门遵照执行的一种公文。但是由于下级机关在工作中经常也会遇见一些政策规定不明,或者缺少政策规定时,这时候就需要向上级机关进行咨询,因此意见的使用范围越来越宽,并最终演变成现今的泛行文。意见具有如下特点。

1. 适用范围的广泛性

它既可以用作下行文,表明主张,作出计划,阐明工作原则、方法和要求,上级机关的意见是指导、规范下级机关的工作,具有较强的约束力;又可以用作上行文,向上级机关提出工作建议和参考意见;还可以用作平行文,就某一专门工作向平行的或者不相隶属的有关方面作出评估、鉴定和咨询。

2. 意见的最终目的是提出见解或者处理办法

见解,即对事物的认识或者看法,处理办法即处理事情或解决问题的方法。因此见解或者办法均属于意识领域范畴,意见只能通过对人的意识的桥梁作用影响到人的行为,并最终间接影响到对工作中具体问题的处理方式和结果。意见所努力的是创造一个"软"性的环境。因此如果在工作中需要解决的是具体的问题时,比如缺钱、缺物、缺人等就不能通过提意见来解决,这也是意见和请示最本质的区别。

3. 意见所涉及的内容必须是重要问题

所谓重要问题,应当是当前工作中所遇到的涉及全局性、方针政策性的重大事项和主要问题,特别是新问题。

(二) 意见的写作技巧

1. 意见的正文写作

意见的格式和请示基本相同,正文的写作是意见的核心。意见的正文大体可以分为三部分:开头、正文和结尾。

(1) 开头部分。简要阐明提出问题的缘由,或说明目的,或表明依据,或交代背景。最后一句通常是承上启下的过渡句,自然引出主体内容,常用句式有"……特提出如下意见""现就……提出如下意见"等。如:"根据教育部等七部门《关于 2011 年治理教育乱收费规范教育收费工作的实施意见》,结合北京实际,现就 2011 年进一步规范教育收费工作提出如下意见,请认真贯彻落实。"

(2) 正文部分。下行文时阐明贯彻落实某项工作或解决某个问题的意义,提出做好这项工作的目标任务、基本要求、具体措施,有的还提出实施步骤,或者建议事项、见解看法等。

行文时讲明遇到的具体问题,存在的具体困难,问题要作出全面中肯的分析,提出自己的看法和观点。然后,在分析认识的基础上,拿出切实可行的解决办法和措施。只提出问题,而对问题的分析轻描淡写、对问题的解决含糊不清,一切全凭上级去拿主意、想办法,是意见的写作所忌讳的。如果是对于上级的工作的具体看法、具体的建议等,则应论证形成这种看法,提出具体建议的原因等。平行文是写作时根据意见种类和写作目的的不同而有所侧重。这部分既要交代政策,讲明道理,又要便于操作和监督,写法上大多采用条文形式。

对于评估、鉴定和咨询意见,应先明确提出评估、鉴定和咨询结论,并对评估、鉴定和咨询结论的科学性与合理性作深入论证。

2. 意见写作的注意事项

首先,写意见不同于写请示、情况报告、周知性通知与函,这几个文种较多地在内在结构上并不要求必然首先要提出问题,随即分析问题,然后要解决问题。因为有的请示和通知,基本是"提出——解决问题"的单一内在结构形式;一些情况报告,往往是提出与分析问题,而不存在什么解决问题的内容。但意见不同,特别是下行的意见,不仅要提出问题,而且要对问题作出深刻的分析,并在分析的基础上,有针对性地提出解决问题的完整想法。也就是说,意见的内在结构必须是"提出——分析——解决"。

其次,由于意见的行文方向不同,其用语也截然不同。上行的意见,要使用下级对上级汇报见解、陈述办法的语气,如"我们考虑""我们认为""我们建议""我们要求"及"请""敬""望"等。下行的意见,则较多使用一些带有祈使语气表示肯定或带有禁止语气以示否定的指令性语气。平行的意见,要使用平等协商的语气,多用商量、谦恭的语句,以争得对方的理解与支持。

二、纪要

纪要用于记载会议主要情况和议定事项。纪要与其他公文有着明显的区别,是用来传达会议情况和议定事项的一种法定公文。

(一) 会议纪要的写作格式

会议纪要一般由标题、开头、正文、结尾四部分组成。

1. 标题

会议纪要的标题应明确具体,写法比较灵活,但不能只写"纪要"二字,常见的有以下四种写法。

(1) 由会议名称、纪要内容、文种三部分组成。如《关于审理行政案件适用法律规范问题的座谈会纪要》。

(2) 由发文单位名称、会议名称、文种组成。如《国信证券晨会纪要》。

(3) 省略纪要内容只写出会议名称加文种组成。如《教学工作三月例会纪要》。

(4) "正题+副题"的形式。正题阐述会议的主旨、意义,副题交代会议名称、文种。如《试点行动教学　培养应用型人才——××会会议纪要》。

2. 会议概况

会议概况主要介绍会议时间、地点、名称、目的、主持人、与会人员、基本议程以及会议的主要内容和主要成果等,会议的主要内容和成果一定要高度概括介绍。

3. 正文

会议纪要的正文主要有三种写法。

(1) 条项式写法。

条项式写法,就是把讨论的问题和决定的事项,分条分项写出。工作会议纪要大多都用这种写法。这种写法,条条项项井然有序,便于理解、记忆、执行。

(2) 综合式写论。

综合式写法,就是把会议内容,按性质综合为若干部分。比如学术问题研讨会纪要,一般都用这种写法,这种写法有利于从原则高度上把问题说深讲透。

(3) 摘录式写法。

就是摘录记录会议上的发言内容,按发言顺序或按内容性质归类写出。通过摘录发言的话,反映发言人的观点,使人觉得客观、真实。先写发言人的姓名,然后再记其发言。发言者的第一次发言时,在姓名后可注明单位、职务。要注意不要记全文,而是摘其要点。

4. 结尾

一些会议纪要不单独写结尾,主体部分的最后一个问题写完即结束全文。有些会议纪要要单独写一段结尾,或是写会议主持人对其他领导人的总结讲话;或是对会议作出一些基本估价,发出号召,提出希望。

(二) 纪要写作的注意事项

会议纪要写作过程中很多人喜欢照抄会议记录。但是会议记录相当于会场的录音录像,完全遵循会议自然发展流程,不区分发言重点、发言者之间发言的逻辑关系,因此其内容往往比较杂乱,不成体系。纪要者如果照搬记录,不利于相对人了解会议精神和主要目的,因此纪要者往往应以会议记录为素材,按照会议的目的区分不同发言的层次关系,明确纪要的重点和顺序,剔除无关紧要的内容,并最终形成纪要。

三、决议与决定

决议是指党的领导机关就重要事项，经会议讨论通过其决策，并要求进行贯彻执行的重要指导性公文。决定适用于对重要事项作出决策和部署、奖惩有关单位和人员、变更或者撤销下级机关不适当的决定事项。决定适用于重要事项或者重大行动作出安排，奖惩有关单位和人员，变更或者撤销下级机关不适当的决定。决议和决定同属决策性文件，就其反映的内容来说基本是相同的。但它与决定也有一定的区别。

（1）产生形式不同。决议必须产生于会议，它所要贯彻的决策事项，是会议集体讨论通过的。而决定则不然，有的也产生于会议，是会议集体讨论并按照法定程序表决的结果；有的是由领导机关直接作出的。

（2）机关主要领导或领导班子几个人研究下来的重要决策事项，以使用决定为宜；集体会议按法定程序决定下来的重要决策事项，应使用决议。

（3）内容有所差异。决议的问题一般比较抽象。凡属直接认可或否定的，履行一定法律程序的，具有原则性、号召性的重要决策事项，以用决议为妥。对那些既有原则性的要求，又有具体性的规定，特别是涉及某一重要行动安排的重要决策事项，应用决定。

（一）决议的写作

1. 标题

决议的标题有以下三种形式。

第一种由发文机关、内容概括、文种三者组成三要素标题。如《联合国安理会关于刚果局势问题的决议》。

第二种由会议名称、内容概要、文种三者组成三要素标题。如《中共十八大关于十七届中央委员会报告的决议》。

第三种由内容概要和文种组成两要素标题。如《关于〈中国共产党章程（修正案）〉的决议》。

2. 题注

通常的公文成文日期放于正文的右下方，但决议采取题注的方式，将成文日期提前，以加括号方式标注于标题正下方。一般要写明通过决议的会议名称、通过时间。决议一般不标注主送机关。

3. 正文

决议的正文，通常分为三部分。

第一，开头。决议的开头部分常见的有两种写法。一是写明会议的基本情况。如会议的召开时间、参加人员、讨论的主要内容等；二是写决议涉及事项的情况，即陈述作出决议的原因、根据、背景、目的或意义。这里要写得依据充分，内容明确。

第二，主体部分。各种不同的决议，主体部分的写法不尽相同。方针政策类决议要对有关的工作作出部署安排，提出要求、措施；审议批准类决议，要写明会议通过的决议事项；专门问题类决议，一般主体部分议论较多，或对有关文件、事项作出论断，或对有关问题、事项作出评价决定。写作主体部分要力求主旨明确，态度鲜明，分析表述清楚,政策要求切实可行。方针政策类决议和专门问题类决议,大多内容复杂,往往采用段旨句作小标题把内容分成几个部分,起到了提纲挈领的作用。

第三,结语。结语往往是紧扣决议事项有针对性地提出希望、号召。决议的正文结构,可根据内容多少,分别采用篇段合一式、多段式、总分条项式等结构形式。

4. 决议的写作要求

写好决议必须先把握住会议的宗旨,即通过了解会议的背景、形势及目的、会议要解决的基本问题以及这个问题的历史,掌握会议肯定性意见及其他看法、意见与要求,知晓会议决策方案的多种状态及其中的最佳方案,这样才能准确地将体现会议宗旨的意见集中地反映出来。决议必须明确表达会议群体的肯定与否的态度,它的肯定与否,是由法定生效人数来决定的,不能因为对某一问题有少数人持不同意见就出现"多数人认为""少数人认为"这样的写法,而应使用惯用的"决议语言"。在决议的写作中,已经形成了一些惯用语。如用"会议认为""会议指出"来表示会议形成通过的一致性意思。

(二) 决定的写作

决定的格式一般由标题、正文和落款三部分组成。但大多数决定在正文前不列主送机关,在正文后也不落款。也有少数决定有主送机关和落款,如《国务院关于加强地质工作的决定》。

标题的写作与决议相同。

正文一般包括开头、主体和结尾三部分。决定的篇幅随内容而定。

开头又称决定缘由,要写明发布决定的背景、根据、目的、意义,决定的原因不清或根据不充足,决定事项就会给人以理不直、气不壮之感。决定原因的表述方法,主要有四种:一是用"为了……",表示它与决定事项是目的关系;二是用"会议审议了……,决定……",表示它与决定事项是条件关系;三是用"根据……,决定……",表示它与决定事项是依据关系;四是采取情况加目的的写法。

主体又称决定事项,针对决定缘由提出任务、措施、方案、要求等,篇幅较长的要用小标题,使人容易抓住各层次的中心,便于理解和执行。

结尾又称执行要求,一般比较简单,多以提出希望号召或执行要求结尾。也可对决定事项内容加以补充或强调,以加深人们对决定事项的认识理解,提高执行效力。

四、函

(一) 函的内涵

函是适用于不相隶属机关之间商洽工作、询问和答复问题、请求批准和答复审批事项的公务文书。在事务中,函的使用范围非常广泛,不相隶属机关以及平行机关等均可以使用。函的使用功能非常广泛,既可以用于商洽工作,也可以询问和答复问题,甚至还可以是请求批准和答复审批事项。函既可以是主动发出,称之为"来函",也可以是被动发出,称之为"复函"。

1. 沟通性

函对于不相隶属机关之间相互接洽工作、询问和答复问题,起着沟通作用,充分显示平行文种的功能,这是其他公文所不具备的特点。

2. 灵活性

表现在两个方面:一是行文关系灵活。函是平行公文,但是它除了平行行文外,还可以向上行文或向下行文,没有其他文种那样严格的特殊行文关系的限制。二是格式灵活,除了国家高级机关的主要函必须按照公文的格式、行文要求行文外,其他的一般函,比较灵活自由,也可以按照公文的格式及行文要求办。可以有文头版,也可以没有文头版,不编发文字号,甚至可以不拟标题。

(二) 函的写作技巧

函由标题、主送机关、正文和落款四部分组成。

1. 标题

标题一般有两种形式,一种是"发文机关名称+事由+文种",如《××市地方税务局关于制定联网专用税收缴款书样式、使用说明的函》;另一种是"事由+文种",如《关于报废汽车回收拆解企业资格认证有关问题的函》。

2. 主送机关

主送机关是函所针对的机关名称。就函来说,一般是一个主送单位的情况较多,要求写明受文单位的全称或规范简称。但有时也有出现多个主送单位的情况,如国家环保总局《关于开展中东部地区生态功能区划的函》,其中涉及的主送单位就包括19个省、自治区、直辖市政府办公厅,这就要求写得明确、具体,一定要逐一点到,不可遗漏,切忌使用不明确的概括性语言。如果用笼统的概括性语言,比如写成"中东部各省市区人民政府办公厅",则会使某些省市地区在概念范围上产生疑惑,模糊不清。所以函的主送单位如果交代不清楚,让人把握不准,就会给工作带来不便,甚至造成严重后果。

3. 正文

正文是函的主体部分。正文内容一般包括缘由、事项和结语三层。写法上去函与复函略有区别。

去函正文:开头扼要交代发函的缘由,再具体讲明要办什么事,最后针对内容和要求选择恰当的结语作结。如"请函复""请同意""请批准""是否同意,请研究后及时答复我们""特此函达"等,但不能用"此致敬礼"等用于个人行为的结语,因为这是机关或组织之间的行为,不是个人行为。

复函正文:开头引述述来文,常用"××××年××月××日来函收悉"或"××××年××月××日《关于××的函》(请示×号)收悉"作引语。接下来就针对来函询问或请批复的事项具体作出答复。若答复的事项较复杂,则应分点写。同时在缘由部分的末句使用过渡语,使上下衔接紧密。最后有针对性地选用"此复""特此函复""专此函复"等结语作结。

4. 落款

(三) 函写作的注意事项

函是代表机关向外联系工作、告知商洽事情、请求支持帮助的一个文种。用语得体是函写作成功的关键。用语既要表现出对对方的诚意和尊重,如一般称对方为"贵",与对方商量事情,一定要用商量的口吻,不能强加于人,但又不能不讲分寸用一些过分的虚假的谦辞,如"否则,由此引起的一切后果,由你方承担全部责任""终生难忘"等词。写作过程中可以推断对方见函后的心理特征,采用不同的写法。比如,以答复函为例,假若属于肯定性的,开头就可以将答复的内容提出,后面再叙述其他有关事宜。这样既能使对方充分掌握函的内容,也能促进单位间的密切合作关系。假若属于否定性的开头就不宜将否定的内容提出,而是先简明、恳切地说明理由,最后表明否定态度,这样能使对方谅解,感到否定是正常的、合理的,不致产生误解和反感。

实　　训

1. 请以下列题材写一则通知。

广东省新世纪消防职业培训学校深圳培训处将于 2014 年 2 月 18 日开办 2014 年第一期消防职业技能培训班。其欲通知如有需要选送人员报名参加培训的单位于 2014 年 2 月 14 日之前到所在各区(新区)的消防监督管理大队报名或直接到广东省新世纪消防培训学校深圳培训处报名。

2. 请以背景材料,以"云南省政府"的名义代拟对杨善洲表彰的公文。

杨善洲(1927.01—2010.10),男,汉族,云南省保山市施甸县姚关镇人,1927 年 1 月生,1951 年 5 月参加工作,1952 年 11 月加入中国共产党。是中共云南省委第二届、第三届、第四届省委委员,云南省第五届、第六届人大代表,第六届省人大常委会委员,1988 年 6 月退休。2011 年 9 月 20 日,在第三届全国道德模范评选中荣获"全国敬业奉献模范"称号;2011 年度"感动中国"人物。

杨善洲同志 1951 年参加革命工作,历任施甸区、县主要领导,担任保山地委领导近 20 年,工作 37 年来,始终保持艰苦朴素的本色、廉洁奉公,全心为民,勤奋工作,为保山经济社会发展作出了突出贡献。

1988 年 6 月退休以后,他主动放弃进省城安享晚年的机会,扎根施甸县大亮山兴办林场,一干便是 22 个春秋,带领大家植树造林 5.6 万亩,林场林木覆盖率达 87% 以上。把昔日的荒山秃岭变成了今朝生机勃勃的绿色天地,使当地恶劣的自然环境得到明显改善。

不仅如此,他还带领群众修建了 18 公里的林区公路,架设了 4 公里余的输电线路,使深居大亮山的村寨农户,通电通路。

杨善洲同志于 2010 年 10 月 10 日 15 时 8 分因病医治无效,在云南省保山市人民医院逝世,享年 83 岁。

3. 请找出以下示例的内容、格式等方面的错误并加以改正。

××市人民政府文件

×政发[2013]第13号

××市政府关于××厂实现"安全生产年"的表彰通报决定

市属各企业：

  为确保企业生产和人民生命财产安全，我市××厂从各方面采取有力措施，花大力气抓各项安全生产制度的贯彻落实，并建立了安全生产各级岗位责任制，2012年实现全年无重大生产和伤亡事故，成为我市标兵企业。为此，市政府决定给予××厂通报表扬，以资鼓励。

  市政府号召全市各企业学习××厂的先进经验，结合企业实际，建立和健全安全生产岗位责任制抓好安全生产，争创标兵企业，为把我市安全生产提高到一个新水平而努力。

（印章）

二〇一三年十二月

4. 根据材料，请以"攀枝花市旅游局"的名义向"攀枝花市政府"写一份公文，希望市政府能划拨经费修建攀枝花市中心炳草岗至大黑山森林公园段三级公路。

  从攀枝花市中心炳草岗过江盘山而上58公里，途经瓜子坪、兰尖矿山和务本乡。到垭口处，举目环视，四周树木参天，这就是大黑山森林公园。

  大黑山森林公园，日照充足，天空晴明，空气清新。汽车从垭口顺着往东，一会儿工夫，便看到前面丛林之中有几幢楼房和高耸的钢塔，这是市电视转播塔。它担负着全市电视节目的转播任务，游客晚上要在这里过夜，不仅有舒适的客房，还能看到清晰的电视节目。如果你胆子大一点，还可爬上30米高的电视塔观景台，居高临下，一览群山雄姿。当然，胆小者是不会有此眼福的。

  当走到三棵松树的小山包，顺着山脊望去，是隆起的菩萨岩。它像一个昂起的龙头，与山脊相连，酷似一条长长的巨龙横卧。俯视南面，如层层梯田处是兰尖矿山。举目远望，沿金沙江两岸而建的百里钢城，依山傍水，十分雄伟壮观。回首西望，傲立群峰之首的是海拔2920米的老鹰岩，其上松林密布、郁郁葱葱。还有一块方圆数百米的草地，生长着各种各样的花草，春暖花开，姹紫嫣红，深秋季节则是黄花遍地。更为独特的是，这里生长着一种阔叶树，自然长成一个个3厘米左右直径的圆球，错落有致，十分美观。后山的箭竹林和高山杜鹃花，给大黑山森林公园平添了几分魅力，在这条山脊上，还可饱览四大景观。早观日出，晚观彩霞，雨观云海，夜观灯火。

第六章　事务文书

> **学习要求**
>
> 通过本章的学习,了解常见的文书特点,掌握各类事务文书的写作方法和格式。

第一节　事务文书概述

一、概念

事务文书是一种应用文书,是现代社会人们在工作、学习、生活中经常用到的信息交流工具。它指日常应用、运用的一些文书,是人们在日常工作、学习、生活中处理公务和个人事务时所使用的具有实用价值和惯用格式的文体。

二、特点

(一) 广泛性

广泛性是指种类多、数量大、运用广。

(二) 实用性

实用性是事务文书最大、最本质的特点。事务文书总有具体明确的实用目的,是为了解决特定的问题,对象明确。例如写信,可以是写给某一个人的,也可以是写给某一个单位的,不管是写给谁,总是由特定的原因所引起的,也总是为达到特定的目的才写的。

实用性是事务文书区别于其他文体的主要标志。

(三) 体式性

事务文书种类繁多,在长期的发展过程中逐渐形成了约定俗成的惯用、固定的写作格式。根据问题所反映的不同内容,来选用与之相适应的格式及语言形式,这构成了应用文书与其他文体相区别的主要特点。同时,要求文体简约化,语言通俗化,表述确定化。

(四) 真实性

事务文书不同于文学作品。文学的真实是艺术的真实。事务文书是为解决实际问题而写的,强调的是客观事实的真实,因而事实要确凿可信,统计数据要准确无误,有根有据。

第二节　计划　总结

一、计划

计划是人们对今后一定时期内有关生产、工作、学习等方面预先拟定目标、步骤，提出具体要求，制定相应措施的一种应用文书。

计划最明显的特点是事先性、可行性和预见性。事先性是指计划的实现是将来的事。可行性是指计划的科学性和合理性。计划不是空想，它是建立在对既定事实、客观条件和充分分析、论证基础之上的，是具有理论和现实依据的，因而也具有预见性。

（一）分类

按照不同的标准，计划可以分成不同的类别，大致有以下几种。

（1）按计划的内容分，有工作计划、学习计划、生产计划、经营计划、财务计划、销售计划、分配计划等。

（2）按计划的时间分，有长期计划、中期计划、短期计划、年度计划、季度计划、月计划、周计划等。

（3）按计划所包括的范围分，有单项计划、综合计划等。

（4）按计划的制订者分，有国家计划、部门单位计划、地区计划、个人计划等。

（5）按计划的书写形式分，有条文式计划、表格式计划。

（6）按计划的性质分，有指令性计划、指导性计划。

（二）写作内容、格式

计划的写作内容一般包括如下几个部分。

1. 标题

计划的标题一般由制订计划的单位名称、计划内容和计划名称三个要素组成。如属个人计划，标题只需包括计划内容和计划名称即可。如计划不成熟，或者还没有正式通知过，一般要在标题后用括号注明"草案""讨论稿""征求意见稿"等字样。

2. 正文

计划的正文一般包括如下几方面。

基本情况：即叙述前一阶段的工作，指明取得的成绩和存在的问题，要明确简要地反映出过去一段工作的经验教训（当然不必展开）。因为，一份切实可行的计划总是在总结过去的基础上制订出来的。当然，这一部分内容还应当包括编制计划的目的、指导思想、总结任务等，这些内容一般均要写于计划的开端。

任务要求：这是计划的中心内容，说明计划要达到的目标。任务要求要明确具体，表明要做什么。一般分条目来写，用小标题的形式来加以表现。

方法步骤：也就是具体措施，要表明怎么去做，做的分寸、程度、完成时间、要求步骤、先后次序等。

3. 结尾

署上制订计划单位的名称和制订的时间。标题上已有计划单位名称时，后面可不再署名，写上时间即可。

【例6-1】

大学生学习计划

坚信：海阔凭鱼跃，天高任鸟飞！经过高考，才感觉到自己身上的不足。为了日后能更好地在社会上立足，我要通过在大学期间的学习学到更多的本领，提高自己认识事物判断事物的能力。这是我在大学期间的主要目的和任务。

一、主要学习目标

明确学习目标，打好一定的语言基础。争取获得优良成绩，能切实在大学里学到丰富的专业知识和基础常识。增加文化素养，提升自身能力，端正学习态度，培养积极勤奋的学风。做学习计划来自我督促，自我勉励。反思自己有哪些方面做得不足，该如何改善，反思自己继续努力的方向方法，并且反思自己有哪些方面值得肯定，只有不断地反省，才能为未来的路指明方向。

二、具体安排

1. 坚持预习，坚持在上课前先预习一遍课文，在上课之前对所上的内容有所了解，能提高听课效率。并且在老师上完一章的内容后，能够主动复习。温故而知新。

2. 每天早起一个小时时间背诵英语课文。

3. 每天坚持到自习室上晚自习两个小时。

4. 对于课程知识，要多想多问，并且把其中有收获的部分记入笔记之中。

5. 每个月进行一次学习清算，反思自己这个月是否达成了学习计划，有哪些做得不足的地方，下个月要注意改进。

6. 订阅英语辅导报，自学报纸上出现的一些英语单词，并且完成报纸上的练习题。

7. 在这学期通过全国大学生英语三级考试，建筑是我的专业，我系一直都比较重视建筑的学习，抓好建筑学习对我来说也是很重要的，尤其大学英语三级考试关乎大家的毕业证书和专业证书。

8. 身为一个建筑专业的学生，具备建筑的绘图能力是非常重要的，所以应该坚持在平时多练笔。

9. 争取利用周末时间多学一门外语。

10. 培养良好的学习兴趣。俗话说：兴趣是最好的老师。我认为，关键是积极地学习、主动地学习，渐渐把自己带进书的海洋中，这样才能潜移默化地使自己爱上学习。古人说：学为立世之本，学可以立德，学可以增智，学可以致用。学习是成就事业的基础，是人生的出发点，也是人生的极致。在这世间，任何事都讲究公平。公平，人心就平，心平了就和，和谐安乐由之生焉。学习也是如此，你爱它，它也会回馈于你。

以上各项内容便是本学期的大体计划。如有不妥请老师同学指正。

陈××

××××年××月××日

计划还可以采用表格式，就是用表格来表达计划内容。表内栏目通常包括任务、执行部门、完成时间、具体措施等方面内容。适用于时间较短、内容较单一的具体计划。

【例6-2】

××公司第三季度工作计划

制订单位		项　目	有效期限	备　注
计划事项	1	内容：	责任者	
		目标：	完成时限	
		措施：	奖惩办法	
	2	内容：	责任者	
		目标：	完成时限	
		措施：	奖惩办法	
部门负责人承诺				

（三）注意事项

制订计划应注意以下几个问题。

1. 要服从全局

计划中提出的目标、任务、措施，都要符合党和国家的方针、政策，要正确处理好整体与局部、长远与目前的关系。这是制订计划的一条重要原则。只有这样，才能保证计划的实施。

2. 从实际出发

要根据客观实际的需要与可能来制订计划。计划的内容既要全面，又要有重点。拟定的具体目标、措施，既要充分反映群众的积极性、创造性，又要慎重稳妥，量力而行，留有余地。计划所提出的指标，应该是经过努力所能达到的。要做到工作积极性与科学态度相结合。

3. 要贯彻群众路线

制订计划要发动群众充分讨论，这样既可以集思广益，使计划更加完善可靠，又可以调动群众的积极性，保证计划的完成和超额完成。

4. 定期、及时检查和修订

计划是事先制订的，带有预测性质。但客观事物又是错综复杂的，而且是不断发展变化的。因此，要使计划符合实际，就必须在检查计划执行情况的同时，根据实际情况来检查计划的制订情况，如发现问题，就应该及时地予以修订。

二、总结

总结作为一种回顾与思索的手段，是人类在社会实践中认识世界必不可少的形式，是一种使用比较广泛的事务文书。总结是对做了一个阶段的工作或完成了一项任务之后，进行回顾、检查和研究，找出经验、教训，并把它条理化、系统化，得出一些规律性认识的书面材料。

（一）特点

总结的特点，表现为以下几个方面。

1. 目的性

总结是人们对前一段工作实践的回顾。总结的目的是为了将来，为了更好地去认识世界，解释世界，寻找规律，从而能动地去改造世界。不论是经验还是教训，都有利于指导实践，成为改造自然和社会的一面镜子。

2. 实践性

客观规律是通过"实践—认识—再实践—再认识"获取的，只有发挥主观能动性，投身工作实践，不断总结，才会求得规律。所以说总结是实践本质的反映。总结来自实践，它的观点是从实践活动中抽象出来的认识和规律。

3. 业务性

总结一般是本单位、本部门、本系统的人所共同关心的问题，它的业务性、技术性比较强，否则就"空"了。但务虚和务实必须结合，要有明确的指导思想和确实的材料。当然也要集中群众的智慧，讲求群众性。

4. 理论性

写总结虽然要以事实为基础，但还需提到理论的高度，不仅要说"是什么"，还要阐明"为什么"和"怎么办"。要在分析中总结出一些新鲜、独到而又具有指导意义的东西。

总结的种类很多，按分类方法的不同，可分为不同的类别。

（1）按内容可分为综合性总结和专题性总结。

（2）按时限可分为全过程总结和阶段性总结。

（3）按时间可分为年度总结、季度总结、月份总结、阶段总结。

（4）按功用可分为汇报工作总结和侧重推广经验的总结。

（5）按范围可分为单位总结和个人总结。

（二）写作内容、格式

总结由于内容、对象、作者身份不同，有各式各样的写法，一般应包括以下内容。

1. 标题

总结的标题通常有三种写法：第一种是直书其事，写明是什么总结，包括单位、时间、事由、文种，如《××市2013年度工作总结》。第二种是概括总结的内容，展示前景，如《××厂是怎样扭亏为盈的》。第三种是用一个生动形象的正标题，然后加一个副标题标明，如《系列开发，脱贫致富——××地区工业经济开发的启示》。

2. 前言

前言也叫导语，即总结的开头部分。它应开门见山地用很简短的文字，高度概括地交代工作的政策依据，主客观条件，总结的范围和目的，对工作的总评价等，起到开宗明义的作用。

3. 正文

正文是总结的主要部分，应特别重视，着力写好，因为它是总结成败和优劣的关键所在。这部分一般要求写出以下内容。

（1）基本情况。包括三个方面，一是在什么情况下，二是原计划做什么，三是实际怎么做的。这段文字以交代清楚为目的，不宜过长。

（2）成绩和缺点。这部分讲工作的成效。一是要务实，有多少成绩就写多少，有什么缺点就写什么缺点，要有事实，有数据，掌握好分寸尺度，不可过分。二是要概括几条线索，把主要成绩串起来，注意详略得当。

（3）经验和教训。这是改造客观世界过程中主观方面的收获，要虚实结合。首先要说出道理，总结出一些带规律性的东西，对工作实践分析概括。其次要从实际工作出发来总结，做到虚实结合。

（4）设想和安排。这部分是指今后工作的努力方向，在总结经验教训的基础上针对工作中的实际问题，提出改进措施和今后的打算，或说明工作趋势，提出新目标。这部分也可从主体中抽出来，列为结尾部分。行文要简洁、有力、自然。

4. 落款

总结的正文之后，要署上单位名称，标明时间。如题目中已有单位名称，或题目下方已署名，则只写年、月、日即可。

（三）写作要求

（1）要调查研究，充分占有材料。

（2）要一分为二，坚持实事求是。

（3）要注意分析，揭示其规律性。

（4）要结构严谨，语言准确生动。

三、计划和总结的区别与联系

（一）计划和总结的区别

1. 时间上

计划在工作开展之前，总结在工作开展之后。

2. 要求上

计划回答"做什么""怎么做""做到什么样"的问题，总结回答"做了些什么""做得怎么样"的问题。

3. 表达上

计划重说明，总结重议论。

4. 重点上

计划的重点摆在未来要实现的目标上，总结的重点摆在成功的经验和失败的教训上。

计划和总结的相同点，目的都是帮助人们认识客观规律，以便认识世界，改造世界，办好一切事情。它们之间相互制约，相互依赖，相互促进，不断提高。

（二）计划和总结的联系

计划与总结的联系：总结是前一阶段计划执行情况的检查、评价以及规律性认识，也是制订下一阶段计划的依据。

四、例文分析

【例6-3】

××厂2013年青工文化补课工作总结

我厂应该参加文化补课的青壮年职工有130人,去年年底普测合格有39人,还有91人需要继续补课。为了切实抓好青工文化补课这项工作,我厂于今年一月办起文化补习班。下面谈谈我们的初步做法和今后的打算。

中央单位《关于切实搞好青壮年职工文化技术补课工作的联合通知》下达以后,厂党支部十分重视。支部书记及时召开支部会,研究这项工作。大家认为,我厂接近婚龄的女青年较多,如果不在近期内抓紧完成补课任务,将来困难会更大。因此,党支部决定在厂里开办高中文化补习班,并把这项工作交给工会和团支部具体抓。

会后,厂里成立了由工会主席、团支部书记和一名工人代表组成的"补课领导小组",着手筹备办理。我们遇到的最大困难是一无教室,二无教师。面对重重困难,我们决定向临近的一所中学求援。在该所中学领导的帮助下,我们从他们那里聘请了三位教师,并租借了教室。这样,我们根据学员文化程度的具体情况,编成了两个快班,一个慢班,利用每星期一、星期三两个晚上和星期六一个下午来上课。

为了保证教学质量,必须加强教学管理。我们制定了"学员守则""考勤制度"等必要的规章制度,并且各班配备了正副班长,负责考勤和收发作业。制定了制度就要严格执行。有一段时间各班出勤率、作业完成率普遍不高。我们根据群众意见,规定无故旷课一次,扣发月奖金10分(我厂月奖金采用百分制评分法);两次不完成作业扣5分。这件事对学员震动很大,出勤率、作业完成率都有所提高。

但是,光有这些还不够,还应该积极采取措施,帮助职工解决学习和生活中的具体困难,为他们解除后顾之忧。例如,我厂有不少有小孩子的女职工,因小孩拖累不能按时上课,工会就腾出一间房子,领导亲自动手,粉刷墙壁,购置了炊具、小床,办起了临时托儿所,解除了她们的后顾之忧。又有制度,又有措施,职工学习积极性大大提高,学员出勤率、作业完成率一直保持在90%以上。

在青工文化补课方面,我们取得了一些成绩,但也存在不少问题。目前,两个快班已经结业,对于考试及格的,我们将举办大专补习班,让他们继续学习提高。对于考试不及格的,我们打算把他们插入慢班继续补课,待明年六月份再参加考试,争取明年全部完成补课任务。

2013年12月

分析：

这是一篇专题总结，主要存在以下问题。

1. 内容缺乏归纳，条理层次紊乱

总结的开头部分以介绍基本情况为主。这篇总结的第一自然段是开头部分，内容基本符合开头的要求，但安排得十分混乱，且有所遗漏。上级下达的《关于切实搞好青壮年职工文化技术补课工作的联合通知》是开展这项专题工作的前提，应该作为主要依据放在基本情况介绍的开端，而本文却安排到主体中去了。本厂青壮年职工的有关情况，如共有多少适龄青工，其中有多少人普测合格，还有多少人需要进行补课等，要紧接着进行介绍，然后用过渡句转入主体部分。

主体的结构安排更加混乱。从内容上看，这个厂在青工文化补课方面所做的工作还是很多的，也有不少成绩。归纳梳理之后，应有如下四条经验。

一是领导班子重视。

二是因陋就简办学。

三是建立了切实有效的教学管理制度。

四是解决职工学习的后顾之忧。

如果按照这四条经验为脉络组织材料，文章会显得层次分明井然有序，可惜的是，有关材料被随意地堆砌在一起，逻辑混乱，没有层次、脉络可言。

2. 遗漏重要内容

文中说："在青工文化补课方面，我们取得了一些成绩，但也存在不少问题。"存在什么问题？总结中没有说。最后一段提到"两个快班已经结业"，将学员按程度不同分为快慢班，这是很好的办学措施，前文却根本没有提到。另外，应该将办班后参加考试的成绩写清楚，例如有多少人及格，多少人仍不及格，从中可以看到成绩和不足。由于缺少这些必要的内容，工作的最终成绩就不清楚，随后的今后工作打算也缺乏针对性。

3. 语言词不达意

这篇总结的语言问题较多。如第一自然段最后一句"下面谈谈我们的初步做法和今后打算"，"初步做法"的说法不确，"今后打算"也不应该在这里强调，因为总结的重心是成绩、做法和经验，不是今后打算。再如"中央单位"的说法，一是欠明确，二是措辞不当，将国家级领导机关或权力部门说成"单位"不合适。"厂党支部十分重视，支部书记及时召开支部会，研究了这项工作"，短短二十余字仅"支部"二字就出现了三次，不精练。第五自然段的"学员出勤率、作业完成率一直保持在90%以上"，跟前面"有一段时间学员的出勤率、作业完成率普遍不高"的说法相矛盾。

第三节　简报　规章

一、简报

（一）简报的含义

1. 含义

简报是党政机关、企事业单位、社会团体编发的汇报工作、反映问题、交流经验、沟通情况的一种简明扼要、带有一定新闻性质的内部文书。它是国家机关、企事业单位广泛使用的内部小报。

简报是仅限于内部使用,"情况反应""情况交流""内部参考""简讯""动态"等,都属于简报一类。

2. 简报的作用

(1) 使用的范围广泛。

(2) 它可以下情上报、上情下达,平级单位相互转发,交流经验,因此被人们誉为公务信息文书中的"轻骑兵"。

(二) 简报的特点

1. 真实性

真实性是简报的生命线。简报的内容真实,不容虚构和臆想。哪怕其中一个数字、一个细节也要求准确求实。如果材料不真实,就失去了存在的价值。

2. 新异性

富有新意,是指制发者总把目光投向新鲜事物、新的经验和新的动向,并及时反映出来,让人思考、借鉴、警戒等。新异是简报的生命力。

3. 及时性

及时性与快捷性,指反应迅速及时,强调时效性。简报发挥作用的大小与它传递信息的快慢成正比。一个"快"字,发挥尽快传递的功能,因为情况上传下达后,经验可以尽快交流,问题会尽快解决,不致造成损失。一个快捷传递,就可使被动变成主动。

4. 简明性

简报是公务活动中的"轻骑兵",就因为它要言不烦,好在一个"简练"上。如果不"简",拖泥带水,就会影响效益,也失掉了简报的本质特征。文字拉长,时效性降低,传递减慢,影响了新异性,甚至成了"旧闻"。当然,一份简报文字简练到什么程度主要视其内容而定,原则是要求把情况汇报清楚、明白,而不是草率、敷衍。

(三) 简报的分类

简报种类尚无一个统一的说法。按内容、性质去命名,有会议简报、信访简报、专题简报、综合简报、情况汇报等。

一般分类,可分为工作简报、动态简报、会议简报三类。

1. 工作简报

工作简报是机关、团体、企事业单位用来反映工作进展情况的简报,有定期和不定期两种。有时介绍和推广经验、工作方法,有时用来反映工作中出现的问题。如《学校2013年招生简报》《×市政协八届二次会议筹备工作简报》等。

2. 动态简报

动态简报是机关、企事业单位、团体用来及时、简明地反映在各种形势下的各种思想动态及新近发生的重大事情、新出现的情况和问题的动态下简报。如反映学生对社会调查工作的态度、认识、准备等各种情况的《×班参加社会调查前的准备工作》。

3. 会议简报

会议简报是机关、团体、单位用来反映重要会议进展情况的简报,时间性很强。

其内容一般包括:会议准备、内容、进行状况及会议所取得的成绩等。它是会议主办单位在会议期间编写的,以会议结束为止。

(四) 简报的基本格式及其写法

简报一般由报头、报核(正文)、报尾三个部分组成。格式见【例6-4】。

【例6-4】

```
┌─────────────────────────────────────────────────┐
│  密级(有的有)                              编号   │
│                   ××简报                        │
│                   (第×期)                       │
│  ××编印                         ××××年××月××日 │
├─────────────────────────────────────────────────┤
│  按 语                                           │
│                    标 题                         │
│  正 文 ×××  ×××  ×××                             │
│                                      (××供稿)   │
├─────────────────────────────────────────────────┤
│  报:×××                                         │
│  送:×××                              共印××份   │
└─────────────────────────────────────────────────┘
```

1. 报头

在第一页上方,简报名称用大号字写,多数套红;简报名称下方写上期数;在报头左下方,写上编发单位;在报头右上方注明印数的编号,每份一号。在报头左上方注明密级(如"绝密""机密""秘密"等);在报头左下方与编发单位平行处,写上印发日期(年、月、日)。

2. 报核

报核的上方有一条线和报头分开,报核主要包括标题和正文。

标题:在间隔线下居中位置。一般写成一行,也有正副双标题的。标题应简洁、醒目,准确无误地概括简报的内容。有的在题目前写有"按语"(编者的话),是编者观点的体现。按语是简报编者对所编材料附加的说明、提示、评论。

(1) 说明式按语,主要是向阅读者简要介绍背景,交代编发此材料的原因、目的或推荐有关材料。

(2) 提示式按语,主要是向阅读者提示内容的重点要点,并加以必要的强调。

(3) 评论式按语,主要是对简报的看法、评价。或强调指导意义、作用;或指出不足或值得注意的倾向性问题,以引起重视。

总之,按语必须符合原文基本精神,能站在一定高度认识评价,言简意赅,新鲜中肯,语气要委婉。

正文部分,根据内容而定,形式多样,常见的如下。

(1) 总文条分式。先概述情况、背景、主要内容后,再分条写出所做的工作,取得的成绩、经验,反映的意见或存在的问题等。

(2) 分列小标题式。将简报材料分成几个部分来写,各部分列一个小标题,小标题应概括各部分内容。这种写法适用于内容复杂、涉及面广的简报。如会议简报一般采用此法。

(3) 新闻报道式。新闻报道式即采用新闻导语、主体、背景、结尾的格式来安排材料。反映重大事件、重要活动情况的简报多用此法。这种写法应交代清楚时间、地点、事件、人物、原因及结果。

(4) 集锦动态式。集锦动态式简报是围绕一个中心,选取不同的典型材料(事件、情况、问题、动态)分别写成几则"情况""动态",从不同侧面表现同一中心。

另外,还有转发式、数据、图表分析式简报。

注意:(1) 简报正文要力求材料典型、具体、充分,观点明确,层次清楚,言之有据;(2) 正文右下方写明作者或供稿者。

3. 报尾

它位于简报最后一页,上方有一条间隔线与正文分开。它包括发送范围和印发份数。

二、规章

在中国,法规性公文(或称规范性公文)是仅次于法律的文件,具有非常强的约束力,而且也是使用非常广泛的文种。它包括党政机关、社会团体、企业事业单位所制定的有关行政管理、生产操作、科技活动、日常行为、学习和生活等各方面的条例、规定、办法、章程、细则、守则、准则等活动规范。

(一) 法规性公文的性质

(1) 具有政策性、权威性。是有关部门根据党和国家的方针、政策、法律、法令和法规制定的。

(2) 具有法规性、强制性。是一定范围内的组织和人员必须遵守的具体规范,一旦获准通过并正式实施,就必须严格遵照执行,没有商量的余地。如有违反或拒不执行,就要受到相应的处分和处罚。

(3) 具有严肃性、稳定性。在制定前深入调查研究,广泛听取意见。制定过程中反复修改,做到符合实际,切实可行。法规性公文一经制定,就要保持相对的稳定性,一般情况下,不能随意改动或废除。

(二) 法规性公文的特点

(1) 公文生效程序更为严格和规范,特别是在审批手续和正式公布程序方面非常严格。

在审批上需要多次、多机构、多人讨论和审查,并且以会议的形式确认。

(2) 在效用方面,均为实行不溯既往和后法推翻前法原则。

即公文效力所及只针对正式成文之后发生的有关事物;新公文形成之后,与其规定不一致的旧公文即行废止,以新公文为准。

(3) 公文内容是作者单方面意志的表示,其规范作用的成立与实现不以对方是否同意为前提条件,具有极强的强制约束力。

(4) 公文所针对的问题是反复多次适用,涉及多数人(而非少数人的)一般的普遍性的问题。而且内容非常具体,包括涉及对象的范围、提出的标准或要求、措施或办法等方面的规定,可以说是具体实在而又不存在理解上的问题。

(5) 语言无懈可击,遣词造句都有一定格式,具有比一般公文更加准确、简洁、规范、通俗的特点。就是说,它的每一词句、每一章节、每一条款,都有其肯定的属性,有明确的含义,有固定的质的规定性,使人们对内容只能有一种理解,而不会有其他理解。应该怎样做,不应该怎样做,一目了然,是非界限分明,不存在含糊不清、模棱两可的情况,也没有灵活和伸缩的余地。

(6) 法规性公文在文体上一律用说明文,即不管作出哪一方面的规范,都只需要把规定的条款一一说清楚就可以了,而不需要去申述规定的理由,或节外生枝进行评论,更不需要写明作出规定的过程。正因为法规性公文的这些特点,就要求在写作时对其主题的确定、用词造句的选择、结构的构思、格式的掌握、文辞的修改等方面有严格的把握。

(三) 法规性公文的结构

法规性公文在结构方式上,不管是条例、规定、办法,还是章程、细则、规则,几乎都是条款式结构,这是法规性公文所具有的突出的严密性在结构方式上的具体体现。

具体说,法规性公文结构如下。

(1) 从法规性公文总体结构上看,一般包括:文件标题、发布或通过或批准的时间、内容的章节、正文几个部分。

规章制度的标题本身就表明了行文的事由和文种,在特殊情况下也直接在标题上标明文件的作者。

日期标注在标题下面,并用括号括住。

文件标题由事由、文种两部分构成,最常见的格式是×××处理办法,×××规定,×××暂行条例、×××守则,文种紧跟在事由后面。

在一些特殊情况下,在标题事由前面要有关于、对等介词,在事由后面加试行、暂行、补充等予以限制。

发布或者通过、批准的时间,一般标注在文件的标题之下,并用圆括号括住。

(2) 法规性公文的正文结构一般包括:制定文件的目的、依据、范围、有关定义、主管部门、具体规范、奖惩办法、实施日期、实施程序和方式、有关说明等。

制定目的说明文件作者的动机和所要实现的结果,处在文件正文之首。

依据即制定文件的前提和根据,是为了明确文件的客观现实性和标明文件的权威性所在。

适用范围是对文件有效范围的规定,即对一定的时间、空间和事物、人物的有效约束力。

有关定义是对文件本身中实际需要而使用或新创设的有关名词术语含义的规定,以防止人们不好理解或误解及多种理解。

主管部门是指对文件的执行或监督执行负责的机构或组织,是为了具体落实文件内容。

具体规范是文件的主体内容,规定有关团体组织和个人的作为和不作为。

奖惩办法是对有关奖励与惩罚的具体方式、程序、措施的规定。

实施日期是对文件正式实施时间的规定,有的是文件发布之日起就实施生效,有的是规定在其他时间开始实施,或规定以另外一种法规性公文的实施时间为准,或者再另外规定本文件的实施日期。

实施程序和方式是对实施的过程、责任归属、制定具体实施办法的权利责任归属、根据原则、步骤方法的规定等。

有关说明是对该文件与其他文件的关系的规定,如对附件、数量的规定等。

(四)法规性公文的写作要求

1. 维护文件的高度一致性

(1)无论文件的内容还是形式决不与其他法律、法令、法规和规章以及党的方针政策和上级机关、同级机关有关文件的规定相抵触;不与自己制发的并且有执行效用的其他文件的规定相矛盾;文件的上下文之间决不自相矛盾。

(2)以法定的指挥权、命令权为后盾制发文件,决不越权,决不在法定职权范围之外发号施令。

(3)运用语言过程中,应保持文中表达同一概念的词语从词形到词义前后一致,必要时还应保持对相同类型事物和概念表达时所使用的句式大致相同。

2. 维护文件的高度严密性

(1)务必使文件的结构严谨周密,完整齐全。

(2)务必使语言表达周严。

(3)约束的对象及程度范围要明;有关职责、权利、义务的规定要清,时限要准。

(4)各项要求要有切实可行的检查衡量指标,语气要坚决肯定,不留商量的余地。

(5)避免使用一般、或许、大概等表意不确切的词语去作判断(特别是界定是与非,确认程度和范围)。

(6)表示范围时不用"等"字表达未尽事项。

(7)尽量不用暂拟、打算等词语修饰的意图和要求。

(8)使用表示祈使的严禁、禁止、不得、不准、必须、应当等词语时,应认真辨析其轻重,根据表意的需要正确选用。

3. 维护文件的条理性

(1)务必使文件层次分明、分类准确、主题突出。

（2）在表达时，应注意保持各部分内容的系统性与连贯性，要科学设置类项，使同类事项集中，不割裂事项间最密切的逻辑联系与时间联系，避免出现脱节现象。

（3）应避免文题不符和离题现象，与本题无关的内容一律不得插入。

（4）项目的排列应有合理的次序，既要注意遵从习惯和惯例，更要注意根据具体情况确定排序的依据。

4. 维护文件的简明性

简明性是指文件语言简约不繁而又明确周详的特点。这就要求：

（1）要正确运用表达方式，一般以说明为主，不讲理由，不作议论分析。

（2）要尽可能使用简洁精确又高度概括、无漏洞且经得起时间和其他环境条件变化的词句。

（3）要尽量少用生僻术语，不用令人费解的词语，以便于理解和减少再作解释的必要。

（4）要使文件主题高度明确。

5. 维护文件的稳定性

（1）在撰写前作充分的调查研究，充分发扬民主，广泛听取各有关方面的意见和反映，要反复核查，实事求是地确认。

（2）在写作过程中，要准确把握各种界限，力争使各种提法准确而概括，经得起一定时间的考验，对无碍大局的环境条件变化有一定的适应性，应避免在一切方面、一切问题上均规定过死，过于绝对化。

6. 维护文件的连续性

文件的连续性，指对同一行为加以约束和规范的文件之间有着必要的继承关系。

要维护这样一种连续性应注意在撰写新文件的过程中，广泛收集、查阅有关文件，认真分析对照，如确需以新规定取代既有规定时，应在文中明确对有关文件的废止。

7. 注意不同文种的法规性公文写作的特殊要求

尽管法规性公文基本上都是说明文，但具体到不同的文种还是有一定差别的，章程、条例、规定比起办法、细则、规则来，与国家有关部门的政策、法律、法令的联系就更紧密一些，更具有严肃性、强制性、原则性和法规性，因而在写作上更强调以政策、法律、法规为依据，保证其法定的权威性。

而办法、细则、规则规定的内容更具体一些，是对某一情况或问题所作的专门规定，所规范的对象也更集中，使用的范围要广泛得多，上自国务院，下至车间、学校班小组，都可以制发办法、准则等文件，格式也灵活、自由一些。

（五）几种主要法规性公文的写作要求

1. 条例

（1）条例的性质。

条例是由领导机关制定或批准，涉及政治、经济、文化、军事等各个领域的某些具体事项的，比较全面系统的，长期执行的法规性公文，是行政法规的主要形式。

条例具有法规性,是党和国家政策的具体化,是对某一政策、法律、法令的补充说明或辅助性规定,是实施和执行某一政策、法律、法令,调整国家生活某方面准则的一种重要辅助手段。

一般由国家的重要会议通过,由国家权力机关颁布。其适用范围内的每个成员必须用它约束自己的行为。

(2) 条例的特点。

① 严格的约束力。

作为规章制度性质的文件,条例所规定的某些事项和某些规章制度,是根据党和国家的路线、方针、政策制定的,各级组织和个人应该遵守什么、禁止什么、违反了怎样处置等,都有明确的规定,有非常强的约束力。

② 鲜明的权威性。

这主要表现在条例制发机关的高层和权威性。

按照《中国共产党机关公文处理条例》和《党内法规条例》规定,党内法规条例的制发机关必须是党的中央组织。

根据国务院办公厅发布的《行政法规制定程序暂行条例》的规定,国务院各部门和地方各级人民政府制定的规章制度不得称条例。

当然,企事业机关、团体等更不得用条例。

只有国家最高权力机关或行政机关及受这些机关委派的组织才有权制定条例。

(3) 条例的结构与写作方法。

① 标题。

一般有两种写法:

一是由发文部门、事项、文种三部分组成,如《国务院学位工作条例》。

二是由发文事由和文种两部分组成,如《社会团体登记管理条例》。

在标题下面以括号形式注明在什么时间、什么会议上通过。

② 正文。

其基本格式有两种:一是分章列条式,二是分条并列式。

分章列条式是将其全部内容按问题的不同而分章,章下列条款,每一章拟一标题。

第一章为总则,说明制发本条例的目的、意义和总的要求。

以下各章是分则,条款从总则部分开始按一、二、三顺序排列下去,规定本条例的基本事项。

最后一章是附则,说明本条例的制发权、解释权的归属、适用对象和生效日期等,即施行说明。

分条并列式:这种格式在形式上不分章,其内容的安排顺序和前一种方式一样。

一般来说,条例内容相对单纯、层次内容不复杂的,宜采用后者。

分章列条式如下。

【例6-5】

中国共产党基层组织选举工作暂行条例

(1992年)

第一章 总则

第一条 为健全党的民主集中制,完善党内选举制度,根据《中国共产党章程》,制定本条例。

第二条 本条例所称的党的基层组织,是指工厂、商店、学校、机关、街道、合作社、农场、乡、镇、村和其他基层单位党的委员会、总支部委员会、支部委员会,包括基层委员会经批准设立的纪律检查委员会。

……

第五章 监督和处分

……

第三十条 本条例由上级党的委员会和纪律检查委员会负责监督实施。

……

第六章 附则

……

第三十二条 选举单位应根据本条例制定选举工作细则,经党员大会或党员代表大会讨论通过后执行。

……

(4)条例撰写的注意事项。

一是制发的合法性,要依据党规国法和自身的法定权限。

二是执行的政策性,不仅要写明准许什么、不准许什么,还要写明违反的处理规定。

三是解释的单一性,概念明确,不允许有不同的解释。

2. 规定

(1)规定的性质和特点。

规定是对特定范围内的工作和事务制定带有约束性措施的应用文体。

规定是带有法规性的应用文体,党和国家权力机关、行政机关以及社会团体、企业都可依据法律政策和工作权限在特定范围制定。

它规范有关人员的行为,具有强制性,没有特殊人物可以不受约束,执行中亦不能打折扣。

它的内容比较具体,形式比较灵活,适用范围广泛。

规定与条例相比:

规定的制发机关比较宽泛,不仅中央机关能用,而且党的各部门、各省、自治区、直辖市党委都可以制定规定文种。

国务院的各部门和地方人民政府也都可以使用规定下发规范性文件。

(2) 规定的格式与写法。

① 标题。规定的标题有两种写法：

一是由机关名称、主要内容和规定组成的，如《××市关于禁止赌博的规定》。

二是由事由加文种组成，如《广播电视广告收入管理暂行规定》。

如果该规定还存在有废、修、改可能的，作为临时性的，在规定文种前要加上暂行。

② 正文。正文常见的有两种：

一是由开头、主体和结语组成。开头写制定本规定的缘由，并以"特制定如下规定""特作如下规定"承上启下。主体部分写规定的具体内容，一般分条行文。结语部分写实施说明、适用范围、执行日期、解释权等。

二是条目式。即整个规定从头到尾都以条目反映，但也应有层次，内容是完整的，包括制定规定的缘由、规定的具体内容和施行说明。

也有分章列条式。如《广播电视广告收入管理暂行规定》。

以下正文采用的是条目法。

【例6-6】

《互联网站从事登载新闻业务管理暂行规定》

（国务院新闻办公室、信息产业部2000年11月6日发布）

第一条　为了促进中国互联网新闻传播事业的发展，规范互联网站登载新闻的业务，维护互联网新闻的真实性、准确性、合法性，制定本规定。

第二条　……

第三条　……

(3) 规定的写作要求。

第一，规定必须与法律、政策、法规相一致，其内容必须完善，具有相对稳定性和可操作性。具体说，规定必须对某一方面的社会行为提供标准和方向，带有普遍性、明确性和可操作性。

第二，要有规有定。规是原则性规范要求，定是具体约束措施。原则在前，具体约束在后，虚实结合。安排顺序是先主后次，或按内容的内在联系分类排列。

第三，规定必须使用规范的语言，主要运用肯定语气行文。

3. 办法

(1) 办法的性质。

对某项工作或某项活动作出具体安排或提出具体措施的规范性公文叫办法。

办法的适用范围比较广泛，和条例、规定相比，办法往往用于具体事务，甚至是比较细小琐碎的事情，而条例、规定多用于某些重大问题、重要事项。

（2）办法的写法。

我们日常看到的《办法》，其结构一般由标题、发文单位与时间、正文组成。

【例6-7】

国家行政机关公文处理办法

（国务院2000年8月24日发布）

  第一章 总则

  第一条 ……

① 标题。标题一般有两种写法：

一是发文机关、事由加文种组成。如《国家计划委员会关于废钢铁回收管理暂行办法》。

二是事由加文种组成。如《国家行政机关公文处理办法》。

事由加文种使用得比较多。

如果是短期的或者是临时性的，还在办法之前加暂行，或在办法之后的括号内加试行。

有的还要在办法之前加实施二字。

发布的单位和时间，一般放标题之下，注明由何单位于什么时间发布，并用括号括上。

有的放在文末。放在标题之下的，一般是国家行政机关所制定的比较重要的办法。

② 正文。正文结构有三种形式：

第一，前言（序言）要说明制定的依据、目的、意义和作用等。主体写具体的措施、办法。这部分的内容要从主到次，从直接方面到间接方面排列，一般分条列目行文。结语要写明要求、希望，有的办法无结语。

第二，总则、分则、附则式。总则和分则写法基本同前一种前言（序言）和主体的写法一样，而附则一般要写明办法的实施意见，包括解释权、实施日期等。

第三，条目式。这种写法既无前言、结尾，也不分总则、分则、附则，而是从开头到结尾用"条"通下来，一贯到底。

（3）办法的写作要求。

第一，办法必须具体、明确，政策界限要清，技术性问题要求明确，数据确凿，切忌含糊、抽象。

第二，办法的内容在符合国家法律、政策、法规的前提下，可根据当地某一方面的具体情况在原则内变通，语言上常把"应（该）"与"可（以）"两个词结合使用。从而体现办法的原则性与灵活性。

第三，在撰写时，有些办法政策性很强，不是本单位有权决定的，或者虽有权决定，但又觉得把握性不大,就要及时向上级或有关业务领导部门请示。

注意:条例、规定、办法的适用范围

在实际工作中,条例用于国务院和全国人民代表大会及其常委会的立法实践,用来比较全面系统地调查某一方面的基本制度或关系国计民生的问题,一经制定即具有一定的稳定性。

条例属于自主的行政管理法规,它可以创造新的规则,而不仅仅为补充其他法律、法规而制定,也不是为直接执行有关法律、法规而制定。

条例在党的机关可作为党内规章的名称,用于规定某些规程和准则。

规定与办法既可作为行政法规、行政规章、地方性法规的名称,也可作为机关、团体、事业单位和其他社会组织内部规章制度的名称,其应用范围比较广泛。

规定与办法既可为自主的法规性公文,也可以为执行的法规性公文。同时,还可为补充性的法规性公文。

规定与办法的不同点在于:

规定比办法更概括一些,所针对的事物的规模大一些,更具普遍性,除了可作为自主的法规性公文外,更适合于作补充的法规性公文。

办法内容更为具体和精细,更适合于执行的法规性公文。

4. 章程

(1) 章程的性质和作用。

章程的性质:

章程是规定政党、团体、企事业单位的性质、宗旨、任务、机构、成员及活动原则等的法规性文件。

国家行政机关及职能部门一般不用这一文种。

章程与一般行政法规不同,它不是以行政名义发布的,虽有一定的约束力,但没有行政的强制性。

章程的作用:

① 准绳作用。章程是以文字形式将某一组织的性质、宗旨、任务、成员、活动等有关问题明确地给予界定,是该组织活动的准绳。

② 号召和宣传作用。章程对某一组织宗旨、任务等都作出明确的阐述,组织内的人员通过阅读章程,对其详细了解后,就会自觉地遵守章程的规定;章程由于宗旨明晰,某一组织可以用这个组织的章程动员和组织该组织成员为本组织服务。

(2) 章程的格式和写法。

章程的格式,一般有标题和正文两个部分。

① 标题。

章程的标题,是组织名称加章程二字,如《中国共产党章程》。

标题下一般要注明通过的时间和会议。

② 正文。

大体有两种写法:

一是总纲分章式,或者总则、分则、附则式。

总则部分开宗明义地阐述该组织的性质、地位、奋斗目标、指导思想、现阶段总任务、工作重点、基本要求、主要政策思想及活动范围等纲领性内容。

总则里面可分为若干条。

分则部分分条阐明该组织成员的权利和义务、组织原则、经费来源以及全国组织和地方组织的制度等。

条款多的章程可以按内容分成若干章节，各用小标题挈领。

附则部分是用来说明章程通过的程序、未尽事宜的处理办法、生效日期以及修改权和解释权等。

也有一些章程没有附则。

二是条目式。

常用于比较简单的章程，它的写法是按条目顺序排列下去，不再分章、分项、分款。

撰写章程应注意的问题：

第一，写作时要做到严谨、周密和规范。由于章程具有纲领性和稳定性的特点，要求写作者在下笔时谨慎行事，不可乱用词语。对于一些尚把握不准的提法和难以阐明的定义，不要勉强写入，以免造成歧义。

第二，由于章程具有一定约束力的特点，所以写作时行文中关键词的界定一定要以党和国家的大政方针为依据，切不可写入与法律条文相悖的字句。

第三，章程的用语要贴切、恰当、准确、简明，对于一些容易产生误解的词要严禁使用。

【例 6-8】

中国××工业企业管理协会章程

（中国××工业企业管理协会理事会××××年××月××日通过）

第一章　总则
第一条　……
第四章　附则

三、几种主要法规性公文的写作要求

（一）细则

1. 细则的性质和特点

细则的性质：

细则是根据上级制发单位的公文，结合本地区或本部门的实际情况，制定详细的实施或补充、说明性的文种。

尤其是党中央和国务院机关发的面向全国的有关规章制度，要求各地、各领域在贯彻实施时，根据本地区、本部门的实际情况再制定细则，报有关部门备案。

细则的特点：

一是具有非常强的规范性，因为细则都是对原则性比较强的法规文件的说明，是用于可操作、具体实施的规范，要求准确、规范。

二是具有一定的辅助和补充性。一般而言，细则都是对比较广泛、笼统、原则性比较强的上级机关文件的附加说明，是对上级机关文件的解读和细密化。

三是具有针对性。制定细则都是有来头的，就是说，它是根据上级机关的有关规定和办法来制定的，而不是随便就给本单位制定什么细则。

从类型上看，细则分全面型的、局部型的、地方型的。

全面型的就是对上级机关下发的全部条文作出全面的实施说明。

局部型的就是对涉及与本部门、本地区有关的部分内容作出详细说明。

地方型的就是地方政府或部门结合本地区实际情况对中央下发的公文作出适合本地区的实施细则。

2. 细则的撰写方法

（1）开头。

在细则的开头，都要交代制定本细则的依据是什么，是根据什么文件或文件的哪一个条文制定的。或者说是根据什么文件的什么原则和精神制定的，这必须在开篇就讲清楚。

（2）正文。

正文一般采用条目式写法，其排列顺序应该和被说明的公文层次排列顺序相结合。

因为细则的主要任务是对主体公文的补充、解读和说明，关键要把握一个细字，要明确、细致、具体，便于理解和执行，不能只是部分地重复上级机关的公文内容或仅解释其字面意思。

但是，细并不意味着对上级机关公文的每一条都具体化，对每一句每一字都不厌其烦地解释，要根据实用、准确、方便的原则，该繁的繁，该简约的一定要简约。

（3）结尾。

细则的结尾部分与一般公文差不多，主要交代清楚生效时间就可以了。

有的还要说明在本细则生效时，同时废止有关的其他文件。

（二）守则和准则

1. 守则和准则的性质

守则和准则是国家机关、社会团体和企事业单位为了维护公共利益和劳动生产纪律而制定，并要求所属成员共同遵守的公约性规定。

准则是组织机构、党派团体为制约成员言论、行动而规定的一些原则条文。

守则和准则是根据各项方针政策、法律、法令和本部门、本单位的具体情况，在群众认识和觉悟的基础上，为能进行自我的约束而制定的，对生产、生活、工作、学习起一定的推动和督促作用。

守则和准则都具有如下特点。

（1）准确性。在遣词造句上比较讲究，提倡什么，反对什么，一清二楚，容不得模棱两可，含糊不清。

（2）针对性。即根据党和国家的大政方针，根据本部门、本地区、本系统的实际问题，有的放矢，忌笼头虚套。

（3）概括性。守则和准则一般都是文字比较少，内容简约，用词概括，不要求太具体、太烦琐。

（4）可行性。制定守则和准则的目的是为了实施，是与实施对象的工作性质、文化水平、综合素质相一致的，一定要具有可行性。

2. 守则和准则的格式与写法

守则和准则的格式和写法相同，由三部分组成。

（1）标题通常由适用对象加守则或准则组成。

（2）正文要分条陈述，注意内容的先后顺序和内在逻辑联系，可先写总的要求，再写具体要求。

（3）签署制定机关或发布机关的名称及日期，位置有的放在正文末右下角，有的放在标题和正文中间。

第四节 调查报告

一、调查报告的内涵与种类

（一）调查报告的含义

没有调查，就没有发言权。

在现实生活、工作与学习中，调查报告具有十分重要的作用且运用非常广泛，既可作为领导决策的依据，也可用来总结经验、树立先进典型、推广新生事物，还可用来揭露工作中存在的问题或揭示某一事件的真相。鉴于此，我们可以将其界定为：调查报告是根据某种特定需要，有计划地对人物、事件或问题进行深入细致的调查后，对调查的材料加以系统地整理、分析，揭示出本质，寻找出规律，总结出经验或分清是非，从而写出的书面报告。它是一种重要而常用的应用文体。正因为如此，撰写调查报告的能力，常被认为是从事相关工作的一项基本能力，并从中考察一个人的综合素质，包括观察能力、理解能力、分析能力、归纳概括能力、表达能力、论证能力、解决实际问题能力以及对社会的认识能力等。

（二）调查报告的种类

调查报告运用得十分广泛，形式多种多样，很难有统一的分类。在政府行政机关工作中，常用的主要是两种：综合调查报告和专题调查报告。如果从更细一些的层面进行分类，大体可分为十种：（1）基本情况调查；（2）经验性调查；（3）问题调查；（4）揭露性调查；（5）述评性调查；（6）情况简报式调查；（7）情况反映式调查；（8）史实性调查；（9）调查汇报；（10）调查后记和调查附记。

政府行政机关工作中的两种常用类型如下。

1. 综合调查报告

综合调查报告是围绕一个中心问题，从多方面进行普遍调查，对取得的材料进行分析研究，综合整理，从而写出的某一部门或某一涉及面很广的重大事项在某一时期内的总体情况的调查报告。

如毛泽东的《湖南农民运动考察报告》一文,便是一篇综合调查报告的典范。该报告是毛泽东为了答复当时党内党外对于农民革命斗争的责难而写的。为此,他于1927年1月4日至2月5日,历时32天,先后考察了湖南省境内的湘潭、湘乡、衡山、醴陵、长沙5个县的农民运动,写成了近两万字的报告。这是对社会情况的调查,反映的内容比较广泛全面,因而篇幅较长,内容较具体,叙述事实详尽,对正确制定党的方针政策具有重大意义。其内容主要包括四个方面:一是充分估计了农民在中国民主革命中的伟大作用;二是明确指出了在农村建立革命政权和农民武装的必要性;三是科学分析了农民的各个阶层;四是着重宣传了放手发动群众、组织群众、依靠群众的革命思想。总之,在报告中,他提出了解决中国民主革命的中心问题——农民问题的理论和政策。

2. 专题调查报告

专题调查报告是对一项工作、一个典型事件、一项业务或问题作系统的调查研究后所写的调查报告。

【例6-9】
关于企业财务问题的调查报告(提纲)
导　语

一、调查的内容及结果
二、调查结果的分析
(一) 随着经济的迅猛发展,投资主体呈现多元化态势
(二) 财务人员、办税人员素质参差不齐
(三) 税务部门管理不到位
(四) 现行法律法规对纳税人未按规定建账的处罚较轻
(五) 现行财税法规对财务不健全缺少切实的、有效的、统一的界定方法
三、加强管理的思考
(一) 加强税法宣传
(二) 强化办税人员的培训管理
(三) 严把认定关
(四) 减少责任区人员"不务正业"的时间
(五) 加大评税、稽查力度

结　语

总之,切实加强中小企业纳税人会计核算与账册管理已迫在眉睫,但谁也不能指望一夜之间能有多大的变化,要有一个循序渐进的过程,为分三步走:

第一步是"全",就是要求纳税人设置全总账、出纳、保管岗位,设置全相应账册。

第二步是"实",就是要求纳税人如实、全面记账。

第三步是"规范",就是要求纳税人按照法律、法规的规定进行记账。在做好以上工作,经过这三个步骤后,中小企业纳税人财务状况一定会有质的变化。

二、调查报告的特点

调查报告不仅要介绍事物发展的全过程,而且要对事件进行本质的分析与评价,从中总结经验教训并探索其规律。故调查报告必须选取具有典型意义的对象进行调查,可调查历史或者现状,从而为实际工作服务。调查报告的表达方式常用叙述与议论相结合,既摆事实又讲道理,间或抒情;惯用第三人称进行叙述。其主要特点表现在五个方面。

(一)写实性

调查报告是在占有大量历史和现实资料的基础上,用夹叙夹议的语言方式实事求是地反映某一客观事物。因此,充分了解实情和全面掌握真实可靠的素材是写好调查报告的前提。

(二)针对性

调查报告一般有比较明确的意向,相关的调查取证都是针对和围绕某一综合性或是专题性问题展开的。所以,调查报告反映的问题集中而有深度。

(三)逻辑性

调查报告离不开确凿的事实,但又不是材料的机械堆砌,而是对核实无误的数据和事实进行严密的逻辑论证,探明事物发展变化的原因,预测事物发展变化的趋势,提示本质性和规律性的东西,得出科学的结论。

(四)社会性

调查报告作为时代的镜子,从各个不同侧面客观地反映社会情况和问题,具有明显的社会功能。调查报告所总结的典型经验,对社会各方面具有指导意义;调查报告所揭露的问题,对社会各方面具有警戒作用;调查报告作为一种社会舆论,社会事实的发言人,能够比较客观地反映人民的愿望,能鼓舞人们克服前进道路上的各种困难去争取胜利。

(五)典型性

调查报告具有典型性,典型事物最能反映一般事物的本质与规律,是为了解决某个问题,总结某项经验,研究事物的发展趋势而写作的,因此需要恰当地选择典型,探索事物的发展规律,寻求解决矛盾的办法。

三、调查报告的结构

调查报告没有固定的写法格式,主要根据调查的目的要求,调查的事实材料和所表现的主旨来确定。一般而言,调查报告的结构通常由标题、署名、前言、主体、结尾和附件六部分组成。

(一)标题

标题即调查报告的题目,是画龙点睛之笔,据报告内容来定。调查报告的标题一方面应当要从其内容和作用的需要出发,准确揭示调查报告的主题思想,做到题文相符,揭示主旨;另一方面应当高度概括,显出新颖、明朗、简洁,具有较强的吸引力,起到画龙点睛的作用。

一般有四种写法。

1. 文章式标题

直接揭示调查报告的内容和研究范围,如前文所举毛泽东的《湖南农民运动考察报告》,再如《××民营企业发展状况调查》《××市加强农贸市场管理》等。这类标题采用一般文章标题的写法,概括了调查报告的基本内容,十分简明。

2. 公文式标题

一般由"事由+文种"组成,如《关于××市大力发展畜牧业的调查报告》《关于××市拓宽财源渠道构建经济强市的调查与思考》《关于我市下岗失业人员小额贷款担保工作情况的调查》等。这类标题采用类似公文标题的写法,运用介词"关于",构成"关于……的调查报告",标明了调查对象和主要事由。

3. 正副式标题

以正标题概括调查报告的主题思想或主要内容,将调查的事项、范围及对象作副标题。如《以学习促提高,为建设××市经济强市献计献策——××市财政局认真组织干部职工开展调研报告写作学习活动》《更新财源观念,拓宽财税渠道——对××财税所的调查》等。都采用了正副标题的写法。正标题揭示调查报告的思想意义,副标题标明调查的事项、对象和范围。这类标题将调查报告的主旨和内容相统一,有助于把握调查报告的主旨。

4. 提问式标题

就是通过设问来引起读者的注意,如《为何公款吃喝之风屡禁不止》《中学生早恋的现象说明了什么》等。一般而言,总结某项工作经验或揭露某个问题,可以采用此类标题。

(二)署名

署名就是写明作者或报告人的职务、姓名以及时间等。

根据需要,可以将署名置于标题之下、正文之前(要求居中);也可以放在正文之后(要求偏右)。一般是上行写上职务和姓名,下行标明日期。

(三)前言

前言也称之为导言、引言、概要或开头,类似新闻报道的导语,但较之更详细。此部分主要写调查报告的概况,简要地叙述问题的提出。主要包括四个方面内容。

(1)调查的目的。可简要说明调查的原因和背景,即说明为什么对某个问题(或工作、事件、人物等)进行调查。

(2)调查的对象和调查内容。包括调查时间、地点、对象、范围、经过、要点及所要解答的问题。

(3)介绍调查研究的方法。这有助于受众确信调查结果的可靠性,并说明选用该方法的原因。

(4)调查后的结论。综合调查报告可以只指出调查范围,专题调查报告则要比较详细地介绍调查对象的自然状况,尤其是所调查的情况。从而使受众对调查对象有一个基本了解。

总之,前言部分要紧扣主题,做到简练概括。

【例6-10】
高校周边网吧调查报告

中国互联网络信息中心(CNNIC)第十五次调查结果显示,截止到××××年12月31日,中国网民(注:专指中国平均每周使用互联网至少1小时的中国公民)为9400万人,其中18—24岁的年轻人所占比例最高,占35.3%,达3318万人;在用户的职业分布中,学生所占比例最高占32.4%,达3045万人;在以收入为参照的网民中,月收入在500元以下(包括无收入)的所占比例最高,占28.0%,达2632万人。目前,中国大学生大多在18—22岁之间,总规模为2000万人左右。作为网络技术和市场经济相结合的产物,网吧已经成为提供上网服务的重要场所。中国互联网络信息中心第十五次调查结果显示,24.5%用户选择在网吧上网。据以上数据并参照其他高校大学生上网情况调查,我们可以得出这样一个结论:大学生是当前网民之中的最大群体,且为网吧的主要服务对象。**(此段系资料背景)**

为了解网吧对高校大学生的影响,为网吧管理部门、网吧经营者、高校、家庭及广大大学生们提供建议,本课题组于××××年3月通过实地调查、个案调查、访问、座谈、问卷调查等形式对某高校周边所有网吧进行了调查。调查结果显示:高校周边网吧数量多、密度大、规模大、上座率高,服务多样、价格低廉,顾客以大学生为主,但网吧的学习功能没有充分发挥,大学生沉溺于游戏之中,并存在违规经营现象和安全隐患。课题组建议:政府、网吧管理部门、网吧经营者、家庭、大学生、高校应共同努力推动网吧的健康发展和大学生的全面发展。**(此段是本调查报告的前言)**

(四)主体

(1)主体是调查报告的基本内容,是全文的核心部分。一般而言,主要包括4个层面的内容。

① 叙述事实。详细叙述事实的真相和过程。

② 研究分析。详细介绍调查研究的基本情况、做法、经验。

③ 得出结论。写出认识、观点和基本结论。

④ 提出建议。提出解决问题的建议。

主体部分内容的安排要做到先后有序、主次分明、详略得当、重点突出、逻辑严密、层层深入。

(2)表达方式以叙事与议论相结合,夹叙夹议。

(3)常用的结构方式一般有三种:纵式结构、横式结构、纵横结合式结构。

① 纵式结构。以时间为序,或以事物发展过程为序,或以事物因果关系为序,或按照认识的逻辑顺序来组织材料,说明和分析问题,得出结论。其特点是直线性或递进式行文,先摆材料,后析原因,再作结论;优点是行文清晰,衔接自然,便于使受众弄清事情发展的来龙去脉,有助于对事物进行全面深入的了解。一般适用于内容比较简单、集中的调查报告。

② 横式结构。按照事物内在联系,从几个不同侧面或角度说明问题。分条列项有序地横列,每个方面为一部分,还可编上序码或加上小标题。并列的项目可以分别是各种情况、各项工作、各类看法等。其特点是并列式行文,从不同角度和侧面说明问题;优点是观点明确,分析全面,条理清楚,重点突出,便于了解作者的观念。一般适用于涉及面广、内容层次丰富、问题比较复杂的调查报告。

③ 纵横结合式结构。即将纵式和横式两种结构形式交叉综合使用。一般是先交代事件发生的原因及发展过程,接着进行分析归纳,总结事物的基本性质和特点。在叙述事物发生发展过程时采用纵式结构;在说明经验教训或收获体会时采用横式结构。其特点是形式比较复杂,兼有纵式、横式的优点,即把两种结构形式有机结合,既把事件的发展过程清楚地介绍出来,又按层次分方面去议论,增加了报告的深度和广度。适用于涉及面广、容量较大、事件线索较为复杂的调查报告。

(五) 结语

结语是调查报告的结尾。结尾不是调查报告的必备部分,有的调查报告没有明显的结尾部分,随着正文的结束,全文也就结束了。

结语一般有三种形式:

(1) 概括全文。综合说明调查报告的主要观点,深化文章的主题。

(2) 形成结论。在对真实资料进行深入细致的科学分析的基础上,得出报告结论。

(3) 提出看法和建议。通过分析,形成对事物的看法,在此基础上,提出建议或可行性方案。也有的调查报告将结论性意见写在前言或主体中,而不写在结尾部分。

如《湖南农民运动考察报告》,这篇调查报告采用的是横式结构,将全文划分为八节,第一节"农民问题的严重性"是开头,简要地介绍了调查对象的基本情况,提出了调查的主要问题、结论和作者的观点。做到开宗明义、主题显露,这是全文的"纲"。最末一段文字,结尾,对十四件大事进行总结,明确提出:"请读者们想一想,哪一件不好?"然后肯定地加以结论:"说这些事不好的,我想,只有土豪劣绅们吧!"同时,引用"叶公好龙"作比喻,揭露蒋介石等的假革命的嘴脸,显然这不是一个可有可无的结尾,而是总括收束,画龙点睛,又是一呼一应、一张一弛、一放一收,善始善终。

(六) 附件

附件是对正文报告的补充或更详尽的说明,包括数据汇总表及原始资料、背景材料和必要的工作技术报告。附件应标明其名称及件数。

四、调查报告的写作要求

(一) 在政策上突出"先进"二字,确保材料的方向性

(1) 要紧紧把握党的方针政策和理论。调查报告是反映执行党的方针政策的情况和问题的,必须用党的方针政策、有关的理论知识去观察问题、分析问题。因而,调查报告的撰写者必须认真学习马列主义,特别是要钻研、熟悉与调查题目有关的党的方针政策和有关理论,提高思想水平与政策水平,提高对问题的分析综合能力。

(2) 要紧密结合并顺应社会和时代发展潮流。既不能与社会发展脱节或滞后,更不能逆潮流而动。要落实科学发展观、和谐社会建设等,不仅要紧跟时代发展步伐,还要努力使文章站在时代和社会发展的前沿,使所表达的观点具有前瞻性和引领性。

(二) 在调查上突出"认真"二字,确保材料的真实性

(1) 在写作之前,必须对调查对象进行深入、细致的了解,力求获取全面材料。撰写调查报告,必须以认真、细致、周密的调查活动作为坚实的基础。只有这样,才能保证其所用材料的真实性,也才能使之具有说服力。否则,不下苦功夫进行调查,就往往容易导致报告的不真实性,或者以偏概全,或者挂一漏万,而这又势必影响通篇调查报告的质量,这种调查报告不会对实际工作具有任何指导作用。因此,要写作调查报告,必须对调查对象进行深入、细致的了解,力求获取全面材料,包括正面的、反面的、现实的、历史的、上层的、下层的等。只有这样,选用起来才会得心应手,左右逢源;也才能对大量的事实材料进行分析比较,从而得出正确结论。细致的调查可以为撰写报告提供事实基础。

(2) 在调查之中,要运用辩证唯物主义和科学发展观的立场、观点和方法来观察问题、认识问题和解决问题,它是使活动趋于正确的思想基础和理论基础。

(三) 在研究上突出"深入"二字,确保调查报告的指导性

(1) 要研究材料。"研究"首先是对调查所得材料的深化,这也是写好调查报告的关键所在。要在辩证唯物主义和历史唯物主义的指导下,通过对调查对象的精心对比和分析,将全部情况和材料进行"去粗取精,去伪存真,由此及彼,由表及里"的改造制作,扬弃表面的、支流的东西,抓住事物的主要矛盾和矛盾的主要方面。没有这个环节,所撰写的调查报告只能是事实现象的堆砌和罗列,不具有任何实用价值。

(2) 要研究规律。即侧重于对事物内部联系和规律的研究,努力寻觅和挖掘出其深层意义,找出规律性,然后将其上升到理论的高度,实现认识的升华。在此基础上所得出的结论及提炼出的主旨,必然是新鲜的,具有时代特色和实际的指导意义。

(四) 在写作上突出"精心"二字,确保调查报告的逻辑严密性

(1) 要精心设计框架结构。调查报告文种所涉及的内容十分广泛,它要反映出事物或事件发展的全过程,又要进行恰当有力的分析,找出根源,提出下一步工作意见。既要提出问题,又要解决问题;既要摆事实,又要讲道理;既要以材料说明观点,又要用观点统率材料。为此,在撰写时必须精心设计其框架结构的安排方式,以便合理地使用所获取的材料,更好地突出全文的主旨。

(2) 要讲究语言表达技巧。调查报告的语言表述要准确。所谓表述准确,是指文章的表述要尊重事实,简洁明了,既不夸大、夸张,也不隐藏、隐瞒,更不能靠想象,用想当然或模棱两可的语言进行表述。写作中注意以下方面:一是在表现手法上注意叙述和议论有机结合;二是在语言运用上力求通俗易懂,简洁明快,富于表现力;三是收张有度。公文的一般要求是要平淡、朴素,尽量不用描写和抒情,但是调查报告由于其特有的功能和作用,决定了其在语言运用上尽量做到简洁明了的同时,还应力求生动活泼,通过富于表现力、影响力和感染力的表述,引起受众的重视和支持。所以,在写调查报告的时候,要善用比喻、排比、引用等修辞手法,这些均有助于语言表达的生动、形

象。但是这个尺度要把握好,不能把文章写成了抒情散文,要做到收张有度。

如《湖南农民运动考察报告》一文,作者在"十四件大事"一节里,使用大量的数字和具体事例,表述得十分翔实、朴素、准确:"全省七十五县中,三十七县有了组织,会员人数一百三十六万七千七百二十七人。此数中,约有一百万是去年十月、十一月两个月内农会势力大盛时期组织的,九月以前还不过三四十万人。……截止一月底止,会员人数至少满二百万。"

仅从以上片断,足见作者在引据事实上是多么严格、多么确切,没有诸如"左右""近一个时期""大概""差不多""基本上""可能"等词语。可见,没有深入细致的调查研究,没有严谨求实的工作作风,是不能做到这样的。

(五) 与相似文体的区别

1. 调查报告与工作总结的区别

(1) 调查报告突出客观性;工作总结注重主观性。

(2) 调查报告是在调查客体单位情况的基础上,分析其得失,研究其工作经验教训,揭示工作规律,提出改进建议;而工作总结则是在回顾本单位工作的基础上,总结自身工作的经验教训,提出改进、促进自身工作的措施。

(3) 调查报告属于新闻体裁,可用于向社会宣传;工作总结一般用于汇报工作,在内部交流。

(4) 调查报告一般采用第三人称表述,工作总结则采用第一人称来表述。

2. 调查报告与工作报告的区别

调查报告是调查后写成的,偏重于对客观情况的分析研究和理性提炼;工作报告是用以提交审议的,偏重于对事实的陈述。

(六) 应注意避免出现常见的毛病

1. 材料不充分、不典型,不足以说明调查报告的主题或观点

出现这一毛病的主要原因是:(1) 调查者没有掌握充足的材料,特别是没有掌握典型材料。这是由于有的调查者缺乏经验,或者粗心大意,工作不深入,只是主观的原因。(2) 对调查的材料缺乏周密的思考,在调查过程中又缺乏必要的研究。结果使调查报告的事例难免失之于空泛、浮浅,说明不了问题。(3) 不作深入调查细致的调查工作,却硬要大写特写。当前,随着社会的发展和人们对信息量的需求的增加以及时间观念的增强,微型调查报告越来越得到欢迎。只有不足一千字的微型调查报告已经开始广泛使用。当然,微型调查报告的适用范围是根据被调查对象或事物的简单或复杂程度而定的。

2. 材料堆砌,缺乏必要的概括和分析,使人不得要领

这与作者概括分析问题的能力、思想方法及文字表达水平有关。主要有三种情况:一是对材料没有认真地分析研究,缺乏由此及彼、由表及里的加工制作;二是只按事物的现象来排列组合,没有排列抓住事物内部的联系,没有找出该事物同其他事物的联系;三是缺乏辩证唯物主义的思想方法,在取材上陷于形而上学,搞烦琐哲学。

3. 观点和材料脱节

调查报告的观点是从大量材料的分析中形成的,是事物本质的反映。在调查报告

中,观点和材料是辩证的统一,即观点来自材料,反过来又统率材料。但是,有些调查报告要么观点和材料没有内在的必然的逻辑联系,要么"帽子"大,内容小,观点和材料不协调。

4. 议论太多,喧宾夺主

调查报告是以事实为基础,从而得出结论的。但有些调查报告则喜欢过多地发议论,遇到一个事例就随意引申发挥,大讲一通道理,把材料湮没在议论当中。说它是议论文,却明明写的是调查报告,而且也有调查报告的架势和例证;说它是调查报告,却处处是逻辑推理的说教,有点不伦不类。

如何才能写好调查报告的对策建议,而不流于形式或空洞呢?

(1) 生动的事例是调查报告成功的前提。如《关于构建和谐农村的调查报告》,在农村,村民之间一旦遇到一些不好处理的矛盾怎么办?张家和李家中间长了一棵果树,张家说是张家的,李家说是李家的。怎么办?如果城里人来解决问题,可能会有一整套科学的办法。假如由质量技术监督局来解决,会说等果子成熟了,我们用一把公平秤,果子一家一半。如果税务局来解决,可以说看看这棵果树价值人民币多少元,每年卖果子能产生多少效益,为国家创造多少税收,然后再研究如何分配。如果是土地局来解决,估计会把果树的根挖出来,量一量树的根部更偏向哪一侧,树干倾斜于哪一侧,再断定如何裁定。如此这般,是不是很麻烦呢?但尽管麻烦,也必须要处理好,否则就不利于和谐农村的建设和发展。所以,事情虽小,关系重大。但是在农村,村干部和村民就会采用更简单有效的办法来解决这个甚至这一类问题,并且彼此都能心安理得、心服口服地接受裁判的结果,那就是抓阄。抓阄用科学上的解释就是体育比赛的抽签,抽签与抓阄本质上是相通的,千万别认为抓阄就是迷信、愚昧、落后,应该说这是一种农民的智慧。前几年,有人就把通过抓阄解决农村一些矛盾冲突的办法作为一个对策建议写入了调查报告中,并在《光明日报》上发表。《读书周报》曾经登了美国人写的一篇文章,说中国人往往用非常古老而简便的方法解决他们认为的一些很复杂的问题,抓阄就是其中之一。美国人很肯定这个办法。毛主席说,领导是加工厂。办法在群众之中,所以要到群众中去虚心求教,把他们解决问题的好办法提炼出来。

(2) 比较法对对策建议很重要。有报道说江苏宜兴这个地方有一个杜鹃大王,在她的一亩山丘地上种植的杜鹃花可卖十万元人民币,大家都觉得很了不得。但是后来又有报道说台湾种植蝴蝶兰,一亩地的销售收入是十万美元。所以通过比较,就能知道我们所研究的对象以及总结的经验是否具有先进性和代表性了。这就是比较法。

所以,要写好调查报告的对策与建议,就要多学习、多观察、多研究、多积累,不断提升自身的政治觉悟、专业素养和理论水平。

总之,要写好调查报告,需要有理论、思想、专业、调查研究、文字等方面的综合锻炼。只有勤于思索,勇于实践,才能写出"精品"调查报告来。

第五节　其他事务文书

一、倡议书

倡议书是由个人或团体发出提议，号召大家做某件有意义的事时使用的应用文体。倡议是发起、首先建议的意思，人们通过倡议书来发动广大群众、动员社会力量，同心同德，共同行动。倡议书可以在有关会议上宣读，可以张贴在醒目的地方，也可以登在报刊上。

（一）倡议书的基本格式与写法

标题。在第一行的中间写上"倡议书"三字，也可写明关于什么方面的倡议，如《关于保护鸟类的倡议》。

称呼。第二行顶格写称呼。倡议书的称呼就是号召参加所倡议之事的对象。

正文。这是倡议书的主体部分，在写作上应注意两点：一是倡议的原因、目的和意义要交代清楚，二是倡议的事项要具体明确、分条列出。

结语。正文后换行概括地提出希望，要富有鼓动性和号召力。倡议书的结尾不必写祝颂语。署名和日期与一般书信相同。

【例 6-11】

倡 议 书

全国公务员同志们：

中组部、中宣部、中央文明办、人事部联合召开大会，隆重表彰"人民满意的公务员"和"人民满意的公务员集体"，这是党和政府对我们广大公务员的巨大鼓舞和亲切关怀！当前，中国社会主义现代化建设已进入一个新的发展时期，面临着前所未有的机遇和挑战，新的形势给我们提出了更新、更高的要求，我们肩负着历史的重任，肩负着党和政府的重托，肩负着人民的企盼。不辱使命、不负期望，让党和政府放心，让人民满意，我们在此向全国公务员发出如下倡议：

一、加强修养，坚定信念。我们认真学习马列主义、毛泽东思想、邓小平理论"三个代表"重要思想和科学发展观，把握精神实质，掌握马克思主义的基本立场、观点和方法。坚定对马克思主义的信仰，坚定对社会主义的信念，增强对改革开放和现代化建设的信心，增强贯彻党的基本理论、基本路线和基本纲领的自觉性。自觉加强思想道德修养，树立正确的世界观、人生观、价值观。忠于职守，爱岗敬业，做一名党和政府放心的公务员。

二、求真务实，勤政为民。我们要牢记党的宗旨，以"让人民满意"为最高追求，恪尽职守，勤奋工作，开拓进取。始终保持与人民群众的血肉联系，脚踏实地地为群众办实事、办好事，关心群众生活，体察群众疾苦，切实解决群众急需的生产、生活问题，替他们排忧解难。心系百姓，服务人民，做一名深受人民群众拥护的公务员。

> 三、依法行政,秉公执法。我们是人民的公仆,代表人民行使权力。要严格执法,公平执法,坚决同一切违法犯罪行为作斗争,维护社会与经济生活的正常秩序。从我做起,不滥用权力,不以权谋私,不以权代法,不以权压人,做学法、守法、用法、维护法律法规尊严的模范。文明执法、刚正不阿,做一名人民信赖的公务员。
>
> 四、刻苦学习,提高能力。面对经济全球化的迅速发展和科学技术的突飞猛进,面对社会主义市场经济的深入发展,面对国家行政管理的日趋复杂化、多样化、专业化,我们认清形势,刻苦学习市场经济知识、法律知识、现代科技和管理知识以及本职工作需要的相关知识,全面提高自身素质,提高行政管理水平和为人民服务水平,更好地履行我们的职责,做一名符合时代要求的公务员。
>
> 五、艰苦奋斗,清正廉洁。我们要继续发扬艰苦奋斗、无私奉献的优良传统,克己奉公,廉洁从政,自觉抵制极端个人主义、享乐主义、拜金主义等腐朽思想的侵蚀和诱惑,自觉遵守公务员职业道德、行为规范和党风廉政建设的有关准则。正确对待和使用手中权力,正确对待和处理自身利益,淡泊名利,清正廉洁,坚决同各种腐败现象作斗争。严于律己,乐于奉献,做一名经得起考验的公务员。
>
> 同志们,踏上新世纪的征程,时代已向我们发出新的召唤,让我们积极行动起来,振奋精神,扎实工作,为实现党中央、国务院确定的新世纪的宏伟目标,作出更新更大的贡献!
>
> 全国"人民满意的公务员"表彰大会全体代表
××××年××月××日

评析:开头交代发出倡议的背景及其目的、意义,倡议的事项共五条。每条采用总分式写法,即首句揭示中心,然后具体阐述。结语饱含激情,具有很强的号召力和鼓动性。

(二) 倡议书写作的注意事项

倡议书是公开号召人们起来做某种有价值、有意义之事的文书。倡议者是带头发起者,也是积极参与者。因此,倡议者与倡议的对象的关系是平等的,行文中不能出现命令式的语气。

二、建议书

建议书是就某件事的具体做法或某个问题的解决方法,用书面的形式向他人、领导或团体提出自己的看法和主张的一种文书。建议一般是下级向上级、个人向组织提出的,也有的是向同学、朋友、同事提出的。

建议书的基本格式与倡议书差不多,只是在写法上有所不同,例如:倡议书是面向公众的,倡议人带头发起,号召大家一起做某件事,因此在语气上带有极强的鼓动性和号召性;而建议书的对象一般是上级,建议人不一定直接去做某事,因而带有商讨的语气。倡议书在正文结束后不写祝颂语,而建议书应写上祝颂语。

【例6-12】

建 议 书

王老师：

  最近，我们班患感冒的人增多，这已严重影响了这些同学的身体健康和学习。为了尽快控制感冒流行，保障同学们的健康，我向您提出以下几点建议：

  1. 立即从班会费中拿出一些钱，买几斤米醋，每天早上、中午、放学后，在教室里蒸熏一次。

  2. 每天早自修前，让体育委员带领大家绕操场跑几圈步，增强同学们的体质，提高免疫力。

  3. 在班黑板报上刊登防治感冒的知识。

  4. 搞好清洁卫生；白天打开窗户，让空气流通。

  5. 给因感冒而缺课的同学补课，不使他们掉队。

  以上几点不成熟的建议，供您参考。

  此致

敬礼

班卫生委员　林×
2013年11月20日

评析：这份建议书先写提出建议的原因和目的。五点建议切实可行，态度中肯，语气平和。比较而言【例6-11】结构完整，内容具体，语言表述富有鼓动性，是一篇很有号召力的倡议书；【例6-12】的格式较规范，语言简明平实。

三、申请书

申请书的基础知识与写作方法。

申请书是个人或团体因某种需要而向上级有关部门、组织、领导、社会团体表达愿望，提出请求的一种使用十分广泛的专用书信。

申请书的使用范围非常广泛，通常有以下几种使用范围：(1) 个人或集体向组织、团体表达愿望、理想和希望时，可以使用申请书。(2) 个人在学习、工作、生活上对机关、团体、单位领导有所要求时，可以使用申请书。(3) 下级单位在工作、生产、学习、生活上对上级单位、领导有所要求时，可以使用申请书。

申请书是下情上达的一种好形式，能够把分力变成合力，从而最大限度地做好工作。申请书也是争取领导支持和帮助的一种途径。申请书还是增加感情，引起重视的一种有效办法。

1. 申请书的基本格式与写法

申请书由标题、称呼、正文、结语、署名和日期组成。

（1）标题。在第一行中间写"申请书"字样。题目要在申请书第一行的正中书写，而且字体要稍大，一般应写明申请内容。

（2）称呼。第二行顶格写接受申请书的单位或单位负责人名称，也有的放在申请书结尾之后，署名之上的左前方，即"此致"另行顶格左前方。

（3）正文。说明要申请的具体内容，理由和要求。这是申请书的主要部分。在这部分里，要写清楚所申请事情的原委、理由和事项，用简短精练的语言说明清楚，然后直接提出申请事项。如《入党申请书》，主要内容包括：① 对党的认识、入党动机和对待入党的态度并表明自己的入党愿望。表明对党的性质、宗旨、指导思想、奋斗目标、组织原则、纪律和党的路线、方针、政策及党风方面的认识和态度。要明确表示：我志愿加入中国共产党，承认党的纲领和章程，履行党员义务，执行党的决议，严守党的纪律，保守党的机密，按时交纳党费，对党忠诚，愿意参加党组织并在其中积极工作，为共产主义奋斗终生。② 自己的政治信念和思想、工作、学习、作风等方面的主要情况。③ 要剖析自身存在的不足，并明确表示愿意接受党组织对自己的教育和考察。表明对入党的态度和决心，以及今后如何以实际行动争取入党。

（4）个人或单位名称和日期。在正文之后的右下角，要写上申请人的姓名，或申请单位的名称。有时根据情况，还要单位领导签字或加盖印鉴。在署名的后面或下边，写明申请书的年、月、日。

2. 申请书写作的注意事项

（1）申请的事项要写清楚、具体，涉及的数据要准确无误。

（2）理由要充分、合理，实事求是，不能虚夸和杜撰，否则难以得到上级领导的批准。

（3）语言要准确、简洁，态度要诚恳、朴实。

倡议书是集体或个人，为了发动群体，动员社会力量，同心同德，共同完成某项任务，树立某种风尚，开展某种公益活动，向有关方面和群众提出某种倡议的专用书信。建议书是就某件事的具体做法或某个问题的解决方法，用书面的形式向他人、领导或团体提出自己看法和主张的一种专用书信。申请书是个人或团体因某种需要而向上级有关单位、社团组织有关领导表明志愿、提出请求，要求批准、同意、许可的专用书信。倡议书、建议书和申请书一般都有明确的送达目标。倡议书无明显的上、下行文之分，建议书和申请书则一般为上行文。

倡议书、建议书和申请书基本格式相同，都由标题、称呼、正文、结语、署名和日期组成。标题可直书文种或在文种前加上相应的内容，称呼顶格写，为倡议、建议、申请的对象。正文，倡议书和建议书差不多，主要写倡议或建议的原因、目的和意义，以及具体的倡议或建议事项，事项应分条列出；申请书则主要写清申请的理由和申请事项，一般一事一请。结语，倡议书一般写上鼓动性和号召性的句子，而建议书、申请书则往往以"此致、敬礼"作为末尾的致敬语。落款与其他书信相同。行文时，要按照不同的文种及送达对象，采取不同的行文语气和风格。

倡议书和建议书都是向有关对象提出倡导的文书。但前者一般是面向公众,后者一般面向上级;前者的倡议者既是发起者,又是参与者;后者的建议人不一定直接去做某事,只是以商讨语气、建议对方做某事;前者结束后不写祝颂语,后者则应写上祝颂语。

申请书除写明申请理由和条件外,一般还应写上自己的决心、态度。申请事项必须直截了当,不能含糊其词。

倡议书、建议书、申请书所提出的倡导和请求,必须有一定的可行性和操作性。此外用语要诚挚谦恭,不得出现命令式的语气。

四、感谢信、慰问信

（一）感谢信

感谢信是对对方给予自己的关心、支持与帮助表示感谢的书信。它不仅可以表达自己的感谢之意、感激之情,而且可以使被谢方受到鼓舞和鞭策。

撰写感谢信,要把被感谢的人物、时间、地点、事情因果等叙述清楚、具体,而且要予以议论和评价,揭示其深刻意义。感情抒写要真诚朴素,恰如其分,不可漫无边际地空发议论。

【例6-13】

感 谢 信

××出租汽车公司：

  5月3日下午,我公司经理陈光明乘坐贵公司"京B××××"号出租汽车时,不慎将皮包丢失。内有人民币8万余元、身份证一张、护照一本、空白支票三张及各种票据若干张。在我们焦急万分时,贵公司司机刘志伟同志主动将拾到的皮包送至我公司,使我公司避免了一次重大损失。为此,我们再三表示感谢并拿出1万元作为酬谢,刘志伟同志却说："这是我应当做的。"表示不能接受。刘志伟同志这种拾金不昧的高尚品德,体现了社会主义社会良好的道德风尚,对我们全体工作人员是一次很好的教育。在此特致函贵公司,深表谢意,并建议对刘志伟同志的高尚行为予以表扬。

  此致

敬礼

××公司
2013年5月20日

（二）慰问信

慰问信是以组织或个人的名义向有关集体或个人表示慰劳、问候、致意的书信。

格式为(1)称谓;(2)开头、事由;(3)主体内容:慰问什么,为什么慰问;(4)结语,表示祝愿、慰问、希望、鼓励等;(5)署名、日期。

慰问信的内容要充实、精练、富有感情,要充分肯定被慰问者所取得的成绩,作出的努力,要以热情、富有感染力的语言展望未来,提出希望。

【例6-14】

慰 问 信

战斗在抗洪抢险一线的人民解放军、武警部队指战员、亲爱的同志们:

6月下旬以来,我省又一次遭受了历史上最为严重的洪涝灾害……抗洪抢险的实践再一次显示了人民军队的英雄本色,显示了军政、军民团结的巨大威力。值此建军71周年纪念日即将到来之际,省委、省政府、省军区向全体参加抗洪抢险的人民解放军、武警部队指战员、广大人武干部、民兵、预备役军人表示亲切的慰问和崇高的敬意!

……

我们相信,在党中央、国务院的指挥下,只要我们万众一心,服从指挥,尽职尽责,就一定能够夺取防汛抗洪的伟大胜利!

向英勇战斗在防汛抗洪一线的人民解放军、武警部队指战员致以崇高的敬礼!

中共湖南省委
湖南省人民政府
湖南省军区
1998年7月30日

五、讲话稿

(一) 讲话稿的含义、特点和主要功能

1. 讲话稿是人们在特定场合发表讲话的文稿,是应用文写作研究的重要文体之一。
2. 讲话稿的特点
   (1) 针对性。
   (2) 感召力。
   (3) 口语化、通俗、生动。
3. 讲话稿的功能
   (1) 增强讲话人的信心。
   (2) 提高讲话人的口语表达能力。
   (3) 交流交际功能。

(二) 讲话稿的类型及一般写法

1. 演说词

按表达方式分,有议论型的、抒情型的和叙事型的。其结构大致由五个部分组成:

标题、称谓、开头、主体、结束语。

【例6-15】

长 征 颂

各位领导、各位老师,你们好!

我今天演讲的题目是:《长征颂》。

记得半个世纪前,一位伟人曾高声吟诵:

红军不怕远征难,万水千山只等闲;

五岭逶迤腾细浪,乌蒙磅礴走泥丸……

长征,是一组壮丽的诗史!

长征,是举世瞩目、气壮山河的伟大壮举!

长征,以她那神话般的传奇色彩、所展示出的宏伟画卷而驰名中外,震惊世界!

今年,是红军长征80周年纪念日。我们怀着真挚而崇敬的心情,缅怀那些为革命而长眠在——赤水之滨、嘉陵江畔、大渡河两岸、雪山、草地里的红军战士,歌颂他们那种无坚不摧、所向披靡、百折不挠、前赴后继、可歌可泣的英雄业绩。

1934年10月,中国共产党领导中国工农红军,为了取得革命的胜利,为了北上抗日,进行了历史上从未有过的战略大转移。他们从江西苏区出发,穿过西部高原,纵横11个省,翻越1000多座大山,强渡了20多条大河,击溃了几十万敌军的围追堵截,远征两万五千里,历时两年,到达新的革命根据地——陕北。他们用生命和鲜血织成了世界上最长的一条红色的彩带!

赤水河、金沙江,是老一辈无产阶级革命家,在惊涛骇浪中稳操航舵的见证;

大渡河、泸定桥,是红军勇士彪炳勋业的记录;

爬雪山、过草地,是启迪今人、激励后代、创造未来的象征!

我们怎能忘记:长征路上的第一代先驱,为革命抛头颅、洒热血的壮举!方志敏烈士,他是长征路开始时,北上抗日的先遣队司令,在进军路上打得敌人闻风而逃;在敌人的威胁利诱面前,大义凛然,在刽子手的屠刀下,慷慨悲歌,最后,在生与死的抉择中,写成了一份交给党的最后报告。

在那漫漫草地,天苍苍、野茫茫、饥饿、寒冷、死亡,威胁着红军战士。大家还记得《草地的晚餐》吗?那一碗可以救命的稀粥,在总司令和战士手里传来传去;我们也不会忘记七根火柴的故事,一个红军战士倒下去了,在生命的最后一刻,把可以带来温暖的、最珍贵的七根火柴交给战友……

就这样,红军们用一双铁脚,将人迹罕至的草地踏得伤痕累累,写下了极其悲壮的英雄史诗!

大家也还记得,那海拔5800米的党龄雪山,它终年积雪,气候恶劣多变,高山空气稀薄,猿猱欲渡尚且愁攀援,何况是血肉之躯的人?是拖着伤残的病体,再加上饥寒交迫,那时是怎样艰难啊!红军战士们,怀着对共产主义的崇高理想和对无产阶级必胜的信念,要翻越它!他们穿着老区人民送的绣着"杀敌立功"的红军鞋,在

"不要掉队呀""我们头顶着天呀"的鼓舞声中,踏着烈士的血迹,毅然的,以钢铁般的意志,一步,二步,三步……像巨人一样,站在了雪山之巅!任凭鲜血染红了战袍,任凭呼啸的枪弹,在血与火的洗礼中,用灵和肉筑起了西部的万里长城!

长征胜利了!红军创造了奇迹,他们是凛然正气的化身,是炎黄子孙的骄傲!

长征路,你多么壮美,像长长的诗行,记述着中华万千优秀儿女的悲壮与炽烈。

长征路,你多么神奇,你用不尽的甘泉,哺育着一代又一代中华儿女前赴后继——"长征是历史上的第一次,长征是宣言书,长征是宣传队,长征是播种机"。

雪山的英灵啊,你将永远屹立在祖国的高山之巅!

泸定桥的勇士啊,我们永远怀念你们!

赤水河边映日的鲜血啊,你是盛开在祖国大地上永远不败的最美的花朵!

草地的嘱托啊,是我们前进的力量!

2. 开幕词

开幕词是大会序曲,是在比较隆重的会议上,由有关负责人宣布会议开幕,并说明大会有关事项,以调动到会人员的积极性。其结构由标题、称谓、开场白、主体、结束语五个部分组成。应说明的是开幕词的主体(正文)部分,文字不宜过多,要求简短、热烈。能抓住与会者的注意力,具有鼓舞性和号召力。一般应说明大会召开的背景和重要意义、人员出席情况、大会的议程、大会的目的和任务等。

【例6-16】

尊敬的各位领导、各位老师:

你们好!

我受领导信任在此代表新来的大学生发言。

首先,感谢领导,谢谢你们给我们机会,使我们有幸来到这所名校,有了成长的平台,今后我们将以勤奋的工作、求实的作风、谦虚的态度去培养人才,不辜负你们的期望。

同时,也向长期战斗在教育第一线的老师们说一声辛苦了!你们以渊博的知识、博大的爱心培育了一批又一批莘莘学子。以后我们将以你们为榜样,学习你们爱岗敬业和无私奉献的精神,在你们的指导下,不断进步、不断完善,争取早日成为一名合格的教师,和你们一起共同培育百花园中的花朵。

当然,我们知道,我们还欠缺很多,从学生到老师,需要一个过程,但我们有信心,在领导的关怀下,在老师们的帮助下,克服自身的弱点,我们将努力像其他老师一样站在神圣的讲台上,不辜负学生的期望和家长的托付。

春蚕到死丝方尽,蜡炬成灰泪始干。我们一定会用我们的青春、热血、激情浇灌出鲜艳的花朵。

谢谢!

3. 闭幕词

闭幕词是大会的结束语。会议开完,由负责人用来总结大会,祝贺大会圆满成功,激励参加会议的人员为宣传和贯彻大会精神而努力的一种讲话稿,结构和写法与开幕词基本相同。如郭沫若的《科学的春天》。

六、竞聘词

(一) 竞聘词的概念

竞聘演讲也叫竞职演讲,它是指竞聘者为了实现竞争上岗,就自我竞聘前提、未来的施政方针和构想所进行的公开演讲。事先为这种演讲写成的书面材料便是竞聘词。竞聘演讲越来越有实用价值,引起了越来越多的人的重视。要想在竞争的年代实现自我发展,能够做好竞聘演讲非常重要。

(二) 竞聘词的特点

1. 方针的明晰性

一般说来,在竞聘演讲时,竞聘者向评审职员及听众一要讲清自己的应聘前提,显示自己的优秀,并且这种优秀足以完成应聘的职务和事项;二要答复"若在其位,怎样谋其政"。要在有限的答辩时间内完成上述事项,竞聘演讲的总体内容应始终围绕一个方针——岗位职务事项,做到方针明晰,语不离宗。

2. 内容的竞争性

竞聘的全过程,是候选人之间就未来奉行的施政方针、施政构想、施政方案的对照与选择的历程。竞聘除了根据素质前提之外,实际上更重要的是施政方针与施政办法的竞争。写作时应在此处压服对方,只有具备了明晰的施政方针,且有确切可行的施政办法来保证,才会取得竞争的成功。

3. 能力性

竞聘演讲是演讲的一种,它除了要求竞聘者具备较强的说话表达能力外,还应当充分考虑竞争对手、听众的心态、临场状态等多种情况,据理力争,表达"他不行,我行",或"他行,我更行"。但切忌为了竞争而贬低对手,所依照的原则是"唯真唯实,详细可托"。

(三) 竞聘词的基本写法

竞聘因为要考虑多种临场身份与竞争对手,它的结构就必须多样,但就其基本内容而言,仍可分为以下几个部分:

1. 题目

竞聘词的题目有三种写法。一种是文种命题法,即只标"竞聘词";一种是公函命题法,由竞聘人和文种构成或竞聘职务和文种构成,如《关于竞聘××公司经理的演讲》;另有一种是文章命题法,可用单行问题拟制,也可用正副标题拟制,如:《让手机制造厂起飞起来——关于竞聘手机制造厂厂长的演讲》。

2. 称谓

称谓即对评委或听众的称号。一般用"各位评委""各位听众"即可。

3. 正文

（1）开头。开篇应以"感谢各位给我这样的机会让我参加答辩""恳请评委及与会同事指教"等礼节性称谢词导入正题。紧接着阐发自己参加竞聘的理由。开头应写得自然，干净利落。

（2）主体。这是全文的重点和核心。应围绕以下几个方面展开：

第一层简单说明竞聘者的自然情形，使评委了解竞聘者的基本情况；第二层紧接第一层，谈自己对竞聘岗位有过实际的工作经验。

七、述职报告

（一）述职报告的概念

述职报告是指各级各类党政机关、企事业单位的工作人员（主要是领导干部）向上级领导、主管部门和下属群众陈述任职期内的工作情况（包括履行岗位职责，完成工作任务的成绩、缺点、问题、设想），进行自我回顾、评估、鉴定的书面材料。

述职报告作为各级领导干部的一种总结性的工作报告，在职业活动中既是一项非常重要的工作内容，也是一项非常必要的工作制度。它对于人们了解领导干部的工作经历、领导干部认识自己的工作成败、机关单位考查领导干部的任职情况，都有十分重要的意义。

（二）述职报告的种类

（1）按作者分：个人述职报告、班子述职报告。
（2）按时限分：年度述职报告、任期述职报告、临时述职报告。
（3）按内容分：专题述职报告、综合述职报告。

（三）述职报告的结构要素

下面以个人年度综合述职报告为例来讲述述职报告的结构要素。

文头模块：（1）标题；（2）称谓；（3）问候语。

正文模块：（1）自我简介；（2）感谢语；（3）工作回顾；（4）具体做法；（5）主要成绩；（6）存在问题；（7）今后工作；（8）自我评价；（9）请审用语。

文尾模块：（1）致礼用语；（2）报告人具名；（3）报告时间；（4）相关附件。

（四）具体内容

（1）标题。单标题：如《述职报告》，双标题：如《尽心竭力站好最后一班岗——我的述职报告》。

（2）称谓。宜用尊称，兼顾对象，使用统称。

（3）自我简介。姓名，职务，必要时还应说明任现职的时间。

（4）工作回顾、具体做法、主要成绩。分条列项地陈述在报告期内所做的主要工作，一并说明从事这些工作时有何具体做法、采取哪些措施、取得什么成绩、达到什么效果。

（5）存在问题。有无错误的做法？造成了哪些失误？存在哪些不足？

（6）今后工作。改进不足的措施，今后工作的方向。

（7）自我评价。对职务的深刻认识，对自我的客观评价。

（8）请审用语。请求报告对象审议，请求提出宝贵意见，表示虚心接受，再次表达诚挚谢意。

（9）相关附件。所获得的各种荣誉称号、获奖证书、科研成果的影印件，以及证明材料的原件。

（五）述职报告案例

【例6-17】

述 职 报 告

尊敬的社联领导、各位社友：

你们好！

我是张×，自加入××文学社，蒙各位社友错爱，接任社长一职至今，负责文学社的日常工作。在此，请允许我对各位在百忙之中前来听取我的述职报告表示感谢！

上任伊始，为改变社团长期在野（与学校没有联系）的状态，积极与学校各方沟通；为更好地把握社团发展方向，诚挚邀请学校优秀老师出任我社指导老师，多方努力，经团委支持、老师应允、社内通过，在本学年初十分荣幸地聘请三位为文学社指导的老师，促进了社团与校方交流，牢固了总体发展的方向，增强社团在校方的认可度。

针对社团原有机构臃肿、效率低下的问题进行改善，整合部门设置，将原先的六部根据工作联系性整合为秘书处、编辑部、外联部三个部门，逐步建立以编辑部为主体，秘书处为依托，外联部为支撑的机构建制，集中人力做好文学社以文为主的本职工作，精兵简政提高社团后勤支持力度。

学校六十周年校庆的大喜日子，作为我校最早成立的社团，在时间紧迫和经费短缺的背景下，我们以勇往直前的拼搏精神，投入到校庆专刊的出版工作当中，半个月内完成了所有工作，并在校庆当天完成了报纸的发放工作。这是我们为校庆奉献的一份赤子心，也是对社团机构改革后的一次大练兵。实践证明，我们的机构设置定位是正确的。

社团内部的团结是社团工作的重要前提。本学年以来，社内集体活动频繁，组织如周六草坪茶话会、自行车文学采风、冬至社庆晚会、新春灯谜晚会等，加深了社员间的沟通，社内凝聚力不断上升；同时，社团活跃度的提高也提高了社团在学校内的美誉度，自招新后至今，不断有新人申请加入这个大家庭。

当然，这一年里我们也有许多不足之处，值得我们去思考，去改进。

在"我的军训"颁奖晚会上，一份重要的文件打印错误却仍然被陈列在嘉宾面前，这对于一个以文字为存在价值的社团来说是一个天大的错误，这也暴露了社团内的监督机制不够完善、对工作上的分工不够明确等问题。事故发生后，社内认真反省事故原因，加强对自身不足的检讨与改善，避免此类事故的再次发生。

> 作为学校最早成立的社团,全校性的品牌特色活动却屈指可数,这是文学社目前要重点面对的问题。本学年社内的活动众多,但这些活动是否适用于全校?是否能吸引更多的人参与?怎么能够长久传承?这都是我们要去探索的问题。
> 　　时光飞逝,日月如梭。一转眼,接手工作已将近一年之久了,身为一社之长,常常要为社团工作而贡献自己的私人空间与时间,但是能看到社员们开心,看到社员与社团一起成长,吃再多的苦也是甜!
> 　　以上就是我的述职报告,妥否,请各位予以审议并提出宝贵意见,我一定虚心接受。再次表示由衷的感谢!
> 　　致以
> 　　崇高的敬意!
>
> 报告人:张×
2013 年 5 月 19 日

思考:
1. 该案例是个人述职报告还是班子述职报告?
2. 该案例在格式要素上有无遗漏之处?
3. 该案例在语言表达上主要采用了哪些方式?
4. 该案例在语气上有无不妥之处?
5. 该案例对我们而言有何可借鉴的地方?
6. 你对该案例的进一步完善有何良好建议?

(六) 述职报告的写作要求

1. 总体要求

(1) 自述性。

就是要求报告人自己述说自己在一定时期内履行职责的情况。因此,必须使用第一人称,采用自述的方式,向有关方面报告自己的工作实绩。

所谓实绩,是指报告人在一定时期内,按照岗位规范的要求,为单位做了些什么事情,完成了什么指标,取得了什么效益,有哪些成就和贡献,工作责任心如何,工作效率怎样等的真实反映。

需要特别强调的是,所写的内容必须是实实在在已经进行了的工作,事实确凿无误,切忌弄虚作假。

(2) 自评性。

就是要求报告人,依据岗位规范和职责目标,对自己在任期内的德、能、勤、绩、廉等方面的情况,作自我评估、自我鉴定、自我定性。

述职人必须持严肃、认真、慎重的态度,既要对自己负责,也要对组织负责,对群众负责。对工作走向、前因后果要叙述清楚、评得恰当;所叙述事情,要概述了然,并从中引出自评。切忌浮泛空谈,切勿引经据典,定性分析必须在定量证明的基础上进行。

（3）报告性。

就是要求报告人，明白自己的身份，放下官架子，以被考核、被评议、被监督的对象的身份，履行职责来报告自己的工作。

报告人要认识到，述职报告是自己在向上级、群众、代表汇报工作，是严肃的、庄重的、正式的汇报，是让组织了解、评审自己工作的庄严过程。因此，述职报告的语言必须得体，应有礼貌、谦逊、诚恳、朴实、掌握尺寸，切不可轻狂傲慢、盛气凌人，也不可夸夸其谈、浮华夸饰。

2. 具体技巧

要素要齐全，格式要规范，陈述要概要，说明要具体，议论要简短，抒情要适度，事实要真实，评价要客观，感谢要真挚，致礼要到位。

实　　训

1. 根据自己的情况写一篇年度总结。
2. 针对市场情况，写一份市场调查报告。
3. 将学生分成几个学习与调查小组，每个小组从以下选题中选取一个题目，进行全面深入的调查研究，并撰写一篇调查报告。

要求：报告结构完整合理；报告文字规范，具有可读性和审美性；注意对数字、图标及专业名词术语的使用，力求准确、鲜明、生动、朴实，具有表现力。

（1）当代大学生人生追求及信仰的调查与分析——以××高校为个案

（2）×校大学生人文素养调查

（3）贫困大学生问题调查

（4）当前大学生服务社区的调查与分析

（5）大学生创新精神和实践能力培养的调查研究

（6）大学生参加社会实践的意义和途径方式调查研究

（7）当代大学生价值取向和心理素质的调查分析

（8）从学生角度谈高校教师队伍建设的建议

（9）×校大学生诚信观调查

（10）大学生消费观调查

（11）×校大学生消费情况调查

（12）网络进宿舍对×校大学生的影响调查

（13）×校大学生打工情况及利弊调查

（14）高校学风状况调查

（15）大学生对校园文化活动的参与度及其态度调查

4. 指出该简报存在的问题。

密级	××简报(第×期)	编号
标题 正文部分 年　月　日		
报：××× 送：×××		××编印

第七章　生活应用文书

> **学习要求**
>
> 1. 了解常见的生活文书特点。2. 掌握其写作方法和格式。

生活应用文书是现代社会人们在学习、生活中经常用到的书信文书,是人们在日常工作、学习、生活中处理个人事务时所使用的具有实用价值和惯用格式的文体。具有针对性(问题),真实性(事实),简约性(文体)。

第一节　自荐信　个人简介

一、自荐信

(一) 自荐信的概念

自荐信是书信的一种。所以它的格式与书信是一样的。自荐信是用以展示自我,成功求职的重要工具。自荐信又叫自荐书,是自我推销采用的一种形式,推荐自己适合担任某项工作或从某种活动,以便对方接受的一种专用信件。自荐信最主要的特点就是自荐性和针对性。

(二) 自荐信的格式和写法

自荐信的写法不必千篇一律,都采用一样的格式。但不管如何布局安排,都要层次分明、简洁明了、突出重点。通常情况下,多采用标题、称谓、正文、落款、附件的写作模式。

1. 标题

标题是求职信的眉目,居中写"自荐信"或"求职信"字样。

2. 称谓

写给用人单位的人事部门或直接写给单位负责人,注意称谓要做到礼貌、得体。

对用人单位明确的可直接写明单位名称,如"尊敬的××公司人事部""尊敬的××公司×经理"。在用人单位不确定的情况下,称谓可写"尊敬的公司人事部领导""尊敬的总经理先生"等。

3. 正文

一般来讲,正文可以分为引言、主体和结语三部分。

(1) 引言。也称开头语。引言的作用有二。一是吸引招聘人看完你的材料,二是引导对方自然进入你所突出的正题并被你的正题所吸引,因此应下工夫把开头写好。开头的形式多种多样,先写问候语"您好",表示礼貌、尊敬。再写求职人的自我简介或用人信息的获得渠道。如"我叫×××,是××大学工商管理系××专业的应届毕业生"。又如"近从省人才市场获悉贵公司拟招聘××专业人才×名,这给我提供施展自己智慧和才能的机遇"。开头语表述应简洁明确、干脆利落,不宜过多过长。

(2) 主体。主体部分是求职信的重点,要简洁而有针对性地概述自己简历的内容。既要实事求是又要投其所需,突出自己的长处和优势,使对方觉得你的各方面的情况与招聘条件一致,与有关职位要求、特点相吻合。写作的具体内容概括为如下几方面:首先详细介绍自己的专业优势,即学习的主要专业课程,参加的专业实践活动及在院各类专业竞赛中的获奖情况等,要充分展示自己在专业方面的突出成绩,使自己在众多应聘者中出类拔萃。其次介绍自己的工作能力及爱好特长,包括自己在院期间担任学生会、班级的主要干部职务,在各类活动中的组织能力、人际交往能力、口才表达能力等。个人的兴趣、爱好及特长也是竞争的优势。再次,如果用人单位明确,可以谈谈对企业的认识、了解,表达迫切要求工作的愿望及录用后的打算。如"贵厂是闻名遐迩的中外合资企业,总经理知人善用,重视人才,我非常愿意并渴望到贵厂工作,并愿为贵厂的兴旺发达贡献自己的知识与才华"。这部分撰写时,要力求简明,注意扬长避短,突出自己的优势与长处。

(3) 结语。要令人回味而记忆深刻。要把你想得到工作的迫切心情表达出来,请用人单位能尽快答复你,以恰当恳切的方式请求安排面谈。内容要具体简明,语气要热情诚恳,有礼貌,别忘了向对方表示感谢。如"希望给予面试的机会""热切地盼望贵公司给予答复"等。最后,别忘了写致敬语和联系方式。

4. 落款

包括署名和日期。署在文尾的右下方。

5. 附件

这也是求职信的重要组成部分,它是求职信以外的其他材料。如:学历证书、成绩单、获奖证书、技能证书、论文等复印件。如材料多,依次标上序号。这些材料是个人专业优势和能力特长的验证,对用人单位来说是反映个人才能、知识的重要证据。

(三) 自荐信写作的注意事项

自荐信也是交际的一种形式,它可以反映出一个人的专业水平,用人单位可以通过自荐信中提供的相关背景资料,体察出求职者独到的智慧与才干,使他们从中看到希望,并作出对求职者有利的决定。因此每封自荐信都要针对适合的雇主而精心设计,以此表明你明白该公司的需要。写作中的注意事项包括:

1. 真实客观

写自荐信要坚持实事求是的原则,用成就和事实代替华而不实的修饰语,恰如其分地介绍自己。

2. 突出重点,不是履历的翻版

根据求职的目的来布局谋篇,把重要的内容放在篇首,对相同或相似的内容进行归类组合,段与段之间按逻辑顺序衔接,从阅信人的角度出发组织内容。

3. 篇幅简短

自荐信要具个人特色、亲切且能体现出专业水平,意思表达要直接、简洁,书写要清晰、简单明了,内容、语气、用词的选择和对希望的表达要积极,一封求职信不能多于一页。

4. 文面整洁

不宜有文字上的错误,切忌有错字、别字、病句及文理欠通顺的现象发生。

二、个人简介

(一)个人简介的概念

个人简介,即个人简历,个人简介可以是表格的形式,也可以是其他形式。本质上是自己用书面形式的自我介绍。

(二)个人简介的格式和写法

1. 开头

简单介绍自己的基本情况:姓名、性别、年龄、学历、政治面貌、专业、毕业时间、工作情况、社会职务等。

2. 正文

正文即主体部分。

(1)介绍学习简历,按时间顺序。

(2)工作简历——依次介绍。

(3)基本素质。

(4)能力,重要能力安排在前。

3. 尾部

姓名×××

时间××××年××月××日

附:联系方式

(三)个人简介写作的注意事项

(1)突出过去的成就。重点介绍自己的专业水平、能力及综合素质,略谈自己对学习、工作、生活等的观点、看法,扬长避短。

(2)履历表篇幅简短,简洁明了,切忌过长,应尽量浓缩在2—3页。

(3)履历表上的资料必须真实客观。

(4)避免修饰语言,客观理性、准确、平实、简洁陈述。

第二节　其他生活文书

一、启事

(一)启事的概念

"启"含有"陈述"的意思,"事"就是"事情"。启事就是公开陈述事情。

各级党政机关、企事业单位、社会团体及个人将需要向大众公开说明、并希望获得关注、理解、支持和协助的事情，简写成文，通过媒体或其他方式公开，这种事务性文书就是启事。

(二) 启事的种类

种类有找寻启事、招领启事、招聘启事、招租启事、开业启事、停业启事、庆典启事、迁址启事、征婚启事、征友启事、征集启事、征订启事、遗失作废启事、更正启事、致歉启事等。

(三) 启事的结构要素

结构要素：

文头部分：标题。

正文部分：(1) 启事的原因；(2) 启事的事项；(3) 结束用语；(4) 联系事项或其他事宜。

文尾部分：(1) 启事单位或个人署名；(2) 启事日期。

(四) 启事的写作格式和方法

1. 标题

启事的标题大致有三种写法：

(1) "单位名称+事由+文种"，如《××市新华书店重新开业启事》。

(2) "事由+文种"，也是启事最常见的标题，如《招领启事》《寻人启事》等。

(3) "事由"，如《征婚》《招租》《征稿》《更正》等。

2. 启事的原因

概要点明作此启事的原因或目的；

3. 启事的事项

启事的主体内容，应具体写清：

找寻对象的各种特征、丢失或走失地点与时间；

招领对象的大致情况、拾到地点与时间；

招聘岗位职责、条件待遇、应聘时间地点及要求；

招租对象的具体情况、租用要求与租金；

开业时间、地点、宗旨、经营范围、优惠措施；

迁址时间、地点、原优惠措施的处理；

征集活动说明、要求、时间、方式、奖励措施等。

4. 结束用语

启事的结束用语应根据启事的具体事项，对应地或提出希望，或发表声明，或阐明态度，或表示欢迎，或表达感激等。如："望各位同学踊跃投稿！""本人严正声明此合同章作废！""对于给各位顾客带来的不便，我们深感抱歉！""欢迎广大新老客户惠顾！""本人不胜感激！""本人定将重金相酬！"等。

5. 联系事项或其他事宜：(略)

6. 启事单位或个人署名：(略)

7. 启事日期：(略)

（五）启事写作的注意事项

1. 总体特点

（1）真实性：启事必须符合客观实际，要用真实的事实来说话。

（2）单一性：启事要求告知的事项单一，不掺杂无关内容。

（3）公开性：启事要通过媒体或其他形式向大众广泛发布，无秘密可言。

（4）期望性：启事不是公文，没有约束力；它只能期望得到人们的了解、支持和帮助，而不能强制人们承担相应的责任和义务。

2. 具体技巧

要素要齐全，格式要规范，陈述要概要，说明要具体，事实要清楚，情况要真实，语气要中肯，态度要诚挚，期望要切实，联系要明确。

二、海报

（一）海报

海报是一种信息传递艺术，是一种大众化的宣传工具。海报又称招贴画。是贴在街头墙上，挂在橱窗里的大幅画作，以其醒目的画面吸引路人的注意，20世纪从某种意义上来讲是政治宣传的世纪，海报作为当时的宣传途径也达到了顶峰，其中的两次世界大战、西班牙内战等更是政治海报创作的高峰期，尤其在20世纪前50年，是宣传海报大行其道的黄金时代。一般的海报通常含有通知性，所以主题应该明确显眼、一目了然（如××比赛、打折等），接着概括出如时间、地点、附注等主要内容。海报的插图、布局的美观通常是吸引眼球的很好方法。

（二）海报设计

海报设计是基于在计算机平面设计技术应用的基础上，随着广告行业发展所形成的一个新职业。该职业技术的主要特征是对图像、文字、色彩、版面、图形等表达广告的元素，结合广告媒体的使用特征，在计算机上通过相关设计软件来为实现表达广告目的和意图，所进行平面艺术创意性的一种设计活动或过程。

（三）表现

店内海报设计：店内海报通常应用于营业店面内，做店内装饰和宣传用途。店内海报的设计需要考虑到店内的整体风格、色调及营业的内容，力求与环境相融。

招商海报设计：招商海报通常以商业宣传为目的，采用引人注目的视觉效果达到宣传某种商品或服务的目的。招商海报的设计应明确其商业主题，同时在文案的应用上要注意突出重点，不宜太花哨。

展览海报设计：展览海报主要用于展览会的宣传，常分布于街道、影剧院、展览会、商业闹市区、车站、码头、公园等公共场所。它具有传播信息的作用，涉及内容广泛、艺术表现力丰富、远视效果强。

（四）步骤

（1）这张海报的目的？

（2）目标受众是谁？

（3）他们的接受方式怎么样？

（4）其他同行业类型产品的海报怎么样？
（5）此海报的体现策略？
（6）创意点？
（7）表现手法？
（8）怎么样与产品结合？

（五）要素

（1）充分的视觉冲击力，可以通过图像和色彩来实现。
（2）海报表达的内容精练，抓住主要诉求点。
（3）内容不可过多。
（4）一般以图片为主，文案为辅。
（5）主题字体醒目。

（六）注意事项

（1）海报一定要具体真实地写明活动的地点、时间及主要内容。文中可以用些鼓动性的词语，但不可夸大事实。
（2）海报文字要求简洁明了，篇幅要短小精悍。
（3）海报的版式可以做些艺术性的处理，以吸引观众。

（七）海报设计软件

海报设计一般要用到以下软件：
（1）图像处理软件：Photoshop。
（2）矢量绘图软件：Illustrator 或 CorelDRAW。

（八）海报设计

海报按其应用不同大致可以分为商业海报、文化海报、电影海报和公益海报等，这里对它们作大概的介绍。

1. 商业海报

商业海报是指宣传商品或商业服务的商业广告性海报。商业海报的设计，要恰当地配合产品的格调和受众对象。

2. 文化海报

文化海报是指各种社会文娱活动及各类展览的宣传海报。展览的种类很多，不同的展览都有它各自的特点，设计师需要了解展览和活动的内容才能运用恰当的方法表现其内容和风格。

3. 电影海报

电影海报是海报的分支，电影海报主要是起到吸引观众注意、刺激电影票房收入的作用，与戏剧海报、文化海报等有几分类似。

写作海报要注意的问题：
（1）内容必须真实，不能为了增强宣传效果而夸张失实。
（2）配图海报力求图文并茂，但不可因画害意。
（3）文字要简明易懂、生动活泼，条目要清楚、主题要突出。

实　　训

1. 分析指出下文的问题。

求　职　信

尊敬的招聘官：

您好！我是来自××师范大学的张××，希望可以成为贵校的教师，同时请求面试，以便面陈。

（1）我有长达一学期的教学经验。我曾应聘到××市××街实验中学担任物理代课教师。

（2）我具备专业的学科素养。能准确、生动地传达学科知识，物理实验操作技能强，能直观地进行课堂演示。

（3）我具备专业的教师技能，包括教师教学语言、仪态、板书。

（4）我能有效处理师生关系，以促进教育教学顺利进行，推进教育业绩走得更深、更远。

（5）我能管理好班集体，能以最真挚的情感凝聚班集体，以最负责的态度带动班集体，以最公平、民主的方式作用于班集体。

（6）能熟练使用办公软件，能制作优美、直观的动画，能制作PPT、电子文档和电子表格。

上述的一切得益于我大学阶段的努力学习、担任学生干部时积累的宝贵经验。另外，由于我长期在××街实验中学担任物理代课教师，这也让我充满自信！我相信，以我饱满的热忱、认真负责的态度、充分的准备一定可以与我的学生发生有效的化学变化！我相信其结果会比焰色反应更五光十色、绚丽多彩！比酸、碱中和反应更加高效、迅速！比稀有金属更加宝贵！

如果有人认为上述任何一项我办不到的话，我愿意在贵校的教师或您指定的任何地方进行现场教学模拟，与其他竞聘者同场竞技！

向您问好！

张××
××××年××月××日

2. 结合自己所学的情况，拟定一个目标岗位，写一封500字左右的自荐信。要求格式准确、真实可信、条理清楚、文笔简洁。

第八章　经济文书

> **学习要求**
>
> 1. 理解招标书、投标书、产品说明书、导游词的概念。2. 掌握以上文书的构成及写作方法。

经济文书就是涉及经济内容的应用文章。常见的经济文书有：招标书、投标书、产品说明书。虽然导游词并不属于严格的经济文书，但我们还是把它列进来。

第一节　招标书　投标书

一、概述

招标、投标是一种国际上普遍运用的、有组织的市场交易行为，是贸易中的一种工程、货物、服务的买卖方式。

招标是指招标人（买方）发出招标公告或投标邀请书，说明招标的工程、货物、服务的范围、标段（标包）划分、数量、投标人（卖方）的资格要求等，邀请特定或不特定的投标人（卖方）在规定的时间、地点按照一定的程序进行投标的行为。

招标书又称招标通告、招标启事、招标广告，它是将招标主要事项和要求公告于世，从而使众多的投资者前来投标。一般都通过报刊、广播、电视等公开传播媒介发表。在整个招标过程中，它是属于首次使用的公开性文件，也是唯一具有周知性的文件。

投标与招标是相对应的概念，它是指投标人应招标人特定或不特定的邀请，按照招标文件规定的要求，在规定的时间和地点主动向招标人递交投标文件并以中标为目的的行为。

投标书是指投标单位按照招标书的条件和要求，向招标单位提交的报价并填具标单的文书。它要求密封后邮寄或派专人送到招标单位，故又称标函。它是投标单位在充分领会招标文件，进行现场实地考察和调查的基础上所编制的投标文书，是对招标公告提出要求的响应和承诺，并同时提出具体的标价及有关事项来竞争中标。

二、招标书、投标书的写作

（一）招标书写作

1. 组成

招标书一般由标题、正文、结尾三部分组成：

（1）标题。写在第一行的中间。常见写法有四种。一是由招标单位名称、招标性质及内容、招标形式、文种四元素构成；二是由招标性质及内容、招标形式、文种三元素组成的标题；三是只写文种名称《招标书》；四是广告性标题，如《谁来承包×××工厂》。

（2）正文。正文由引言、主体部分组成。引言部分要求写清楚招标依据、原因。主体部分要翔实交代招标方式（公开招标、内部招标、邀请招标），招标范围，招标程序，招标内容的具体要求，双方签订合同的原则，招标过程中的权利和义务、组织领导、其他注意事项等内容。

（3）结尾。招标书的结尾，应签具招标单位的名称、地址、电话、电报挂号等，以便投标者参与。

2. 写作要求

（1）周密严谨。招标书不但是一种"广告"，而且也是签订合同的依据。因而，是一种具有法律效应的文件。这里的周密与严谨，一是指内容，二是指措辞。

（2）简洁清晰。招标书没有必要长篇大论，只要把所要讲的内容简要介绍，突出重点即可，切忌没完没了地胡乱罗列、堆砌。

（3）注意礼貌。这时涉及的是交易贸易活动，要遵守平等、诚恳的原则，切忌盛气凌人，更反对低声下气。

（二）投标书写作

1. 投标书种类

依性质和内容划分，金融投标书有金融融资服务投标书，项目贷款投标书，资金集中管理投标书，现金管理平台投标书，企业网上银行投标书，金融代理服务投标书（如代收费、代发工资、代办保险等），金融理财服务投标书，基本账户开设投标书等。

依投标单位的组成情况划分，有单个银行投标书、银团投标书、联合投标书等。

2. 投标书的构成

一份完整的投标书应当包括如下几个部分：

（1）标题。投标书标题一般由项目名称和文种组成，例如《××省省属大专院校助学贷款投标书》；有时为了简略起见，标题也可只写《投标书》或《投标单》等。

（2）致送单位。即投标书的致送对象，系指招标单位或者招标办公室，要写其全称或者规范化简称，以示郑重。

（3）引言。这部分是投标书的导语，要用较为概括的语句，简要明确地交代出投标的目的或依据，例如："根据已收到的贵公司招标编号为 ARBUO—ZB001 号的项目招标文件，遵照国家有关招标投标管理办法的规定，我行经研究上述工程招标文件的投标须知、合同条件、技术规范、项目期限和其他有关文件后，我方决定参加投标。"上例引言中将投标的依据表达得很明确,令人一目了然。

（4）正文。这部分是投标书写作的重心,必须着力写好。要紧紧围绕招标文件的具体要求进行表述,充分展示出本银行的实力和竞争能力,从而取得竞标成功。切忌主次不分,抑或过多地宣讲本银行的自我介绍,那样反而令人反感。就通常而言,投标书的内容应主要载明竞标项目的价格(标价)、保证和条件等,要注意写得明确、具体、完整。其中项目的价格(标价)部分应首先将有关招标的金融产品与服务内容、质量和数量等交代清楚,然后写明完成招标项目的产品与服务内容、质量、数量、标价及优惠等;保证和条件是指要载明保证完成的期限、组织保障、服务承诺等,要写得明确具体,以便令招标单位通盘考虑,认真权衡,予以采纳。

在具体写法上,可以采取表格形式,也可采取分条列项的形式,将有关内容依次陈述清楚即可。要注意所用数据必须做到完整、准确,所提目标必须确凿可信,所提措施必须切实可行。

（5）结尾。

投标书的结尾部分应当写明投标单位的名称、地址、邮编、联系人姓名和电话以及电子邮箱等,并署上日期,加盖公章。

3. 写作要求

（1）要及时拟制和提交。

由于招标是招标单位为了选择金融产品与服务,将有关条件和要求予以公布,利用投标者之间的竞争而优选投标人的行为,具有明确具体的时限要求,因此投标银行必须确切把握住时机,在特定的时限内拟制并适时送交投标书,以便实现投标的目的。不然,时过境迁,就会贻误良机,使中标的愿望落空。

（2）要坚持实事求是的原则。

无论招标与投标,都是在国家金融政策法规规定允许的条件下十分严肃的金融交易行为,其整个过程都要受到国家有关监督机关和部门的指导和约束。因此,在撰写时必须坚持从实际出发,实事求是的原则,不容粗疏延误。特别是投标书,作为投标单位一方,必须做到这一点。要认真细致地权衡人员素质、技术水平、金融实力,做到量力而行,量体裁衣。切不可只为中标而夸大其词或弄虚作假,否则就会给国家、招标单位以至自身利益造成难以预料的损失。

（3）要知己知彼,增强竞争力。

在写投标书前,必须进行认真的市场情报收集工作,力求准确吃透招标单位的需求及思路,使本银行提出的投标书与招标书的内容合拍。同时还要认真研究参与竞争对手的实力与营销策略,知己知彼,既合理核算成本,又使报价适中,具有竞争力。

（4）要注意明确性和可行性。

撰写投标书,其所涉及的每一项内容,特别是有关的目标、标价、完成期限、质量标准以及服务承诺等,必须写得明确具体,切实可行。要本着适度的原则,尽量预见各种可能遇到的情况,充分展示出自身的金融实力、技术水平和不凡的经营策略,既不要"好高骛远",妄加许诺,也不能疏于"保守",进而在用语上流于空洞浮泛,以致有损投标书的质量,影响中标。

(5) 要注意文字的简洁性和内容的周密性。

投标书是一种实用性很强的文书,因而在语言表达上应力求准确、简要,特别涉及有关的技术指标、质量要求、服务承诺等,更应如此。要避免诸如"尽可能""力争"、"以后"等模糊度较大的词语出现,以免言不及义,事与愿违。同时要对照招标书的要求,对投标书的各项内容的表达进行严格的检查,做到严谨周密,完备无遗,防止粗心大意,遗漏重要事项。

第二节 产品说明书

一、概述

产品说明书是对产品的结构、性能、规格、用途、使用方法、维修保养等的说明性文字。产品说明书制作,是以文体的方式对某产品进行相对的详细表述,使人认识、了解到某产品。产品说明书制作要实事求是,制作产品说明书时不可为达到某种目的而夸大产品的作用和性能,这是制作产品说明书的职业操守。

1. 产品说明书的作用

(1) 指导消费。产品说明书对商品或服务内容进行客观的介绍、科学的解释,可以使消费者了解产品的特性、掌握产品的操作程序,从而达到科学消费的目的。这是产品说明书最主要的作用。

(2) 宣传企业。说明书在介绍产品的同时,也宣传了企业,因而兼有广告宣传的性质。

(3) 传播知识。当说明书伴随着产品走向消费者群的时候,它所包含的新知识、新技术,也为群众所了解。

2. 产品说明书的类型

产品说明书大致分为以下五种类型。

(1) 按对象、行业的不同,可分为工业产品说明书、农产品说明书、金融产品说明书、保险产品说明书等。

(2) 按形式的不同,可分为条款(条文)式产品说明书、图表式产品说明书、条款(条文)和图表结合式说明书、网上购物产品说明书、音像型产品说明书、口述产品说明书等。

(3) 按内容,可分为详细产品说明书、简要产品说明书等。

(4) 按语种,可分为中文产品说明书、外文产品说明书、中外文对照产品说明书等。

(5) 按说明书的不同性质,可分为特殊产品说明书、一般产品说明书等。

二、产品说明书的写作

产品说明书的结构通常由标题、正文和落款三个部分构成。正文是产品说明书的主体、核心部分。

1. 标题

说明书的标题通常由产品名称或说明对象加上文种构成,一般放在说明书第一行,要注重视觉效果,可以有不同的形体设计。

2. 正文

正文是产品说明书的主体部分,是介绍产品的特征、性能、使用方法、保养维护、注意事项等内容的核心所在。常见主体有以下内容:

(1) 概述;(2) 指标;(3) 结构;(4) 特点;(5) 方法;(6) 配套;(7) 事项;(8) 保养;(9) 责任。

3. 落款

落款即写明生产者、经销单位的名称、地址、电话、邮政编码、Email 等内容,为消费者进行必要的联系提供方便。

4. 撰写产品说明书的要求

第一,要有责任意识。

产品说明书的写作要有很强的责任意识,不仅要客观,更要精确,不可无依据地乱写。语言要求准确、通俗、简明。

第二,要有大众意识。

产品说明书的受众不是专业人员,所以要用通俗易懂的语言,尽可能图文并重,让消费者掌握产品的用法和注意事项等。

第三节 导 游 词

一、概述

(一) 基本概念

导游词是导游人员引导游客观光游览时的讲解词,是导游员同游客交流思想,向游客传播文化知识的工具,也是应用文写作研究的文体之一。

导游词从形式上有书面导游词和口语导游词两种。我们所说的导游词写作主要指书面导游词的写作。书面导游词,一般是根据一定的景观景点的游览线路写成的。它是我们所听到的口语导游词的基础与脚本。导游在掌握了书面导游词的基本内容之后,再加以临场发挥,就是我们所听到的口语导游词。

我们这里所说的导游词,主要是指书面导游词,即用文字形式书写出来的导游词。

(二) 导游词的功能

1. 引导游客

导游词的宗旨是通过导游对景观地讲解、评说,帮助旅游者更好地欣赏景观,以达到游览的最佳效果。

2. 传播知识

传统知识即向游客介绍景点所涉及的各方面知识,如建筑、传说等,使游客增长知识。

此外,导游词还有陶冶旅游者情操、推销商品的作用。

二、导游词的写作

导游词是导游员引导游客游览观光的讲解词。只有在掌握丰富资料的基础上,经过科学系统的加工整理,并在实践中不断修改、丰富和完善,才能形成具有自己特色的导游词。

1. 导游词的组成

无论是书面导游词还是口语导游词,通常由三部分组成。

(1) 开头语及结束语。

每一篇导游词,都应该有开头语和结束语。开头语包括问候语、欢迎语、介绍语、游览注意事项和对游客的希望五个方面,放在导游词的最前面。结束语中通常有总结、回顾、感谢和美好祝愿。

(2) 整体介绍。

先要对景点作概括性的介绍,让游客对景点有初步了解;然后是对游览线路和游览时间的介绍,方便下面要开展的行程。

(3) 重点讲解。

导游员在带领游客游览的过程中,由于时间等客观原因,在游览和讲解中不可能面面俱到。因此在导游词中,要对一些能够代表景区特色的重点景观进行重点讲解。这是导游词的最重要最经典的部分。

2. 导游词的写作要求

导游词有其自身的特殊性,需要把握其特点,科学地进行导游词写作。

(1) 内容要口语化,趣味性和幽默性强。

书面导游词没有直接面对游客及景观,但是它最终是用在接待旅游者的场合,所以导游词的最终呈现形式是以口语表达。另外,幽默风趣是导游词艺术性的重要体现。因此,导游词多以第一人称的方式写作,多用设问、反问等手法,仿佛游客就在眼前,可以造成很强烈的临场效果。

(2) 知识性。

导游词的主要功能是向游客传达所游览的景点的知识,所以导游词要对每一个景点都提供翔实的资料,从各个方面加以讲述,让游客听了就能对此景点或旅游目的地有详尽的了解。一篇优秀的导游词必须有丰富的内容,应融入各类知识并做到旁征博引、融会贯通、引人入胜。

(3) 综合性。

导游词既有说明性的特点,也有欣赏性的特点,因此导游词是综合性的。在一篇导游词中,会用到植物学知识、力学原理、诗词歌赋,很多时候还会用到建筑、园林、书法、绘画等方面的知识。

(4) 要有针对性。

导游词不是以一代百、千篇一律的。它必须是从实际以发,因人、因时而异,要有的放矢,即根据不同的游客以及当时的情绪和周围的环境进行导游讲解之用。切忌不顾游客千差万别,导游词仅一篇的现象。编写导游词一般应有假设对象,这样才能有针对性。

实　　训

1. 根据你所在城市的特点写一篇介绍自己家乡的导游词。
2. 请草拟一份产品说明书。

第九章 法律文书

> **学习要求**

1. 了解常用民事诉讼法律文书的写作知识。2. 了解常用诉讼法律文书的写作知识。

第一节 法律文书概述

一、法律文书的概念和特点

法律文书,指一切具有法律效力或法律意义的文件、公文的总称。其制作主体相当广泛,可以是国家机关(包括非司法部门)、企事业单位、社会团体,也可以是个人。

相比于其他文书而言,法律文书具有以下特点。

(一)主旨的鲜明性

"主旨"是文书的中心思想和写作目的,这是一篇文书的灵魂。对于法律文书的写作来说,一般是在法律工作进行过程中,在一定的工作环节中已然产生了制作某种文书的主旨,而后才制作某种文书的。也就是说文书制作者写作时主要应考虑的是用什么样的表达形式把已经形成的文书主旨表达清楚,阐述明白。同时,由于法律文书都是为解决一定的亟待解决的法律实务问题的,所以又必须在文书中把主旨表达得一清二楚、鲜明突出。这是由法律文书本身的性质所决定的。

(二)材料的客观性

"材料"是用以说明文书主旨的支柱、根基,所以必须严格要求做到主旨和材料的完全统一,也就是通常所说的观点和材料相统一。而法律文书又是办理或裁处法律实务的文字凭证,极具实效性,因而材料更必须是绝对真实的,确凿无误的,容不得半点虚假,否则就会在实施过程中遇到阻碍。即便强行地推行下去了,也会产生很大的负面影响。所以教材中突出强调了材料的客观真实性,并以此作为法律文书必须严格遵循的一条写作规则。

(三)内容的法定性

"内容"的法定性,这是由法律文书自身的专业特点所要求的,也是有别于其他文章写作的一个重要特点。许多重要的法律文书都要求写明当事人的基本事实要素,除姓名、性别、年龄外,还要写明其出生地点、职业和职务(凡有工作单位者)、住所等。

其中年龄一项还要求写明具体的出生年月日。这些在一般文章中并非必备的要素,但在法律文书中却是必不可少的。例如某某当事人的具体出生年月日,常常是在法律上足以说明其是否应对某种法律行为负法律责任、是否应予刑事处罚,或者是否应该从轻处罚等问题的法定条件,因此必须写清楚。再如重要的法律文书除要求写明事实的过程外,还要求写明足以证明事实的证据。这对某些其他文章的写作而言也不是必备的要素。

（四）形式的程式性

"形式"的程式性,这也是区别于其他文章写作的重要特点。它不仅区别于文学、新闻等写作形式,甚至于和行政公文也有区别。行政公文虽然也有一定的程式,但与法律文书相比较那只是一个大的框架,远不如法律文书划分得那样细密具体。更不要说大部分表格式的法律文书,其要求填写说明的事项内容更是十分严格和要求准确的。这种程式化的固定形式正是法律实务工作所必需的,同时也为实际工作者的书写制作提供了极大的便利条件。

（五）语言解释的单一性

根据法律文书的实效性和利害关系的直接性的特点,要求语言文字必须做到单一解释。因为法律文书的语言文字如不能做到单一解释,就有可能直接损害国家、集体或当事人个人的直接利益,严重影响文书所产生的法律实效。

二、法律文书的分类

法律文书的类别可依不同的分类标准而划分为各种不同的类别。

（1）依制作主体的不同,可以分为公安机关的刑事法律文书,人民检察院的检察文书,法院的诉讼文书、公证文书、仲裁文书和律师实务文书。

（2）依写作和表达方法的不同,可分为文字叙述式文书、填空式文书、表格式文书和笔录式文书。

（3）依文种的不同,可分为报告类文书、通知类文书、判决类文书、裁定类文书、决定类文书等。

（4）依案件性质可分为刑事类、民事类(含经济)、行政类法律文书。

由于法律文书包含的种类众多,内容庞杂,涉及的法律专业知识又具有极高的专业性,且有些法律文书是公检法机关才会接触使用,鉴于该种情况,本部分只介绍普通公民在日常生活中使用频率较高的几种法律文书,摒除掉专有机关使用的法律文书和需要较强法律专业知识才能使用的法律文书。

三、法律文书的写作要求

（一）法律文书在内容上的写作要求

法律文书内容上的写作要求主要是指主旨明确,材料真实。法律文书的主旨,就是文书制作者在文书中所表现的写作目的及其主张。也就是我们所说的普通文章的主题中心思想或基本观点。不同文种的法律文书,其主旨又有不同的表现。法律文书是为了解决法律活动中的具体问题而制作的,文书肯定什么,否定什么,维护什么,反对什么,都要做到态度明朗,观点鲜明,绝不可含糊其词,模棱两可。诸如刑事法律文书中的罪与非罪、此罪与彼罪、重罪与轻罪界限的区分;民事法律文书中对当事人双方是与非的分辨,责任大小的区分,过错与非过错的判定所表达出来的基本观点认识都应一清二楚、不生歧义。

法律文书的材料是指文书制作者为着某一制作目的,从办理的诉讼案件及非诉讼法律事务中,搜集、摄取并经过认真分析、归纳、取舍后写入文书中的一系列事实、证据、法律条款和法学理论。因此法律文书的材料可分为两类:第一类是事实性材料,主要指案件或事件的事实和证据材料;第二类是理论性材料,是指用于论证的法律条款和法学理论。法律文书的材料不同于其他文体的材料,材料必须客观真实,经反复核对,出处准确无误,使用数据说明问题要求精确无比,绝不允许夸大或缩小事实,材料不能虚构,不能作假,不能捏造事实,这有别于文学作品的选材。

(二) 法律文书在表达方式上的写作要求

关于表达方式,法律文书常用到记叙、议论、说明这几种表达方法,一般很少用抒情类表达方式。

法律活动以事实为根据,以法律为准绳,因此,对于法律活动内容和结果文字表述形式的法律文书来讲,事实叙述就成了最基本的表达方式。法律文书写作中的记叙是将事件、行为的前因、后果、过程、时间、地点、参加人说清楚,为法律判断提供客观基础。因此,记叙一般是平铺直叙,要求详细、具体、客观,尤其是关系到当事人权利、义务和法律争议的地方。法律文书中的记叙和新闻写作中的记叙类似,并且比新闻写作在客观性、具体性上要求更严格,而与文学写作的记叙大不相同。文学写作中的记叙很多情况下反对客观、具体、详细,反对平铺直叙,而是出于表情达意或美学需要,强调修辞、强调辞藻、强调悬念、情节的跌宕起伏、强调语言的美,法律文书写作记叙的目的是将事件或行为的客观过程呈现出来,追求的是真;文学写作中的记叙,作者的目的是将经过自己审美观照的事件或行为展示给读者,让读者通过阅读获得审美享受,追求的是美。

议论,也叫说理就是讲述道理,论说是非曲直。它是作者通过事实材料和逻辑推理的方式来表明自己观点的一种表达方式。法律文书中的"理由"即说理的过程。理由是法律文书结构中极其重要的组成部分,它起到承上启下的作用,上承事实,下启结论,是文书的灵魂。它主要包括两大方面的内容:一是认定事实的理由,证明司法机关认定的案情事实是确凿无疑的;二是适用法律的理由,证明对案件的处理决定是合情、合理、合法的。总之,法律文书的说理必须坚持"以事实为根据,以法律为准绳"的原则。

说明是对客观事物的性质、状态、特征、成因、关系、功用或发生发展的解释、介绍,使人们对事物有着明晰的、完整的了解和认识的一种表达方式。说明的叙述方法在法律文书中的应用也非常广泛,法律文书中的说明要做到把握特点、真实客观、言简意赅、言而有序。一是部分文书全篇以说明为主,如有些表格填写式的送达回证、传票、执行通知书等的填写以及现场勘查笔录、科学技术鉴定结论等文书,几乎全用说明。二是在叙述、议论之间,穿插使用说明的方法,如判决书中关于处理决定的说明等。法律文书中说明的应用通常涉及对人、现场及其他有关事项的说明。对人的说明,绝大多数法律文书都有涉及。如起诉书中,要介绍原被告双方的姓名、性别、出生年月日、民族、籍贯、职业或工作单位和职务、住址等自然情况;如涉及公司法人,还要写明公司、团体全称和所在地址、法定代表人姓名、职务等。有些法律文书也会涉及对痕迹或者现场情况的说明,如现场勘查笔录,它是侦查人员在办案过程中,依法对犯罪分工作案的场所和有关的痕迹、物品、人身、尸体进行勘验、检查,或人民检察院审理民事案件过程中对现场或物证进行勘验时所作的文字记录。

(三) 法律文书在语言上的写作要求

法律文书写作在语言上要做到准确、规范、庄重、平实的要求。

准确,是指语言传达的意思与客观事实情况相符合,与作者的内心想法相符合,即不夸大也不缩小,词能达意。准确是法律文书语言上的最基本要求,因为文书内容涉及当事人的权利义务、财产、自由甚至生命,因此必须要求准确,不能模糊不清,也不能模棱两可。如"违法"与"犯罪"、"不起诉"与"免予起诉"、"无罪释放"与"免除刑罚",每组词都是前者表示无罪,后者表示有罪,这涉及非罪与罪的界限问题,含糊不得。

规范,即标准。法律语言的规范性主要体现在以下几个方面:一是指法律文书的组词造句、表情达意要遵守汉民族共同语——普通话的词语含义及语法规则;二是使用规范正确的法律术语;三是不使用方言、土语,不滥用外来词语;四是不生造词语,不使用已废用的古语词;五是不乱用异体字、繁体字及未经国家批准公布的简化字。但是,在少数民族聚居地及多民族共同居住地区,根据实际工作需要,司法机关在制作法律文书时可使用当地通用的一种或几种文字,但也要求符合该语言文字的使用规则。

庄重是指语言不随便、不轻浮,郑重严肃。在语言使用上,要避免使用污言秽语,不讲粗野、轻率、调侃的话。语言褒贬有度,不过分渲染感情,不用抒情色彩浓厚的词语。

朴实是指语言直白,通俗易懂。力戒华丽辞藻,不用过分的修辞,描写和抒情,不搞弦外之音,不事渲染铺陈夸张,不故作高深。

第二节 常用民事诉讼法律文书

依照案件的性质,可分为民事诉讼、刑事诉讼和行政诉讼三种文书。刑事诉讼法律文书和行政诉讼法律文书大多由专门的公检法机关使用,具有较强的专业性,普通公民接触的可能性较低。民事诉讼法律文书所包含的内容众多,如民事起诉状、答辩状、公示催告申请书、诉讼保全申请书等,而这其中常用的是民事起诉书和民事答辩状,因此本部分只介绍民事起诉状和民事答辩状的写作。

一、民事起诉状

民事起诉状,是指民事主体或其法定代理人认为自己或由自己保护的民事权益受到损害或发生争议时,为维护自身或其保护的民事权利主体的民事权益,根据《民事诉讼法》的规定,向人民法院提出诉讼、要求人民法院依法裁决的书面请求。

(一)民事起诉状的内容和结构

一般来说,民事起诉状包括三个部分,即首部、正文和尾部。

1. 首部

民事起诉状的首部包括标题和当事人的基本情况两部分。

(1)标题。

标题即《民事起诉状》或《民事诉状》,有时也可直接写《起诉状》。标题要居中,字体要比正文大。

(2)当事人的基本情况。

写当事人的基本情况时要注意以下内容。

第一,当事人基本情况要在标题下空一到两行处写,且要空两格。

第二,当事人基本情况的字体要与正文的字体一致,也就是要比标题的字体小。

第三,当事人基本情况要先写原告,再写被告及其他当事人。

第四,在当事人的称谓后用":"表示,引出当事人的基本情况。如果当事人是公民的,应写明姓名、性别、年龄、民族、籍贯、职业、工作单位及住所;如果当事人是未成年人或其他无民事案件行为能力人或限制民事案件行为能力人。在写完上述内容后,另起一行写法定代理人的基本情况,包括姓名、性别、年龄、职业等(与当事人基本情况的内容大概一样),还要写明法定代理人与当事人的关系。

若当事人是单位或其他组织的,应写明单位名称、地址、法定代表人(或负责人)的姓名及职务。单位的名称应与公章上的名称一致,不能用简称。当事人有委托代理人的,应在当事人基本情况后另起一行写代理人的基本情况。

2. 正文

正文包括三个部分:诉讼请求、事实和理由、证据。

(1)诉讼请求。

诉讼请求就是原告请求人民法院依法解决的有关民事权益争议的具体问题。如"请求法院依法判令被告立即还清欠款人民币十万元。"

在写诉讼请求时,应注意下列问题。

第一,诉讼请求应具体化明确,不能模糊不清。诉讼请求是要求人民法院解决的争议,是原告一方要求被告一方满足其某方面的民事权利。因此,诉讼请求应具体明确。让法院一看就明白原告要求法院解决什么问题,让被告一看就知道原告要求被告满足原告什么要求,使之一目了然。如离婚案件,诉讼请求可明确:"请求法院判令原告与被告离婚";合同案件就可以写"请求法院判定合同无效"等。

第二,诉讼请求要合理合法、切实可行。诉讼请求是要求法院解决的问题,既然是由法院来解决,就必须合法,只有合法的请求,才有可能得到法院的支持。除了合法之外,诉讼请求还应合理,应该有证据证实,还应该说切实可行。

第三,在形式上,诉讼请求应该在当事人基本情况后,空一行,再另起一行空两格处写。一般写成:"诉讼请求"之后用":"引出。具体的请求另起一段来写,如果请求有多个,分别用序号列出。

(2) 事实和理由。

事实和理由一般分成两部分来写,一部分写事实,一部分写理由。

事实部分主要写明以下几方面的内容。

第一,原告与被告存在民事法律关系的事实,如双方在什么时间签订了什么合同;双方在何时结婚等。

第二,双方发生民事权益争议的时间、地点、原因、经过、情节和结果等。

第三,写明双方争执的焦点。即双方对具体案件的分歧。

第四,分清责任。在叙述案情的基础上,应恰如其分地说明被告应承担的责任。如果原告也有一定的过错,也要恰如其分地说明。

理由部分,是根据民事权益争议的事实和证据,写明被告侵权或违约行为的性质和造成的后果以及应承担的法律责任。在写理由部分时应注意:

第一,依事论理。即在说清事实的基础上,根据事实和证据认定被告侵权行为或与之争议的权益的性质、所造成的后果及应承担的责任。

第二,依法论理。根据不同案件的性质,援引有关法律条款阐明起诉的理由。

第三,理由应与事实、诉讼请求相一致。理由是对事实的评论,是从事实中引出的合乎逻辑的结论。因此,理由必须与事实相吻合,才有说服力。

(3) 证据。

证据即证明所叙述的事实的真实性、可靠性的依据。根据民事诉讼的要求,"谁主张谁举证",因此,原告对其诉讼请求,有责任列举证据加以证实,所以证据就成为民事诉状中一个重要组成部分。由于证据与案件事实和密不可分的,在叙述案件事实时,往往离不开相关的证据。因此,在诉状中,如果在叙述到相关的事实时,都列出息息相关证据,会使诉状过于烦琐。因此,在写诉状时,往往只在相关事实后写明证据的序号,而另外单独列表表示有关证据。

3. 尾部

尾部主要包括三部分内容:致送人民法院名称、具状人签名和时间、附项。

(二) 民事起诉状的格式

【例9-1】

民事起诉状

(自然人)原告:　　　　性别:　　　　年龄:　　　　民族:

工作单位:　　　　　　　　　　　　电话:

住址:　　　　　　　　　　　　　　邮编:

(法人或其他组织)原告:(全称):　　　　　　　　　　电话:

法定代表人姓名:　　　　职务:

地址:　　　　　　　　　　　　　　邮编:

(自然人)被告:　　　　性别:　　　　年龄:　　　　民族:

工作单位:　　　　　　　　　　　　电话:

住址： 邮编：
(法人或其他组织)被告:(全称)： 电话：
法定代表人姓名： 职务：
地址： 职务：
案由：
诉讼请求:(写明:请求的目的和要求)

起诉事实和理由:(简要写明:原、被告之间的争议内容,包括发生纠纷的时间、地点、原因并阐明起诉的理由和根据)

此致
_____人民法院

原告(签名或盖章)：
年　月　日

附:起诉状副本_____。证据材料_____份。

二、民事答辩状

答辩,是一种应诉法律行为,提出答辩状是法律赋予被告、被上诉人或被申诉人的一种诉讼权利。被告、被上诉人或被申诉人,通过提出答辩状,向人民法院表明自己的态度和意见,以维护自己的合法权益。同时也有助于人民法院全面了解案情,查明事实真相,分清是非曲直,公正地审理案件。民事答辩状,是指民事诉讼的被告针对原告的起诉作出回答和辩驳时所使用的书状。

(一) 民事答辩状的结构和内容

民事答辩状分为首部、正文、尾部三部分。

1. 首部

(1) 标题。

在文书上部正中写明"民事答辩状"字样,不能只写"答辩状"。

(2) 答辩人情况。

写明答辩人的姓名、性别、出生年月日、民族、职业、工作单位和职务、住址等。如答辩人系无诉讼行为能力人,应在其项后写明其法定代理人的姓名、性别、出生年月日、民族、职业、工作单位和职务、住址,及其与答辩人的关系;答辩人是法人或其他组织的,应写明其名称和所在地址、法定代表人(或主要负责人)的姓名和职务。如答辩人委托律师代理诉讼,应在其项后写明代理律师的姓名及代理律师所在的律师事务所名称。

2. 正文

（1）答辩理由。

答辩状正文应针对起诉状中那些与事实不符、证据不足、缺少法律依据等内容,进行重点突出的系统辩驳,与此同时要申诉自己的理由和观点,提出证据,阐明法律依据,从事理、法理两方面反驳对方的观点,确立己方的理由,以处于不败之地。答辩状在写作方法上相当于一篇驳论文,故多运用反驳论证的手段,极具针对性地抓住诉状或上诉状中的要害,集中反驳,深入分析。

民事答辩状由"因……一案,提出答辩如下：……"一句引起答辩的理由。答辩理由一般分以下三个层次展开论证：首先,针对被控事实或上诉理由明确表态。对被控事实符合实际的要予以承认,也可以回避不谈。其次,是针对不符合实际的事实、证据等分别予以辩驳。这是正文的重点层次。在起诉状、上诉状或申诉状中提出的事实和证据,一般有以下四种情况：① 事实、理由、请求,都合理合法,对此,可放弃答辩;② 部分事实和证据是虚假的,应针对虚假事实予以驳斥,以真实情况纠正之;③ 事实客观存在,但曲解法律；请求不合法的,应以相应的正确法律条款加以反驳;④ 事实和证据全是虚假、歪曲的,则应补充事实,逐一澄清。除第①种情况可以放弃答辩、寻求和解外,其余三种情况都要进行答复或辩解。答辩时可先扼要地摘引对方原话,即抓住诉状中错误之处作为反驳的论点,然后进一步列举实情,以此为论据进行反驳,整个反驳的过程要事理与法理相切合,形成一个严密的逻辑论证系统,力求无懈可击。最后,引用有关法律条款的规定,证明自己的观点正确、意见合法,并总括答辩的目的。

（2）答辩请求。

答辩请求是答辩人在阐明答辩理由的基础上针对原告的诉讼请求向人民法院提出应根据有关法律规定保护答辩人的合法权益的请求。一审民事答辩状中的答辩请求主要有：① 要求人民法院驳回起诉,不予受理。② 要求人民法院否定原告请求事项的全部或一部分。③ 提出新的主张和要求,如追加第三人。④ 提出反诉请求。如果民事答辩状中的请求事项为两项以上,在写请求事项时应逐项写明。

（3）证据。

答辩中有关举证事项,应写明证据的名称、件数、来源或证据线索。有证人的,应写明证人的姓名、住址。

3. 尾部

尾部应写明致送人民法院的名称；答辩人签名,答辩人是法人或其他组织的,应写明全称,加盖单位公章；答辩时间；附项,主要应当写明答辩状副本份数和有关证据情况。

(二) 民事答辩状的格式

【例9-2】

民事答辩状

答辩人：　　　　　性别：　　　　　年龄：　　　　　民族：
工作单位：　　　　　　　　　　　电话：
(法人或其他组织)(全称)：　　　　　电话：
法定代表人姓名：　　　　　　　　　职务：
地址：　　　　　　　　　　　　　　邮编：　　　　　住址：
联系方式：　　　　　　　　　　　　法定代表人：

因＿＿＿＿＿＿＿＿＿＿诉我方＿＿＿＿＿＿＿＿一案，提出答辩意见如下：

综上所述，答辩人认为，被答辩人的起诉缺乏事实和法律依据，请求法院依法驳回其诉讼请求。

　　此致
＿＿＿＿＿＿人民法院

　　　　　　　　　　　　　　　　　　　　　　答辩人：＿＿＿＿＿＿
　　　　　　　　　　　　　　　　　　　　　＿＿＿＿年＿＿月＿＿日

附：答辩状副本＿＿＿＿＿＿份。证据材料＿＿＿＿＿＿份。

第三节　常用非诉法律文书

如前文所述，法律文书的种类很多，内容庞杂，根据与普通公民日常生活联系的紧密程度，特选取遗嘱、离婚协议、劳动合同、买卖合同、租赁合同、房屋买卖合同六种常用的法律文书加以介绍。

一、遗嘱

(一) 遗嘱的概念和特征

遗嘱是立遗嘱人生前在法律允许范围内依照法律规定处理自己的财产或其他事务，并于其死亡时发生效力的文字依据。

遗嘱的特征主要有以下三个方面：
(1) 它是一种单方面的法律行为，无须征得他人的同意。
(2) 遗嘱内容要受法律约束，不得违反《宪法》《婚姻法》《继承法》等法律规定。
(3) 遗嘱是遗嘱人死后生效的法律行为。

（二）遗嘱的格式与内容

1. 首部

（1）标题。

（2）立遗嘱人的身份情况。

2. 正文

（1）立遗嘱的原因。

（2）遗产的名称、类别、数量(额)。

（3）遗产的具体分配方法。

3. 尾部

写明遗嘱份数，然后由立遗嘱人、证明人签名盖章，写明制作时期。

（三）遗嘱格式范本

【例9-3】

遗　嘱

立遗嘱人：

为了××，特请×××和×××作为见证人，并委托××代书遗嘱如下：

一、立遗嘱人所有的财产名称、数额、价值及特征：

二、立遗嘱人对所有财产的处理意见：

三、其他：

本遗嘱一式×份，由×××、×××保存。

立遗嘱地点：

立遗嘱时间：

立遗嘱人：
见证人：
代书人：
××××年××月××日

二、离婚协议

（一）离婚和离婚协议的概念

离婚是指夫妻双方通过协议或诉讼的方式解除婚姻关系，终止夫妻间权利和义务的法律行为。按照中国《婚姻法》的规定，如感情确已破裂，调解无效，应准予离婚。夫妻"感情确已破裂"是判决离婚的法定条件。离婚有两种方式，一是通过法院，诉讼离婚；二是登记离婚，夫妻双方协商一致，即可到婚姻登记机关进行登记离婚。协商一致的内容，应该体现在离婚协议上。

离婚协议是双方当事人在自愿离婚的情况下，对婚姻的解除、子女抚养、财产分割及债务承担等问题协商达成一致而拟定的协议，一旦双方签订了离婚协议，并且据此办理了离婚登记手续,对双方均有法律上的约束力。

(二) 离婚协议的内容和格式

1. 内容

离婚协议内容中的财产分割,主要包括动产、不动产、股票及银行存款等。子女抚养,主要是指子女与谁共同生活,抚养费的分担、支付等,除此之外,还有像婚姻期间的债务、房贷等内容的约定。离婚协议在没有办理登记之前,夫妻任何一方都可以对离婚协议中的内容进行反悔,该协议对双方不具有约束力;但一旦婚姻登记机关依据离婚协议作出离婚登记或法院据此作出生效的离婚调解书,则该离婚协议就对双方产生法律上的约束力。生效的离婚协议在一般情况下当事人是不得反悔的,虽法律也有例外规定,如"男女双方协议离婚后一年内就财产分割问题反悔,请求变更或者撤销财产分割协议的,人民法院应当受理"。但该规定一般仅局限于法院查实后,在签订离婚协议时,存在欺诈、胁迫等情况时,法院才依法改判,以保护当事人合法权益。

2. 格式

(1) 首部。包括标题,夫妻双方的身份情况。

(2) 正文。主要包括以下内容:双方自愿离婚,财产分割,子女抚养权的归属,其他责任的承担等。

(3) 尾部。夫妻双方签字盖章,写明日期。

(三) 离婚协议格式范本

【例9-4】

离婚协议书

男方:_____,男,_____族,_____年_____月_____日生,住_____,身份证号码:_____。

女方:_____,女,_____族,_____年_____月_____日生,住_____,身份证号码:_____。

男女双方于_____年_____月_____日在_____登记结婚。现夫妻感情已经完全破裂,没有和好可能,经双方协商达成一致意见,订立离婚协议如下:

一、男女双方自愿离婚。

二、子女抚养、抚养费及探望权:

双方婚后生有小孩_____。儿子(女儿)_____由女方抚养,随同女方生活,抚养费(含托养费、教育费、医疗费)由男方全部负责,男方应于_____年_____月_____日前一次性支付_____元给女方作为女儿的抚养费。

在不影响孩子学习、生活的情况下,男方可随时探望女方抚养的孩子。

三、夫妻共同财产的处理:

(1) 存款:双方名下现有银行存款共_____元,双方各分一半,为_____元。分配方式:各自名下的存款保持不变,但男方女方应于_____年_____月_____日前一次性支付_____元给女方男方。

(2) 房屋:夫妻共同所有的位于＿＿＿＿＿＿＿的房地产所有权归＿＿＿＿＿方所有。

(3) 婚后购买汽车一辆,车牌号码＿＿＿＿＿＿＿,归＿＿＿＿＿方所有。

(4) 其他财产:婚前双方各自的财产归各自所有,男女双方各自的私人生活用品及首饰归各自所有(附清单)。

四、债权与债务的处理:

双方确认在婚姻关系存续期间没有发生任何共同债务,任何一方如对外负有债务的,由负债方自行承担。(＿＿＿＿方于＿＿＿＿年＿＿＿月＿＿＿日向×××所借债务由＿＿＿＿方自行承担……)

五、一方隐瞒或转移夫妻共同财产的责任:

双方确认夫妻共同财产在上述第三条已作出明确列明。除上述房屋、家具、家电及银行存款外,并无其他财产,任何一方应保证以上所列婚内全部共同财产的真实性。

六、经济帮助及精神赔偿:

因女方生活困难,男方同意一次性支付补偿经济帮助金＿＿＿＿＿元给女方。鉴于男方要求离婚的原因,男方应一次性补偿女方精神损害费＿＿＿＿＿元。上述男方应支付的款项,均应于＿＿＿＿年＿＿＿月＿＿＿日前支付完毕。

本协议一式三份,男、女双方各执一份,婚姻登记机关存档一份,自婚姻登记机颁发《离婚证》之日起生效。

男方:(签名)　　　　　　　　　　　　女方:(签名)

＿＿＿＿年＿＿＿月＿＿＿日　　　　　＿＿＿＿年＿＿＿月＿＿＿日

三、劳动合同

(一) 劳动合同的概念

劳动合同亦称劳动契约,是指劳动者与用人单位之间为确立劳动关系,依法协商达成的双方权利和义务的协议,劳动合同是确立劳动关系的法律形式。中国现行调整劳动合同的基本法律是《中华人民共和国劳动合同法》(以下简称《劳动合同法》),2007年6月29日,中华人民共和国第十届全国人民代表大会常务委员会第二十八次会议通过,自2008年1月1日起施行。

(二) 劳动合同的内容

劳动合同的内容是当事人双方达成的劳动权利义务的具体规定,表现为合同条款符合法律、行政法规的具体规定。包括两大部分。

1. 法定条款

法定条款是指依照法律规定劳动合同应当具备的条款。根据《劳动合同法》,应具备以下条款。

第一,劳动合同的期限。劳动合同的期限,是指合同的有效期间,即劳动权利义务关系的存续期限。即前面我们所说的有固定期限、无固定期限、以完成一定工作为期限的三种。以完成一定工作为期限的劳动合同是一种特殊的定期劳动合同,是指双方当事人把完成某一项工作或劳动任务作为劳动关系存续期间,约定任务完成后合同即自行终止,如"工程筹备期间""农副产品收购期间"等,均可能成为劳动合同的有效期限。

第二,工作内容和工作地点。所谓工作内容,是指劳动法律关系所指向的对象,即劳动者具体从事什么种类或者内容的劳动,包括劳动者从事劳动的岗位、工作性质、工作范围等。这一条款是劳动合同的核心条款之一,是建立劳动关系最为重要的因素。劳动合同中的工作内容条款应当规定得明确、具体,便于遵照执行。

工作地点是劳动合同的履行地,是劳动者从事劳动合同中所规定的工作内容的地点。它关系到劳动者的工作环境、生活环境以及劳动者的就业选择,劳动者有权在与用人单位建立劳动关系时知悉自己的工作地点。通常情况下,用人单位的住所就是劳动者的主要工作地点,但实践中也会出现劳动者是在用人单位的非住所地提供劳动合同的。如劳动者与北京一家用人单位签订合同,而工作地点在广州,因此在合同中写明工作地点非常重要。

第三,工作时间和休息休假。工作时间是指劳动者在用人单位应从事劳动的时间。包括每日应工作的时间。工作时间,可以实行标准工作制、缩短工作制、综合工作制、不定时工作制、计件工作制。休息休假的权利是每个国家的公民都应享受的权利。《劳动法》第三十八条规定:"用人单位应当保证劳动者每周至少休息一日。"

第四,劳动报酬。劳动报酬是指劳动者与用人单位确定劳动关系后,因提供了劳动而取得的报酬。劳动者劳动报酬主要以货币形式实现,其主要支付方式是工资,此外还有津贴、奖金等。工资约定的标准不得低于当地最低工资标准,也不得低于本单位集体合同中规定的最低工资标准。

第五,社会保险。社会保险是政府通过立法强制实施,由劳动者、劳动者所在的工作单位或社区以及国家三方面共同筹资,帮助劳动者及其亲属在遭遇年老、疾病、工伤、生育、失业等风险时,保障其基本生活需求的社会保障制度。社会保险包括"五险":医疗保险、养老保险、失业保险、工伤保险和生育保险。

2. 约定条款

《劳动合同法》第十七条规定:"劳动合同除前款规定的必备条款外,用人单位与劳动者可以约定试用期、培训、保守秘密、补充保险和福利待遇等其他事项。"这里所规定的"试用期、培训、保守秘密、补充保险和福利待遇"都属于约定条款。

第一,试用期是指对新录用的劳动者进行试用的期限。

《劳动合同法》第十九条:劳动合同期限三个月以上不满一年的,试用期不得超过一个月;劳动合同期限一年以上不满三年的,试用期不得超过二个月;三年以上固定期限和无固定期限的劳动合同,试用期不得超过六个月。

同一用人单位与同一劳动者只能约定一次试用期。

以完成一定工作任务为期限的劳动合同或者劳动合同期限不满三个月的,不得约定试用期。

试用期包含在劳动合同期限内。劳动合同仅约定试用期的,试用期不成立,该期限为劳动合同期限。

第二,服务期。用人单位为劳动者提供专项培训费用,对其进行专业技术培训的,可以与该劳动者订立协议,约定服务期。劳动者违反服务期约定的,应当按照约定向用人单位支付违约金。违约金的数额不得超过用人单位提供的培训费用。用人单位要求劳动者支付的违约金不得超过服务期尚未履行部分所应分摊的培训费用。用人单位与劳动者约定服务期的,不影响按照正常的工资调整机制提高劳动者在服务期期间的劳动报酬。

第三,保守秘密条款。用人单位与劳动者可以在劳动合同中约定保守用人单位的商业秘密和与知识产权相关的保密事项。对负有保密义务的劳动者,用人单位可以在劳动合同或者保密协议中与劳动者约定竞业限制条款,并可以约定在解除或者终止劳动合同后,在竞业限制期限内按月给予劳动者经济补偿。劳动者违反竞业限制约定的,应当按照约定向用人单位支付违约金。

竞业限制的人员限于用人单位的高级管理人员、高级技术人员和其他负有保密义务的人员。竞业限制的范围、地域、期限由用人单位与劳动者约定,竞业限制的约定不得违反法律、法规的规定。在解除或者终止劳动合同后,前款规定的人员到与本单位生产或者经营同类产品、从事同类业务的有竞争关系的其他用人单位,或者自己开业生产或者经营同类产品、从事同类业务的竞业限制期限,不得超过二年。

值得注意的是,为了保护劳动者利益,《劳动合同法》规定,除上诉服务期、保密条款涉及的违约金外,用人单位不得与劳动者约定由劳动者承担的违约金。

(三)劳动合同的格式

1. 首部。包括标题,劳动者和用人单位的基本情况
2. 正文。一定要有必备的法定条款。除此之外,双方也可以自由协商一些约定条款。
3. 尾部。劳动者和用人单位双方签字盖章,写明日期。

(四)劳动合同范本

【例9-5】

劳 动 合 同

甲方_____ 住所_____ 法定代表人_____
乙方_____ 性别_____ 出生日期_____ 住址_____
邮编_____ 联系电话_____ 居民身份证号码_____

根据《中华人民共和国劳动法》《中华人民共和国劳动合同法》和有关法律、法规,甲乙双方经平等自愿、协商一致签订本合同,并共同遵守本合同所列条款。

第一条 劳动合同期限

(一)合同期

甲、乙双方同意按以下第_____种方式确定本合同期限:

1. 有固定期限：从＿＿＿＿年＿＿＿月＿＿＿日起至＿＿＿＿年＿＿＿月＿＿＿日止。
2. 无固定期限：从＿＿＿＿年＿＿＿月＿＿＿日起至法定的终止条件出现时止。
3. 以完成一定的工作为期限：从＿＿＿＿年＿＿＿月＿＿＿日起至＿＿＿＿＿＿＿＿＿＿工作任务完成时止，并以＿＿＿＿＿＿＿＿＿＿为标志。

（二）试用期

双方同意按以下第＿＿＿＿种方式确定试用期期限：

1. 无试用期。
2. 试用期从＿＿＿＿年＿＿＿月＿＿＿日起至＿＿＿＿年＿＿＿月＿＿＿日止。

第二条 工作内容和工作地点

（一）乙方的工作内容：＿＿＿＿＿＿部门，＿＿＿＿＿＿岗位。具体岗位职责参见《××有限公司××部门职责》。

（二）乙方工作地点：＿＿＿＿＿＿＿＿＿＿＿＿＿。

第三条 工作时间和休息休假

（一）甲、乙双方同意按以下第＿＿＿＿种方式确定乙方的工作时间：

1. 标准工时制，即每日工作8小时，每周工作5天，每周正常工作不超过40小时，并至少休息一天。
2. 不定时工作制，即经劳动行政部门审批，乙方所在岗位实行不定时工作制，每周至少休息一天。
3. 综合计算工时工作制，即经劳动保障部门审批，乙方所在岗位实行以＿＿＿＿＿＿为周期，总工时＿＿＿＿＿＿小时的综合计算工时工作制。

（二）甲方因工作需要，安排乙方加班的，在保障乙方身体健康的条件下，延长工作时间每日不得超过3小时，每月不得超过36小时。

（三）甲方延长乙方工作时间的，应依法安排乙方同等时间补休或支付加班加点工资。

（四）乙方在合同期内享受国家规定的各项休息、休假的权利。

第四条 劳动报酬

（一）乙方正常工作时间的工资标准（计算加班工资基数），按下列第1种形式执行，并不得低于当地最低工资标准及本单位集体合同约定的标准。

1. 计时工资：乙方试用期工资＿＿＿＿＿＿元/月；试用期满工资＿＿＿＿＿＿元/月。
2. 计件工资：＿＿＿＿＿＿＿＿＿＿。
3. 其他形式：＿＿＿＿＿＿＿＿＿＿。

（二）工资必须以法定货币支付，不得以实物或其他有价证券等形式替代货币支付。

（三）甲方给乙方发放工资的时间为：每月10日。如遇节假日或休息日，应提前到最近的工作日支付。

（四）甲方与乙方可以依法根据本单位的经营状况、物价指数情况，经过双方协商或者通过集体协商，确定工资正常增长的具体办法。

第五条 社会保险和福利待遇

（一）甲方应按国家和××省有关社会保险的法律、法规和政策规定，为乙方缴纳基本养老、基本医疗、失业、工伤、生育保险费用及住房公积金，乙方依法享受相应的社会保险待遇；社会保险费个人缴纳部分，甲方可从乙方工资中代扣代缴。

（二）乙方患病或非因工负伤，甲方应按国家和××省有关规定给予乙方医疗期和享受医疗待遇。

（三）乙方患职业病、因工负伤或者因工死亡的，甲方应按国家《工伤保险条例》和《××工伤保险实施办法》等相关法律法规规定办理。

（四）乙方在孕期、产期、哺乳期等各项待遇，按国家和地方有关生育保险政策规定执行。

第六条 劳动保护、劳动条件和职业危害防护

（一）甲方按国家和省、市有关劳动保护规定为乙方提供符合国家劳动卫生标准的劳动作业场所，切实保护乙方在生产工作中的安全和健康。

（二）甲方按国家和地方有关规定，做好女职工的劳动保护工作。

（三）如甲方违章指挥、强令冒险作业危及人身安全的，乙方有权拒绝，并可以随时解除本劳动合同。对甲方及其管理人员漠视乙方安全和健康的行为，乙方有权要求改正并向有关部门检举、控告。

第七条 劳动合同的变更、解除、终止

（一）订立本合同所依据的客观情况发生重大变化，致使本合同无法履行的，经甲乙双方协商同意，可以变更本合同相关内容。除因乙方不胜任工作，甲方可以依法适当调整其工作内容外，变更劳动合同，双方应当签订《变更劳动合同协议书》。

（二）《劳动合同法》规定的终止条件出现，本劳动合同自行终止。

（三）甲乙双方解除、终止劳动合同应当依照《中华人民共和国劳动合同法》和国家及××省有关规定执行。

（四）甲方应当在解除或者终止本合同时，为乙方出具解除或者终止劳动合同的证明，并在十五日内为乙方办理档案和社会保险关系转移手续。

（五）劳动合同终止的，除法律规定的以外，甲方不予支付经济补偿金。

（六）乙方应当按照双方约定，办理工作交接。应当支付经济补偿的，在办结工作交接时支付。

第八条 劳动争议处理

劳动合同双方因履行本合同发生争议，当事人可以向甲方劳动争议调解委员会申请调解；调解不成或不愿调解的，当事人一方可以自劳动争议发生之日起60日内向××市劳动争议仲裁委员会申请仲裁。当事人一方也可以直接向劳动争议仲裁委员会申请仲裁。对仲裁裁决不服的，可以向人民法院提起诉讼。

第九条 保密条款与竞业限制

（一）乙方负有对在甲方工作期间获悉的商业秘密及相关的保密事项进行保密的义务。

（二）双方解除或者终止劳动合同后两年内,乙方不得到与甲方生产或者经营同类产品、业务有竞争关系的其他用人单位工作,也不得自己开业生产或者经营与本单位有竞争关系的同类产品与业务。在此期间,甲方按照乙方原工资的25%支付经济补偿。

（三）乙方违反竞业限制约定的,除了赔偿因此给甲方带来的直接经济损失以外,还应当向甲方支付违约金,数额为甲方已经支付给乙方经济补偿数额的两倍。

甲方:（盖章） 乙方:（盖章）
法定代表人:_____
_____年____月____日 _____年____月____日

四、买卖合同

（一）买卖合同的概念

买卖合同是一方转移货物的所有权于另一方,另一方支付价款的合同。转移所有权的一方为出卖人或卖方,支付价款而取得所有权的一方为买受人或者买方。

（二）买卖合同的内容

买卖合同的内容,即买卖合同法律关系的权利义务。其中卖方最基本的权利是请求买方付价金并取得价金的所有权,买方的基本权利是请求卖方交付货物并取得货物的所有权。一般包括以下条款:货品的名称、品种、规格和质量,货品的数量和计量单位、计量方法,货品的包装标准和包装物的供应与回收,货品的交货单位、交货方法、运输方式、到发地点,货品的交(提)货期限,货品的价格与货款的结算、货品的验收方法,对货品提出异议的时间和办法,双方的违约责任,合同争议的解决方式,合同生效时间等。

（三）买卖合同的格式

(1) 首部。包括标题,买卖双方的基本情况。
(2) 正文。双方自由协商一些约定条款。
(3) 尾部。买卖双方签字盖章,写明日期。

(四)买卖合同范本

【例9-6】

买 卖 合 同

销货方:_____(以下简称甲方)
购货方:_____(以下简称乙方)
签约时间:_____   签约地点:_____

  第一条　经购销双方协商交易活动,必须履行本合同条款。具体品类(种),需签订要货成交单,并作为本购销合同的附件;本合同中的未尽事宜经双方协商需补充的条款可另附协议书,亦视为合同附件。合同附件与本合同具有同等效力。经双方确认的往来信函、传真、电子邮件等,将作为本合同的组成部分,具有合同的效力。
  签订成交单,除上级规定按计划分配成交外,其余商品一律采取自由选购,看样成交的方式。
  第二条　合同签订后,不得擅自变更和解除。如甲方遇不可抗拒的原因,确实无法履行合同;乙方因市场发生骤变或不能防止的原因,经双方协商同意后,可予变更或解除合同。但提出方应提前通知对方,并将《合同变更通知单》寄给对方,办理变更或解除合同的手续。
  按乙方指定花色、品种、规格生产的商品,在安排生产后,双方都需严格执行合同。如需变更,由此而产生的损失,乙方负担;如甲方不能按期、按质、按量按指定要求履行合同,其损失,甲方负担。
  第三条　成交单中的商品价格,由双方当事人商议决定,或以国家定价决定。
  在签订合同时,确定价格有困难,可以暂定价格成交,上下幅度双方商定。
  国家定价的商品,在合同规定的交(提)货期限内,如遇国家或地方行政部门调整价格,按交货(指运出)时的价格执行。
  逾期交货的,如遇价格上调时,按原价执行;遇价格下调时,按新价执行。逾期提货的,遇价格上调时,按新价执行,遇价格下调时,按原价执行。由于调整价格而发生的差价,购销双方另行结算。
  第四条　运输方式及运输费用等费用,由双方当事人协商决定。
  第五条　各类商品质量标准,甲方严格执行合同规定的质量标准,保证商品质量。
  第六条　商品包装,必须牢固,甲方应保障商品在运输途中的安全。乙方对商品包装有特殊要求,双方应具体合同中注明,增加的包装费用,由乙方负担。
  第七条　商品调拨,应做到均衡、及时。对合同期内的商品可考虑按3∶3∶4的比例分批发货;季节性商品按承运部门所规定的最迟、最早日期一次发货;当令商品,零配件和数量较少的品种,可一次发货。
  第八条　对有有效期限的商品,其有效期在2/3以上的,甲方可以发货;有效期在2/3以下的,甲方应征得乙方同意后才能发货。

第九条 甲方应按乙方确定的合理运输路线、工具、到达站(港)委托承运单位发运,力求装足容量或吨位,以节约费用。

如一方需要变更运输路线、工具、到达站时,应及时通知对方,并进行协商,取得一致意见后,再办理发运,由此而影响合同期限,不以违约处理。

第十条 商品从到达承运部门时起,所有权即属乙方。在运输途中发生的丢失、缺少、残损等责任事故,由乙方负责向承运部门交涉赔偿,需要甲方协助时,甲方应积极提供有关资料。乙方在接收商品时发现问题,应及时向承运部门索取规定的记录和证明并立即详细检查,及时向有关责任方提出索赔;若因有关单据未能随货同行,货到后,乙方可先向承运部门具结接收,同时立即通知甲方,甲方在接到通知后5日内答复;属于多发、错运商品,乙方应做好详细记录,妥为保管,收货后10日内通知甲方,不能自行动用,因此而发生的一切费用由甲方负担。

第十一条 商品的外包装完整,发现溢缺、残损串错和商品质量等问题,在货到半年内(贵重商品在7天内),责任确属甲方的,乙方可向甲方提出查询。

发现商品霉烂变质,应在30天内通知甲方,经双方共同研究,明确责任,损失由责任方负担。

接收进口商品和外贸库存转内销的商品,因关系到外贸查询,查询期为乙方收货后的60天,逾期甲方不再受理。

乙方向甲方提出查询时,应填写《查询单》,一货一单,不要混列。查询单的内容应包括唛头、品名、规格、单价、装箱单、开单日期、到货日期、溢缺数量、残损程度、合同号码、生产厂名、调拨单号等资料,并保留实物;甲方接到查询单后,10日内作出答复,要在30天内处理完毕。

为减少部分查询业务,凡一张调拨单所列一个品种损溢在2元以下、残损在5元以下均不做查询处理(零件除外)。对笨重商品的查询(如缝纫机机头、部件等的残品)乙方将残品直接寄运工厂,查询单寄交甲方并在单上注明寄运日期。

第十二条 商品货款、运杂费等款项的结算,购销双方应按中国人民银行结算办法的规定,商定适宜的结算方式,及时妥善办理。

货款结算中,要遵守结算纪律,坚持"钱货两清"原则,分期付款应在成交单上注明。有固定购销关系的国营、供销合作社商业企业,异地货款结算可采用"托收承付"结算方式;对情况不明的交易单位,可采用信用证结算方式,或先收款后付货。

第十三条 甲、乙双方的任何一方有违约行为的,应负违约责任并向对方支付违约金。因违约使对方遭受损失的,如违约金不足以抵补损失时,还应支付赔偿金以补偿其差额。如违约金过分高于或者低于造成的损失的,当事人可以请求人民法院或者仲裁机构予以适当减少或者增加。

1. 甲、乙两方所签订的具体合同要求,一方未能履行或未能完全履行合同时,应向对方支付违约合同货款总值_____%的违约金。但遇双方协商办理变更或解除合同手续的,不按违约处理。

2. 自提商品,甲方未能按期发货,应负逾期交货责任,并承担乙方因此而支付的实际费用;乙方未按期提货,应按中国人民银行有关延期付款的规定,按逾期提货部分货款总值计算,向甲方偿付逾期提货的违约金,并承担甲方实际支付的保管费用。

3. 甲方提前交货和多交、错发货而造成的乙方在代保管期内实际支付的费用,应由甲方负担,乙方逾期付款的,应按照人民银行有关逾期付款的规定,向甲方偿付逾期付款违约金。

4. 对应偿付的违约金,赔偿金,保管、保养费用和各种经济损失,应在明确责任后,10天内主动汇给对方,否则,按逾期付款处理,但任何一方不得自行用扣发货物或扣付货款充抵。

第十四条 甲、乙两方履行合同,发生纠纷时,应及时协商解决,协商不成时,任何一方均可向仲裁机构申请仲裁或向人民法院起诉。(两者选一)

第十五条 本合同一式4份,甲、乙两方各执2份,并送交当地人民银行及有关部门,监督执行。

第十六条 本合同(协议)双方签章,依法生效,有效期为1年,期满双方如无异议,合同自动延长。凡涉及日期的,按收件人签收日期和邮局戳记日期为准。

开户银行:＿＿＿＿＿＿＿＿＿＿　　　开户银行:＿＿＿＿＿＿＿＿＿＿
账号:＿＿＿＿＿＿＿＿＿＿＿＿＿　　账号:＿＿＿＿＿＿＿＿＿＿＿＿＿
地址:＿＿＿＿＿＿＿＿＿＿＿＿＿　　地址:＿＿＿＿＿＿＿＿＿＿＿＿＿
传真:＿＿＿＿＿＿＿＿＿＿＿＿＿　　传真:＿＿＿＿＿＿＿＿＿＿＿＿＿
电话:＿＿＿＿＿＿＿＿＿＿＿＿＿　　电话:＿＿＿＿＿＿＿＿＿＿＿＿＿
销货方(甲方)签章:＿＿＿＿＿＿　　购货方(乙方)签章:＿＿＿＿＿＿
　　　　　　　　　　　　　　　　　　＿＿＿＿年＿＿＿月＿＿＿日

五、租赁合同

(一)租赁合同的概念

租赁合同是指出租人将租赁物交付给承租人使用、收益,承租人支付租金的合同。在当事人中,提供物的使用或收益权的一方为出租人;对租赁物有使用或收益权的一方为承租人。

(二)租赁合同的内容

租赁合同的内容包括租赁物的名称、数量、用途、租赁期限、租金以及其支付期限和方式、租赁物维修等条款。

为了避免争议,在合同中对租赁物的基本信息应进行明确约定,如租赁物的规格、质量、数量等。作为承租方,必须先了解租赁物的基本情况,查清出租人是否是租赁物的所有人,让出租人必须提供相关的证明文件;如果承租方不是租赁物的所有人,必须具有转租权。

在合同中,约定租赁物的租赁期限,明确租赁的具体起止日期,如承租方超过租赁期使用租赁物,应支付给出租方超时使用的租金。中国《合同法》第二一四条规定:租赁期限不得超过20年。超过20年的,超过部分无效。租赁期间届满,当事人可以续订合同,但约定的租赁期限自续订之日起不得超过20年。

在合同中,双方必须明确约定租金的支付方式,以现金支付或是通过银行转账的方式(采用银行转账需写上户名、银行账号),实行按月支付、按季还是年支付等。为了尽量避免风险,预防欺诈,一般情况下承租方应在合同订立前交给出租方一定的保证金或押金,应根据实际情况在租赁物价值范围内决定押金的数额。同时对于保证金退还的条件,应进行明确约定。

在合同中明确约定,承租方在租赁期间,应妥善保管租赁物,如果未尽妥善保管义务,造成租赁物及配套设施损毁、灭失的,应承担赔偿责任。如应爱护并合理使用租赁物,造成损坏的还应承担修复或赔偿责任。在合同中,对维修责任进行明确约定,出租方应确保租赁物符合约定用途,但也可以约定由承租方承担维修义务。

在合同中明确约定承租方是否可以转租。作为承租方,经过出租方的同意,可以将租赁物转租给第三人,出租方和承租方原有的租赁关系不因转租而影响。承租方未经出租方同意,擅自将租赁物转租给第三人的,出租方可以解除租赁合同,因转租造成租赁物损坏的,承租方还应承担赔偿责任。

(三) 租赁合同的格式

1. 首部。包括标题,租赁双方的基本情况。
2. 正文。双方自由协商一些约定条款。
3. 尾部。租赁双方签字盖章,写明日期。

(四) 租赁合同范本

【例9-7】

××租赁合同

出租方:＿＿＿＿＿＿＿＿ 地址:＿＿＿＿＿＿＿＿＿＿＿＿
邮编:＿＿＿＿＿＿＿＿ 联系电话:＿＿＿＿＿＿＿＿＿＿
承租方:＿＿＿＿＿＿＿＿ 地址:＿＿＿＿＿＿＿＿＿＿＿＿
邮编:＿＿＿＿＿＿＿＿ 联系电话:＿＿＿＿＿＿＿＿＿＿

第一条 租赁物
(一) 名称:(略)
(二) 数量:(略)
(三) 质量状况:(略)
(四) 用途及使用方法:(略)
……
第二条 租赁期限由＿＿＿＿年＿＿＿月＿＿＿日始,至＿＿＿＿年＿＿＿月＿＿＿日止。
第三条 租赁物交付时间、地点、方式及验收。
……

第四条　租金、租金支付时间及方式。
(一) 租金(大写)
(二) 租金支付时间
(三) 租金支付方式
第五条　租赁物的维修。
(一) 出租人维修范围、时间及费用承担
……
(二) 承租人维修范围及费用承担
……
(三) 因租赁物维修影响承租人使用_____天的,承租人相应减少租金或延长租期,其计算方法为:(略)
第六条　租赁物的改善或添附他物。
……
第七条　承租人转租租赁物的限制。
……
第八条　违约责任。
……
第九条　合同解除条件。
……
第十条　本合同争议的解决方式。
……
第十一条　租赁期满,双方有意续订的,可在租赁期满前_____日续订租赁合同。
第十二条　租赁物期满,承租人不再续租的,租赁物应于(时间、地点)返还租赁物。
第十三条　本合同自_____生效。
第十四条　其他约定事项。
附则:
本合同如有未尽事宜,须经买卖双方共同协商,作出补充规定,补充规定与本合同具有同等效力。
本合同正本一式两份,买卖双方各执一份。

出租方名称(章):　　　　　　　承租方名称(章):
住所:　　　　　　　　　　　　住所:
邮政编码:　　　　　　　　　　邮政编码:
法定代表人(签字):　　　　　　法定代表人(签字):

六、房屋买卖合同

(一) 房屋买卖合同的概念

房屋买卖合同作为一种特殊的买卖合同,是指出卖人将房屋交付并转移所有权与买受人,买受人支付价款的合同。转移所有权的一方为出卖人或卖方,支付价款而取得所有权的一方为买受人或者买方。

房屋买卖合同的法律特征既有买卖合同的一般特征,也有其自身固有的特征。这主要表现为:(1) 出卖人将所出卖的房屋所有权转移给买受人,买受人支付相应的价款;(2) 房屋买卖合同是诺成、双务、有偿合同;(3) 房屋买卖合同的标物为不动产,其所有权转移必须办理登记手续;(4) 房屋买卖合同属于法律规定的要式法律行为。

(二) 房屋买卖合同的内容

1. 合同双方当事人

买卖双方的名称(姓名)、地址、邮政编码、联系电话。如果有委托代理人的话,还包括委托代理人的名称(姓名)、地址、邮政编码、联系电话。

2. 房屋的基本情况

房屋的坐落位置;所买卖房屋的面积,应分别注明实得建筑面积和所分摊的公用建筑面积;房屋是现房,还是期房;房屋的配套设施和维修标准。

3. 房屋的价格及付款时间约定

一般新建的商品房及预售的商品房都是按所买卖房屋的建筑面积来计算房屋的价格,即约定每平方米建筑面积的售价为多少元,然后用单价乘以建筑面积来计算房屋所需支付的价款。旧房的买卖有时就直接约定每套房屋或每幢房屋所需支付的价款。在合同中一般要列一个付款时间进度表,买方按该进度表将每期所需支付的价款交付卖方。

4. 交房期限

卖方应在某日期之前,将房屋交付买方。买方应在实际接收该房屋之日起,在房地产产权登记机关规定的期限内向房地产产权登记机关办理权属登记,卖方应给予必要的协助。或者由卖方代理买方进行上述工作。在交房的同时或一段时间后将房屋所有权证(所有权人为买方)交付买方,由买方支付有关的费用。

5. 权利担保

卖方保证在交付房屋时,该房屋没有产权纠纷和财务纠纷,保证在交付时已清除该房屋上原由卖方设定的抵押权。如房屋交付后发生该房屋交付前即存在的权利纠纷,由卖方承担全部责任。

6. 违约责任

违约责任是违反合同的当事人应承担的法律责任。违约责任的规定为督促当事人自觉而适当地履行合同,保护非违约方的合法权益,维护合同的法律效力起着十分重要的作用,同时也能避免日后双方互相扯皮的情况。在合同中应明确约定买方不按期支付购房款所应承担的违约责任,卖方不按期交付房屋所应承担的违约责任,以及卖方所交付的房屋不符合合同约定所应承担的违约责任等。

7. 合同双方认为应当约定的其他事项

如房屋的保修责任、物业管理以及小区内公用配套设施等。

（三）房屋买卖合同范本

【例9-8】

房屋买卖合同

出卖人：_____（以下简称甲方）

买受人：_____（以下简称乙方）

　　甲、乙双方就房屋买卖事项经过多次协商，一致同意订立协议条款如下，以资共同遵守。

　　一、甲方愿将自有坐落_____市_____路_____号房屋_____间，建筑面积_____平方米售卖给乙方。

　　二、甲方出售给乙方的房屋东至_____，南至_____，西至_____，北至_____（附四至平面图一张）。其房屋包括阳台、走道、楼梯、卫生间、灶间及其他设备。

　　三、上列房屋包括附属设备，双方议定房屋价款人民币万元，由甲方售卖给乙方。

　　四、房屋价款乙方分三期付给甲方。第一期，在双方签订买卖协议之日，付人民币_____万元；第二期在交付房屋之日，付人民币_____万元；第三期，在房屋产权批准过户登记之日付清。每期付款，甲方收到后出具收据。

　　五、甲方应自本协议签订日起_____天内将房屋腾空，连同原房屋所有权等有关证件，点交乙方，由乙方出具收到凭证。

　　六、在办理房屋产权移转过户登记时，甲方应出具申请房屋产权移转给乙方的书面报告。如需要甲方出面处理的，不论何时，甲方应予协助。如因甲方的延误，致影响产权过户登记，因而遭受的损失，由甲方负赔偿责任。

　　七、本协议签订前，该房屋如有应缴纳的一切捐税、费用，概由甲方负责。本协议发生的过户登记费、契税、估价费、印花税由乙方负担。其他税费按有关法律规定，各自承担。

　　八、甲方如不按协议规定的日期交付房屋，每逾期1天按房价的总额3‰计算违约金给予乙方。逾期超过3个月时，乙方得解除本协议。解约时，甲方除将已收的房价款全部退还乙方外，并应赔偿所付房价款同额的赔偿金给乙方。

　　九、乙方全部或一部分不履行本协议第四条规定的日期给付房价款时，其逾期部分，乙方应加付按日5‰计算的违约金给予甲方。逾期超过3个月时，甲方得解除本协议。解约时，乙方已付的房价款作为赔偿金归甲方所有。

　　十、甲方保证其出卖给乙方的房屋，产权清楚，绝无其他项权利设定或其他纠纷。乙方买受后，如该房屋产权有纠葛，致影响乙方权利的行使，概由甲方负责清理，并赔偿乙方损失。

十一、交屋时,乙方发现房屋构造或设备与协议约定的不符,经鉴定属实,甲方应于1个月内予以修理,如逾期不修理,乙方得自行修理,费用在房价款中扣除。如修理仍达不到协议约定的要求,乙方得解除协议,解约时,甲方除返还全部房价款后,并按本协议第八条规定承担违约责任。

十二、房屋所占用的土地(包括庭院围墙等)所有权属于国家。乙方取得上述房屋占有相应比例的土地使用权,并依照国家法律的规定缴纳土地使用权及其他有关费用。

十三、本协议的附件与协议有同等效力。

十四、本协议一式4份,甲乙方各执1份,另2份分别送交房产和土地管理机关办理产权过户登记手续。

甲方:(签章)＿＿＿＿＿＿＿＿　　　　　乙方:(签章)＿＿＿＿＿＿＿＿
＿＿＿＿年＿＿＿月＿＿＿日　　　　　　　＿＿＿＿年＿＿＿月＿＿＿日

实　　训

1. 周某(女,29岁)与高某(男,30岁),于2004年登记结婚,婚后生有一女孩(高丽,4岁)。开始感情尚可,2007年,被告外出经商,发了大财,感情开始起了变化,长时间不回家,回来时态度也不好。2009年5月,周某发现高某在外包养情人,并为情人购买了一套价值10万元的四室二厅住宅,还发现高某有存款35万元。为此周某向法院起诉要求离婚,同时要求抚养小孩,抚养费由高某每月承担1000元,并分割夫妻共同财产,追回高某为情人购买的房屋。现周某请求律师代书,你作为值班律师,请为其撰写一份民事起诉状。

2. 甲方孙某,乙方刘某。2002年12月8日双方协商后,签订一份房屋买卖合同,其主要内容是:甲方自有房屋一幢,位于××市市中区××路××号×号楼×单元×室。甲方以人民币400000元的价格出卖给原告,定金人民币20000元,在12月15日前乙方采用一次性付款方式支付剩余房款,甲方则保证在此前一天到房管部门办理房产过户手续。违约方按房价的20%支付违约金给对方。请为双方制作一份房屋买卖合同。

第十章　申　论

> **学习要求**
>
> 1. 了解申论的概念,申论这一写作对写作者能力的基本要求。2. 理解申论的出题方向、出题类型、阅卷方式、阅卷标准。3. 掌握申论中各类题目的基本写作技巧,提高对申论写作的整体把控能力。

第一节　申论基础理论

一、申论概述

(一) 申论的概念

申论,是中国公务员招考中笔试测试的一门重要科目,主要是测查工作人员从事机关工作应当具备的基本能力,具有模拟公务员日常工作性质的能力测试。申论主要考查应考人员对给定材料的分析、概括、提炼、加工,测查应考人员的阅读理解能力、综合分析能力、提出问题和解决问题能力、文字表达能力等。

(二) 申论的特征

1. 申论中所设置的考查资料范围十分广泛,且具有真实性

申论所涉及的考查资料范围极其广泛,包括中国政治、经济、文化、卫生、科技、社会保障、生存环境、经济发展、社会稳定、民族团结和多民族国家统一甚至一些突发性的公共事件等各方面的问题。凡是时下的热点问题和涉及中国发展的困境的问题都有可能出现在申论的考查资料之中,而且资料多来源于报刊、网络的新闻报道,完全是真实的资料。

2. 申论考试的目的性非常强

申论考试的目的性非常强,主要考查应试者的资料阅读能力、资料筛选能力、资料汇总缩减能力、文字写作水平、全面分析问题的能力和解决发现问题的能力。

3. 答案不唯一,不确定

申论考试中设置的题目都是开放式的文字解答类题目,在实际阅卷中,只是有一个参考的答案范围,但并没有一个非常标准的统一答案,因此并没有唯一的确定的答案。

二、国家公务员考试中申论考查的主要要求

国家公务员考试中的申论试卷目前是按照省级以上(含副省级)综合管理类、市(地)以下综合管理类和行政执法类职位的不同要求分别制作的。在下文中将针对不同的两类职位进行分别说明。

(一) 省级以上(含副省级)综合管理类职位

省级以上(含副省级)综合管理类职位的申论考试主要测查报考者的阅读理解能力、综合分析能力、提出和解决问题能力、文字表达能力。

1. 对阅读理解能力的要求

阅读理解能力方面的考查是要求写作者全面把握给定资料的内容,准确理解给定资料的含义,准确提炼事实所包含的观点,并揭示所反映的本质问题。

在这个要求中,准确提炼是要求写作者注意理解材料中的重要句子和关键词语,分析材料的中心思想;揭示本质是要求写作者总结材料大意,明确材料作用,对材料进行归类,寻找众多材料中所反映的本质问题。

2. 对综合分析能力的要求

综合分析能力方面的考查是要求写作者对给定资料的全部或部分的内容、观点或问题进行分析和归纳,多角度地思考资料内容,作出合理的推断或评价。

在这个要求中,分析指的是写作者应该注意以明的观点进行有条理的叙述,作出简明的表达;归纳指的是写作者应该注意选择准确的角度,以清晰的思路,通过明确的线索找到材料中反映的突出的主题,并做到详略得当;推断指的是写作者可以对提出的问题,在没有或经过初步的探究和验证之前先做个初步的假定;评价指的是写作者应该以辩证的方法,对材料涉及的问题进行客观准确的评价。

3. 对提出和解决问题能力的要求

提出和解决问题能力方面的考查是要求写作者可以借助自身的实践经验或生活体验,在对给定资料理解分析的基础上,发现和界定问题,并对其作出评估或权衡,提出解决问题的方案或措施。

在这个要求中,发现和界定问题是要求写作者可以注意区分本质和表象;作出评估或权衡是要求写作者能够在可供选择的备选方案中进行比较和鉴别;提出解决问题的方案或措施是要求写作者在提出方案时注意题目对身份的要求、所提出的方案本身存在的合理性、所提出方案的实际操作可行性以及方案中行文的规范性。

4. 对文字表达能力的要求

文字表达能力方面的考查是要求写作者可以熟练使用指定的语种,能够综合运用说明、陈述、议论等方式,准确规范、简明畅达地表述自己的思想观点。在这个要求中,主要是要求写作者准确使用文种,语言简洁、科学、客观且富有逻辑性。

(二) 市(地)以下综合管理类和行政执法类职位

市(地)以下综合管理类和行政执法类职位的申论考试主要测查报考者的阅读理解能力、贯彻执行能力、解决问题能力和文字表达能力。

1. 对阅读理解能力的要求

阅读理解能力方面的考查是要求写作者能够理解给定资料的主要内容,把握给定资料各部分之间的关系,对给定资料所涉及的观点、事实作出恰当的解释。

这类职位中对阅读理解能力的要求与综合管理类相比具有以下几点不同:第一,更突出具体性、实践性;第二,只需从表面理解事物之间的联系,能够对所感知的事物作出恰当、合理的解释即可;第三,侧重对于实际情况的准确辨认,综合管理类所作出的判断主要供决策使用。

2. 对贯彻执行能力的要求

贯彻执行能力方面的考查是要求写作者能够准确理解工作目标和组织意图,可以遵循依法行政的原则,根据客观实际情况,及时有效地完成任务。

在这个要求中,贯彻执行的前提是写作者能够准确地理解工作目标和组织意图;贯彻执行的限制和保障是要求写作者必须严格依照法律法规,按照实际情况来完成;贯彻执行的最终目标是能够及时、有效地完成任务。

3. 对解决问题能力的要求

解决问题能力方面的考查是要求写作者可以运用自身已有的知识经验,对具体问题作出正确的分析判断,并提出切实可行的措施或办法。

4. 对文字表达能力的要求

文字表达能力方面的考查是要求写作者可以熟练使用指定的语种,对事件、观点进行准确合理的说明、陈述或阐释。相比省级以上(含副省级)综合管理类职位中对于文字表达能力的要求来说,就相对简单一些,要求更多的是理解和执行而不是自己思想观点的传递。

三、申论阅卷的相关情况

(一) 阅卷基本流程

组成评卷小组→封闭阅卷→按题分组,流水作业→专人评专题,两人共阅一题,严禁一人阅完→抽样评卷,制定标准,全面铺开→专人复核,专人统分,专人登分,专人核分→试卷半年后销毁。

(二) 阅卷方式——网上阅卷

1. 试卷扫描

阅卷场内有专门的工作人员先将考生答题卷扫描进电脑,一般是每分钟100份的速度,1小时可以扫描6000份试卷进电脑。考生的答题卷是以照片形式显示的,与原件形式上完全一样。

2. 试卷发放

电脑按照预先设定的程序,将试卷随机发送到各台联网(是内部网络,无法连接互联网)电脑上,考生的考号和姓名等个人信息是被遮蔽了的,能够有效防止阅卷教师作弊。

3. 阅卷老师的安排

一般申论考试中会有多道试题,每位阅卷老师在一次阅卷工作中只审阅其中的一道试题,这既是为了提高阅卷老师的工作效率,又可以确保阅卷结果的相对公平。

每道试题均由两名阅卷教师评分,阅卷老师所阅试卷都是电脑随机发放的,电脑还会不定期地将阅卷老师已阅过的试卷重新随机发放给老师重新审阅,阅卷教师根本不知道自己阅的卷是谁的,也不知道谁在与自己阅同一份试卷。这样的阅卷结果基本可以确保阅卷老师阅卷标准统一,分数给定水平稳定。

4. 得分评定

如果两名阅卷教师在不同的电脑上,甚至可能是在不同的时间里,对同一份试卷的打分分差在一定限度内,电脑会自动取其平均分作为考生的该题最后得分。如果超过分差的规定范围,则会自动重新进入未阅试卷范围,由系统以未阅试卷重新进行随机发放,直到得分在分差范围之内才结束对本份试卷的审阅。具体的分差,会根据试题本身的分值不同进行不同的设定,一般会设定在百分之二十以内。

第二节 申论的构成及相应的准备

一、充分了解申论试卷的构成

申论试卷基本上都是由以下三个部分构成:第一是注意事项,提出重要的指导性建议;第二是给考生一些资料,叫"给定资料";第三是提出"申论要求",要求考生在阅读给定资料的基础上完成若干题目。

(一) 注意事项的主要内容

第一部分的注意事项主要是说明以下几个方面的问题。

(1) 本次申论考试是对应考者阅读理解能力、综合分析能力、提出和解决问题能力和文字表达能力的综合测验。

(2) 作答参考时限为 150 分钟。其中阅读资料 30 分钟,作答 120 分钟。

(3) 申论各题均在答题卡上规定位置作答。准考证号须用 2B 铅笔填涂,答题须用蓝、黑色墨水笔(圆珠笔)作答。在作答时,不得使用本人姓名,答题中凡出现本人姓名者作违纪处理。

(4) 请使用简体汉字作答。

(二) 给定资料的主要情况

第二部分的给定资料一般会包括 8—12 个左右的资料,资料的总体字数一般在 5000—7000 字之间,资料基本上都是来自于各类媒体上公开的新闻报道、评论性文章、网络以及现实中的各类人群的实际评论、事实性的说明等,基本上不会涉及专业性较强或者重大理论问题,多来自于时下的社会热点问题和群众关心的领域。资料中无论由几个资料构成,都会涉及一个主题,它们表现的是这一主题的各个不同的方面或者不同的主体对这一主题不同的理解等。

(三) 申论要求的主要构成

第三部分的申论要求主要包括以下三个方面。

(1) 考查考生对给定资料的理解、分析、整理、归纳、概括、综合等能力。

(2) 要求考生根据资料反映的主要问题或者资料中涉及的某一方面问题,提出自己认知的并具有可行性的解决方案。

（3）设定一个考查主题，要求考生撰写800—1000字的议论型文章，要求考生能够做到以下要求：观点鲜明、论据充分、阐述深刻、结构完整、条理清晰、语言流畅、书写工整、卷面整洁。

二、做好应试的前期准备

（一）考生做好相关的考前心理调试

1. 考生自己的心理准备

首先要正确认识考前焦虑。

考前焦虑并不可怕，关键是考生要正视自己的情绪。心理学中的叶克斯—多德森法则指出，焦虑程度和解决问题的效率之间的关系呈"倒U型曲线"，即焦虑程度过高和焦虑程度过低时的效率都很低，而中等焦虑时的效率最高。因此，适度紧张能够提高复习效果、促进临场发挥，但应防止由适度紧张演变到过度紧张。

其次要有效缓解考前紧张心理。

具体来说主要应该通过以下方面来完成考前紧张心理的缓解：第一，端正认识。心理学家指出，人的认识对情绪和行为有很大的影响。因此，在做好充分准备的基础上，考生同时也要做好积极的心理建设，要纠正对考试的种种过高的、不现实的想法，客观地、理性地分析自身状况，定位于适当的位置，放平心态去迎接，效果会更佳。第二，积极的自我暗示。心理学研究证明，能力、水平相同的条件下，自信心高的人完成任务的成功率明显高于自信心低的人，所以，保持充分的自信心是成功的有力保障。第三，深呼吸。静下心来，排除杂念。缓慢地深呼吸，吸气时肚子慢慢胀起来，气入丹田。憋气5秒再呼出，吐气时肚子慢慢沉下去。如此重复几次。这种简单的腹式呼气方式广泛地运用于气功、瑜伽等运动中，是很好的舒压方式。第四，转移注意力。当你觉得压力很大无法释怀的时候，花一点时间做一些自己喜欢做的事情，比如听轻音乐、散步、吃一些喜欢吃的食品、看一看宜人的风景等，这样都有益于精神的舒缓。

最后要适度放松、合理作息。

合理的饮食作息，保持充足的睡眠，不要开夜车。只有在保证充足的睡眠之后，才能开始一天积极有效的学习和工作，开夜车和疲劳战对我们的身心都有害，此外，考前熬夜的人，在考试期间会出现生物钟紊乱的现象。

2. 逆向思维，通过抓住阅卷老师的心理来完善答题内容

试题的作答是给阅卷老师审阅的，因此提前了解阅卷老师阅卷中的心理状态可以有效提高实际的答题效果，获得较好的分数。阅卷老师在阅卷中的心理主要涉及以下几个方面：

第一，要求写作内容求真务实，写作态度平衡全面。

这是一个筛选公务员的考试，因此对公务员的基本要求主要涉及求真务实和态度不偏不倚、平衡全面。

第二，对策和观点适当求新求变。

阅卷老师每天的阅卷工作量基本上都在700—1200份之间（根据题目字数要求的不同，阅不同的试题，实际的工作量会有一定区别），这么大的工作量中，平均分到每道试题的阅读时间是非常少的,因此要想要打动阅卷老师,必须有适当的突破常规的求新求变观点。

第三,行文有利、有理、有节,体现尊重之意。

无论针对何类试题,都应该注意行文中的有理有节,同时还应该考虑到实际利益的倾向性,假设自己是一名公务人员,处理事件之时注意自行的虚拟身份,才能达到相应的针对性效果。

第四,写作简单、精练,字迹清晰。

考试中无论是哪一道题,都有字数的上限,同时为了有效减少阅卷老师的实际阅读量,减少阅卷老师的阅卷困难,因此必须在下笔之前做到简单、精练,另外必须要保持字迹的清晰,确保扫描无忧、阅卷清晰可读。

(二) 充分了解答题需要注意的事项

1. 培养好良好的答题习惯

答题习惯是需要考生在日常练习中坚持的,因为只有养成良好的答题习惯,在实际参加考试之时才不会出现不必要的偏差,具体来说应该包括以下几点:第一,认真阅读题目所给的材料(将材料分泛读和精读进行实际阅读,精读的材料应该是材料之后的题目中专门提到的,其他的都属于泛读,精读所花精力和时间应该较泛读多,泛读之中只需要能够归纳出泛读材料的基本大意即可);第二,根据自己平时练习的实际情况合理安排答题时间,留出20分钟左右的灵活控制时间即可;第三,学会打草稿,所谓的打草稿有两个目的,一个是通过草稿梳理自己的思路,确保留在试卷上的都是整洁清晰的字迹,另一个是通过草稿明确关键的词句,确定好实际的写作方向。因此在草稿中应该涉及以下几个内容——拟出提纲,关键词句(文章标题、开篇、结尾等),确定写作的方向。

2. 避免答题中不良做法出现的可能

答题中有些不良做法是不应该在实际答题中出现的,因此在实际练习或者答题之前必须要充分了解这些不良做法,尽可能百分之一百地避免其出现,具体来说包括以下几点:第一,不看材料,直接下笔。第二,照抄材料,不作任何分析和提炼。第三,观点片面,态度偏激。第四,脱离材料,随心所欲。第五,条理不清,层次不明,逻辑混乱。第六,脱离实际,天马行空。第七,字迹潦草,卷面混乱;第八,不顾题目要求,随意作答(字数、文体等)。

三、熟悉并掌握申论的评分标准

(一) 申论的整体评分要求

只要有字即不给0分;每偏离规定字数5%扣1分,累计扣分;错别字每3个扣1分,每题累计扣错字分最多3分。

若申论答卷具有以下三点之一,则视为问题卷:第一,内容上有严重的政治性错误;第二,前后笔迹不一致;第三,在文中有特殊标记。问题卷一律提交阅卷大组处理。

标准答案给出若干规定的概括条目,每缺一条则扣除相应的分数;有条目但未能紧扣资料,或者概括欠准确,或者条理不清的酌情扣分。标准答案给出若干对策条目,但评分时,所给对策只作参考,并不是唯一的标准,只要考生提出的相应对策言之有理,就要酌情给分。

(二) 具体题型的评分标准

1. 归纳概括题的大概评分标准(本题以总分20分计)

能概括出参考答案中给出的主要问题的,即可给分。只要求考者概括的意思相同或相似,不强求文字相同。评分时,每缺一个主要问题扣 N 分(N 根据当年此题目的标准答案的主要问题数量而定);没有紧扣资料,概括欠准确扣4—5分;条理不清扣3—5分;字数每超过10字扣1分,累计扣分最多为3分。

表一 归纳概括题的评分参考标准

要 求	量分幅度			
	满 分	好	中 等	差
概括要点准确全面	13	13—9	9—6	6—0
叙述言简意赅,概括性强,有条理	4	4—3	2	2—0
文面整洁,句子顺畅,标点准确,字迹工整,无错别字	2	根据要求,酌情给分		
字数为150字左右(具体字数限制在题干中会有详细说明)	1	超字或少字10%以上,酌情扣分		

2. 提出对策题的大概评分标准(本题以总分30分计)

评分时,参考答案中对策只作参考,不是唯一的标准,只要考者提出相应对策,言之有理,就要酌情给分。可分为四个等级打分:

一等卷:紧扣主要问题提出对策建议,对策建议具有针对性、具体性、可行性,具有一定的创见性,语言流畅,字体美观。

二等卷:能针对主要问题提出对策建议,对策建议具有一定的针对性、具体性和可行性,语言通顺,字体端正。

三等卷:对策建议缺乏针对性、具体性和可行性,语言基本通顺,字体清楚。

四等卷:脱离主要问题,无对策、建议,语言不通顺,字体难以辨认。

表二 提出对策题的评分参考标准

要 求	量分幅度			
	满 分	好	中 等	差
观点明确,内容具体,有针对性	10	10—8	7—4	4—0
方法措施适宜,有可行性	10	10—8	7—4	4—0
叙述逻辑性强,有条理性	3	3	3	2—0
结构完整,有层次性	4	4	3	2—0
文面整洁,句子顺畅,标点准确,词汇丰富,字迹端正,无错别字	2	根据要求,酌情给分		
字数为350字左右(具体字数限制在题干中会有详细说明)	1	超字或少字10%以上,酌情扣分		

3. 申论写作题的大概评分标准(本题以总分 50 分计)

一等卷:紧扣主要问题,观点鲜明,内容充实,分析透彻,结构严谨,语言流畅,标题准确而醒目,字体美观。

二等卷:能针对主要问题,观点明确,内容较充实,结构完整,语言通顺,标题正确,字体端正。

三等卷:基本能针对主要问题,观点基本明确,内容一般,结构基本完整,语言基本通顺,标题基本正确,字体清楚。

四等卷:基本脱离主要问题,观点不明确,内容单薄,结构欠缺,语病较多,标题不准确,字体不好辨认。

五等卷:脱离主要问题,中心不明,观点不明,内容贫乏,结构混乱,语言不通顺,题不对文或无标题,字体难以辨认。

表三 申论写作题的评分标准

要 求	量分幅度			
	满 分	好	中 等	差
标题:立意深刻,集中凝练,简洁明了	4	4—3	3—1	1—0
观点:鲜明,具体,新颖,深刻	6	6—4	4—2	2—0
论据:翔实,典型,有针对性,说服力强	8	8—6	6—3	3—0
论证:深刻,逻辑性强	18	18—14	14—8	8—0
结构:严谨,层次清晰	6	6—4	4—2	2—0
语句:通畅,词汇丰富	3	3—2	2—1	1—0
文面:整洁,字迹端正,无错别字,标点准确	3	根据要求,酌情给分		
字数为 1000 字左右(具体字数限制在题干中会有详细说明)	2	超字或少字 10% 以上,酌情扣分		

第三节 申论各基本题型的写作要求

目前从国家公务员考试来看,主要考查的仍是考生归纳概括、提出对策、综合写作三个方面的能力,但是在实际题目的设置中,题目的数量早已不再是不变的三道题。在 2014 年的国家公务员考试(副省级)申论的题目中就设置了五道题目:第一道题是要求考生根据给定资料对指定问题进行归纳概括,设置了 10 分;第二道题是要求考生根据给定资料对特定词语进行解释说明,设置了 10 分;第三道题是要求考生根据给定资料,以特定主题拟定一个发言稿,设置了 20 分;第四道题是要求考生根据给定资料,在限定条件下拟定一篇报纸短评,设置了 20 分;第五道题是要求考生根据给定资料中特定语句的意境,自拟题目写一篇文章,设置了 40 分。具体题目①摘抄如下。

---

① 2014 年国家公务员申论考试(副省级)真题来自于中公教育官方网站,具体网址为:http://www.offcn.com/gjgwy/2013/1124/16384.html

一、"给定资料2"揭示了当前社会心理方面存在的若干"缺失",请对此予以归纳概括。(10分)

要求:全面准确,分条归纳,不超过150字。

二、谈谈"预先失败"这一概念在"给定资料4"中的含义。(10分)

要求:全面、准确,不超过200字。

三、"给定资料3"介绍了S大学举办心理健康节活动的情况。假如你是该省教育厅的一名工作人员,全程观摩了这次活动,校方请你在这次活动的总结会上发言,请草拟一个简短的发言稿。(20分)

要求:

(1) 内容具体,符合实际。
(2) 目的明确,切合主题。
(3) 语言生动,有感染力。
(4) 不超过500字。

四、某地方报纸根据"给定资料4"和"给定资料5"的内容作了一版关于"跟风"的专栏,请你以"告别跟风,走向成熟"为题,为这个专栏写一篇短评。(20分)

要求:

(1) 观点明确,简明深刻。
(2) 紧扣材料,重点突出。
(3) 语言流畅,有逻辑性。
(4) 不超过500字。

五、给定资料写道:"我们或许应该如作家米兰·昆德拉所言,要'慢下来',因为自在有为的生活是急不得的。"请结合你对这句话的思考,联系自己的感受和社会实际,自拟题目,写一篇文章。(40分)

要求:

(1) 自选角度,见解深刻。
(2) 参考"给定资料",但不拘泥于"给定资料"。
(3) 思路清晰,语言流畅。
(4) 总字数1000—1200字。

这一实际的考查变化更多的在于形式上的变化,题目的增加也是提高了对考生多元化能力的要求,同时也分散了考生失分的可能,因此这既是一个好消息同时也是一个高要求。从2014年国家公务员考试(副省级)申论实际考查题目可以看得出来,对于考生实际能力的要求仍是归纳概括、提出对策、综合写作三个方面,在综合写作之中考查考生的就是两类文体,一类是议论文,一类就是公文。公文中涉及的主要有请示、报告、发言稿、通告、通报、通知、申请书、公告、决定等,这在本书应用文写作的其他章节均有所说明,本部分将不再重复,在本部分中仍将围绕这三个基本题目说明具体的写作要求。

一、归纳概括题型的写作要求

归纳概括是对给定材料的定位、筛选、提炼和组合,也就是要求在阅读理解的基础上把握材料所反映的主要问题。

(一)归纳概括题型在考查中的具体类型

1. 词句理解阐述类

具体包括词句解释和词句理解两类,其中词句解释类,是指对给定的词语含义进行解释。词句理解类,是指对某一句话进行理解,解释这句话的概念,以及所反映的问题。

2. 归纳概括主要内容类

这类试题要求考生对材料中所反映的主要内容进行归纳概括。这类试题着重要求对材料所反映的核心问题呈现出来的不同表现进行总结,如问题的原因、影响、对策等。

3. 归纳概括主要问题类

这类试题要求考生对给定材料所反映问题的具体表现进行客观总结。这类试题只要求考生根据给定资料将给定主题中出现的主要问题进行归纳概括。

4. 归纳概括部分内容类

这类试题仅要求考生就题目给定的"部分内容"进行归纳概括。给定资料中有涉及的相关事项与范围,都可以作为概括部分内容类试题出题选择,这类试题其实是要求考生对给定资料进行更深层次的理解,体现的是归纳概括能力的精细化和深入化。

(二)归纳概括题型的答题步骤

归纳概括题型的答题可以分为以下四个步骤:审题→回到指定资料阅读→归纳指定资料的相关要点→对收集的要点有条理地进行文字处理和修饰。在下文中分别对四个方面进行说明。

1. 审题

审题要求考生对题目的作答要求进行阅读、思考和分析,了解作答的基本要求,明确作答的中心任务。具体来说包括作答对象和作答要求两个方面。其中作答对象就是题目要求中针对的对象,可以是一段文字,也可以是一篇资料,甚至可以是整篇材料;作答要求指的是题目中要求考生完成题目应该达到的要求。

下面以 2014 年国家公务员申论(副省级)考试第一题为例进行说明。第一题的题目是:"给定资料 2"揭示了当前社会心理方面存在的若干"缺失",请对此予以归纳概括(10 分)。要求:全面准确,分条归纳,不超过 150 字。在这一题目中,作答对象是"给定资料 2"揭示了当前社会心理方面存在的若干"缺失",作答要求是"全面准确,分条归纳,不超过 150 字"。

2. 回到指定资料阅读

根据题目要求,回到指定的资料进行精读。精读是区别与泛读而言的概念,指深入细致地研读,题目指定的信息认真读反复读,逐字逐句地深入钻研。仍以 2014 年国家公务员申论(副省级)考试第一题为例进行说明,该题中提到"'给定资料 2'揭示了当前社会心理方面存在的若干'缺失',请对此予以归纳概括"。精读的范围是"给定资料2",精读的主题是"缺失",这一"缺失"是出现在当前社会心理方面中的。

3. 归纳指定资料的相关要点

在上文说明的资料范围中,以精读的主题为线索对资料进行概况和归纳,可以以原文中的词汇作为归纳的线索,然后在这一线索的基础上,整合已经概括出来的词汇。

4. 对收集的要点有条理地进行文字处理和修饰

在规定的字数范围内,概括出来的要点,以逻辑性较强的方式对其进行文字处理和修饰,在要点答全的基础上,争取获得更多的分值。

(三)归纳概括题答题的注意事项

1. 作答要严格依据给定资料

归纳概括是从总体上总结给定资料内容、意义的方法。只有透彻地理解资料,认清给定资料说明了什么,主要反映了什么问题,表达什么观点,才能真正做好归纳概括题。给定资料是归纳概括作答的最主要参照来源,作答时的内容都要从材料里找依据,不能脱离材料进行概括。

2. 语言表述要客观、简练

所谓客观,就是在作答时不要添加进个人的主观评论,这是归纳概括和其他题型的最大区别。作答归纳概括时要有一说一,实事求是,不要妄加个人评论或者见解、判断。归纳概括题是有字数限制的,如不超过150字,不超过200字等,因此考生在作答时要严格按照题目要求的字数作答,语言就必须要精确、简洁、明了,直入主题。

3. 要点提取要全面

全面包含两部分内容,一是作答概括题时,要尽量多找要点,用最简练的语言表述出来,如果所找的要点过多,但是作答字数有限不允许全部罗列,就要按照重要程度和与题目的相近程度来挑选要点;二是每条每项的归纳概括要全面,归纳概括而非删减,重点要素必不可少,材料中涉及的相关内容不能有所遗漏。

4. 答案组合要条理分明

在作答归纳概括类题的时候,最好用分门别类的方法把要点罗列出来,这样会更一目了然,答案要有步骤、有条理,层次分明,脉络清晰。

5. 注意文面,字迹工整

这也是作答其他题目应注意的事项,卷面整洁,无明显涂改,布局明快,边距清楚,优秀者可加1—2分,整洁的卷面,工整的字迹会让人赏心悦目,对作答也是有百利而无一害的。

二、提出对策题型的写作要求

对策是解决问题或达到目的的一种思路或方法,既是可以实现目标的方案集合,又是根据形势发展而制定的行动方针。提出对策题型,要考查考生的就是发现问题并解决问题的能力。

(一)提出对策题型的答题步骤

要想提出正确的对策,必须按照固定的思路和步骤来进行,具体来说包括以下几个步骤:查找问题根源,确定提出对策的方向→收集相对完备的资料与信息,为提出对策提供充分的信息保障→根据有效信息提出相对完善的对策。

下面对这几个步骤分别进行详细说明:

1. 查找问题根源,确定提出对策的方向

查找问题根源的基本方法为因果分析法,运用辩证思维找到问题产生的各种原因,深层挖掘问题产生的根源,这是能够对症下药地提出解决问题的对策的前提和关键。

辩证思维分析就是要求考生在认识问题和分析问题时,从客观实际出发,而不是从现成的理论出发,用发展的眼光,历史地看问题;用普遍联系的观点看事物,而不是简单孤立地看事物。具体来说应该做到两个坚持——坚持重点论和坚持两点论。坚持重点论是要求考生抓住事物的主要矛盾,抓住问题产生的根源;坚持两点论是要求考生在寻找问题根源时不但要抓住事物的主要矛盾,也要看到事物的非主要矛盾;不但要看到内部性矛盾,还要看到外部性矛盾,产生某个社会现象或问题的原因往往是多方面的、多角度的,有政治原因、经济原因、文化原因和社会原因等。因此,要全面地、多方位地进行原因分析。

2. 收集相对完备的资料与信息,为提出对策提供充分的信息保障

根据题目的要求,针对给定资料进行信息的筛选,具体来说还是以精读的标准来进行信息的筛选。具体的做法是对题目中要求的指定资料范围进行精读,精读的过程以归纳每段资料的段落大意作为起步,然后在归纳的段落大意基础上进行多个资料的中心思想汇合。在归纳和汇合的过程中,应该对给定资料中的关键词语和句子进行剔离备用。

3. 根据有效信息提出相对完善的对策

根据收集到的有效信息提出相对完善的对策,所谓相对完善的对策,应该满足以下几个条件:

首先,对策要有针对性。所谓对策的针对性,也就是要针对问题提出方案。它包括两个方面的含义:其一,对策应该与所给材料的倾向性相吻合。其二,实施对策方案要紧紧围绕前面概括材料所提出的主要内容,切中要害对策的针对性,形象地说,就是"一把钥匙开一把锁""一个萝卜一个坑"。所谓的"锁"和"坑"就是存在的问题。所谓的"钥匙"和"萝卜"就是解决问题的对策,它们之间是一一对应的关系。如果不能使你所提出对策的指向和存在的实际问题相一致,那么你的对策就是无效的。

其次,对策要有可行性。提出的对策必须是可行的,不能是不切实际的空想,妙谈三千却百无一用的建议是答题的大忌。可行性对策有两个限制条件:一是要符合虚拟人物的身份;二是符合政府职能,具有可操作性。

最后,对策要有合情、合理、合法性。文章提出的对策必须符合社会的伦理道德规范、国家的法律法规、党和国家的路线、方针政策。如果对策违背了上述的任何一项,都是不可行的。

(二) 提出对策题型的答题范本

下文针对提出对策题型拟定了一个答题范本,但是这一范本仅仅是给考生开拓思

维提供参考,在考试之时绝不能不加任何思考和筛选的直接照搬。这一范本包括三个方面。

(1)从政府或者监管者的角度,可以提及的内容包括以下几个方面。

第一,领导重视,提高认识。

其中可以提及:实行一把手负责制,建立和完善引咎辞职制度;建立健全领导问责制度,把……纳入议事日程;加强对问题的调查研究,从源头上理清……问题的来龙去脉;增强……的意识、倡导……的理念;各级领导干部要高度重视,树立正确的政绩观,密切关注……问题。

第二,体制和制度的建立或者完善。

可以涉及激励制度、利益相关制度、分工制度、规则制度、惩罚制度、决策制度(社情民意反映制度、社会公示制度、社会听证制度、专家咨询制度、决策的论证制和责任制等)等。

第三,有多个权力机构之时,建立权力制衡机制,建立科学的决策机制。

可以涉及形成深入了解民情、充分反映民意、广泛集中民智、切实珍惜民力的科学决策机制;建立新型的组织协调机制,确保权力不滥用、权力使用规范得当;形成信息的反馈机制。

第四,加大监管力度,落实政策方针。

可以涉及加强社会监督(群众监督),设立举报热线(信箱);媒体监督(舆论监督);领导(上级)监管;加强检查(事前、事中、事后全时段、全方位的监督检查);全面整顿;建立完善系统严格的评价、考核的指标体系;加大整顿力度,违法必究,执法必严。

第五,涉及资金问题,加大资金投入力度,加强政策扶持。

第六,总结反思、借鉴经验。

可以涉及总结……的经验教训;借鉴国内外的各种先进经验,在反思和经验借鉴之中完善管理方式。

(2)从管理受众(老百姓)的角度,可以提及的内容包括以下几个方面。

第一,加强学习,提高意识和素质水平,完善自身。

第二,努力配合,确保管理目标的实现。

(3)从其他角度,可以提及的内容包括以下几个方面。

第一,若材料的核心问题涉及舆论和媒体,则从媒体本身的自律入手进行分析。一方面加大媒体的参与和监督;另一方面,遏制媒体的不良介入。

第二,若材料的主题涉及社会多个阶层,则可以从社会各方面的监督功能入手提出对策。

第三,材料中有独特的内容,则可根据实际情况自行设置对策。

三、综合写作题型的写作要求

申论就是针对特定事实提出对策并展开论述,表明自己观点或言论的文章。申论要求在准确把握一定客观事实的基础上,作出必要的说明和引申,然后发表中肯见解,提出方略,进行论证。申论的综合写作题型就是写作特殊的议论文。

申论综合写作题型首先要确定文章题目(但若题目中已经给定了题目一定要按照给定题目写作,有自拟题目要求之时才能自己选定题目),接下来写作的基本步骤包括:引论→分析问题→针对问题提出对策→结尾。

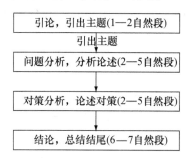

(一) 题目的拟定

题目的基本要求如下。

贴切——题文一致,词语运用准确得当,无歧义,无误解。

具体——标题的具体化,使得评论的针对性可以在标题之中反映出来。

鲜明——有立场,有观点,有态度,有倾向。

精练——结构简单,文字简约。

生动——变换句式,活用惯用语(直接引用,变化引用),使用修辞手法。

题目力求醒目、简练,可以选用的词语构成方式包括:

第一,介词短语式,例如:以科学发展观统领……;

第二,动宾式,动词+宾语,例如:建立……观,转变……职能等;

第三,主谓式:主语+谓语,例如:……的核心是……,……的关键在于……。

(二) 引论

引论是指文章的开头,开头部分应该怎样写,这里首先要强调的是申论文章讲求时效性,讲求开门见山,一般用一两个自然段引出主题。申论文章要有开门见山直入主题的开头,同时开头要力争做到语不惊人死不休。具体来说可以用以下几种方法。

1. 引用名言开头

这里强调的是:申论文章中的引用部分要尽可能是"时代最强音",因为时代的最强音是党和国家的领导人高瞻远瞩、统领全局、深入总结实践经验、反复调查研究的智慧的结晶,是我们时代的主旋律。当然是我们工作的指导思想,也是我们申论文章有力的论据。

2. 举例开头

举实例作为文章的开头是申论文章中常用的一种方法,这种例子可以是给定材料中的,也可以是世人皆知的材料以外的内容,但一定强调事例本身的说服性、典型性。这里再强调一点,开头所举事例要尽可能做到语言生动、内容精练、举例典型、直入主题。

3. 直接分析论述开头

在一些情况下,直接对问题进行深入论述,同样也是一个很好的开头办法。申论文章讲求时效性,直接深入论述也不失是一种很好的真正"开门见山"的开头方式。

(三) 分析问题

分析问题是申论综合写作的重要组成部分。申论文章的分析部分一般可以就主题的以下五个方面中的一个或几个进行分析:第一,解决问题的重大意义;第二,问题的严重性、迫切性;第三,问题的复杂性、艰巨性;第四,问题原因的分析;第五,问题出在哪些方面。

分析问题,要准确把握重点,同时要上升到一定的高度。一般来讲,凡是作为申论资料的主题,应该都是有较大社会影响的带有一定普遍性的问题,这类问题需要上升到一定的思想高度去分析,将问题的关键实质准确把握住,并且将问题准确、合理地上升到一定的思想政策高度进行说明。但是一定要是有理、有力,有充分的论证作为前提。

(四) 对策分析

在写作中不能仅仅提出对策、罗列对策的条目,这个写作题目毕竟最后形成的是一篇文章,而且关于对策的论述也不能是空洞的语言,诸如:"领导重视""提高认识""加强宣传""营造气氛"等,更不能仅写"进一步加强相关机制的建设""采取有效措施""积极应对"等。下面将就可以以什么样的形式进行对策分析进行详细讲解。

1. 不仅要论述"要做到什么",很多情况还要适当分析"怎样做到"

申论主题都是我们工作中的重点、难点,已经一帆风顺的事情不会作为申论主题。提出对策要就对策应该如何实施进行一定分析。

2. 重要问题可以适当举例说明

有一些对策,特别是我们重点谈论的对策,为了能将如何实施对策或者是实施对策的意义说得更加深入、准确、明了,也可以采用联系实际举例的方法进行阐述。这里值得注意的是:第一,举例一定要针对性强。例子应该非常直接、有力地说明问题;第二,实例可以从给定材料中找,也可以采用"众所周知"的具体实例;第三,实例的论述要简明扼要,不能占太大篇幅。

3. 用列举法来进行说明涉及的问题

使用列举的方法可以把问题涉及的方方面面尽可能全面地阐述出来,而且方便阅卷老师的实际阅卷工作,这可以在某种程度上提高实际的得分。

(五) 结论,总结结尾

申论写作要求结尾部分不能拖泥带水,要响亮有力,要求将该论述的问题论述清楚、透彻。所以建议考生结尾以概括、总结、点题为主。

实　　训

案例：

2010年下半年四川公务员考试申论真题

一、注意事项

1. 本次申论考试是对应考者阅读理解能力、综合分析能力、提出和解决问题能力和文字表达能力的综合测验。

2. 作答参考时限：150分钟。其中阅读资料30分钟，作答120分钟。

3. 申论各题均在答题卡上规定位置作答。准考证号须用2B铅笔填涂，答题须用蓝、黑色墨水笔(圆珠笔)作答。在作答时，不得使用本人姓名，答题中凡出现本人姓名者作违纪处理。

4. 请使用简体汉字作答。

二、给定资料

（一）胡锦涛同志最近指出，郭明义同志是助人为乐的道德模范，是新时期学习实践雷锋精神的优秀代表。要大力宣传和弘扬郭明义同志的先进事迹和崇高品德，为构建社会主义和谐社会提供强大精神力量。

中共中央组织部决定，授予郭明义同志"全国优秀共产党员"称号。中华全国总工会号召广大职工群众学习他的先进事迹，深入学习劳模精神，大力弘扬中国工人阶级伟大品格，用工人阶级的先进思想和模范行为影响带动全社会。

中央创先争优活动领导小组要求，要认真学习贯彻党的十七届五中全会精神。以党组织创先争优带动全社会创先争优，激发广大干部群众投身"十二五"建设的积极性和创造性。要在创先争优中加强树立和宣传先进典型工作。进一步营造学习先进、争当先进的良好氛围。

（二）郭明义现任鞍钢矿业公司齐大山铁矿生产技术室采场公路管理员，中共党员，1977年参军，1982年复员到鞍钢矿业公司工作，郭明义先后荣获鞍钢劳动模范、鞍山市道德模范、鞍山市特等劳动模范、辽宁省希望工程突出贡献奖、全国无偿献血奉献金奖、全国志愿者之星等荣誉称号，2010年被授予全国五一劳动奖章。

郭明义的父亲是老一代采矿工，曾荣获辽宁青年红旗手称号，受过周恩来总理的亲切接见。母亲懂一点医术，常帮助街坊邻里义务治病。这些，都在郭明义幼小的心灵中埋下了淳朴善良、助人为乐的种子。在军旅生涯中，郭明义技术业务出众，曾在全师技术业务竞赛上一举获得了汽车教导员专业理论和实际考试两个第一名；他乐于助人，在抢险救灾中表现突出，被命名为全师"学雷锋标兵"。

在矿山，他从事过多个岗位的工作，不论做什么，他都爱岗敬业、冲锋在前、勇挑重任：在汽运车间大型汽车司机岗位上，他所在的青年文明号提前16天完成全年生产计划；在汽运车间团支部书记岗位上，他所率领的支部成为鞍钢公司团委命名的标杆支部;在宣传部理论干事岗位上,他在报纸杂志上发表了1000多篇文章和稿件,郭明义自学成才,成为受外国专家称赞的英语翻译。

从1996年开始担任采场公路管理员后,作为专业技术干部,他完全可以不用每天到采场,也不用每天十几个小时和一线职工工们奋战在一起,但他总是每天早上都要把采场的公路走一遍,在踏勘的过程中感受路面的变化,巡查到采场运输线的最新情况。他15年如一日,每天提前2个小时上班,15年中,他累计献工1.5万多小时,相当于多干了5年的工作。他通过长期对现场的观测、记录,并借鉴大量国内外大型矿山企业公路管理的最新理论、技术工艺,大胆创新。先后制定出《采场星级公路达标标准与工作流程》等技术标准和工作制度,填补了采场公路建设上的多项空白,使采场公路维护质量逐年上升。

（三）1994年,鞍山市开始实施"希望工程",郭明义给岫岩山区一名失学儿童捐助了200元,十几天后,又给这个孩子直接寄去200元。而当时郭明义家月收入还不到600元。从那时起,他一发不可收,16年来累计捐款12万多元,先后资助180多名特困家庭学生,仅汇款单就有140多张,差不多花去了他全部收入的1/3。

"去年,郭明义当选为辽宁省实施希望工程20周年突出贡献个人",在获得荣誉的12个人中,只有郭明义是普通工薪阶层,其余都是企业家。鞍山市希望工程办公室主任宋红梅深为感慨地说:"郭明义捐献金额不算最大,但他是倾其所有。"

2009年3月4日,在鞍山团市委举办的"弘扬雷锋精神,真情铸就希望——郭明义爱心联队亲情见面会"上,郭明义再次捐款7500元,一次性资助了25名贫困家庭学生。会上,主持人介绍了郭明义的情况后,许多学生和家长感动得哭了:"本以为您不是老板就是高级白领,原来也不比我们富裕多少。"

"5·12"汶川地震发生后,郭明义三次通过公司,还通过慈善总会、红十字会等渠道捐款450元,后来,又交纳了"特殊党费"1050元。青海玉树地震后第三天,郭明义为灾区交纳"特殊党费"1000元。

（四）1990年,齐大山铁矿号召职工义务献血,郭明义第一个报名。从此,他坚持每年献血,逐渐由每年献一次血,增加到每年最高限额的两次。2002年鞍山市红十字会开始面向社会征集捐献造血干细胞志愿者时,郭明义就报名采集了血液样本,加入中华骨髓库,成为鞍山市第一批捐献造血干细胞志愿者。2005年鞍山引进血小板提取技术,郭明义成为捐献血小板的积极分子。5年来,郭明义几乎每个月捐献一次血小板,每次1个至2个单位,至今已捐献40多次。按照每捐献一个单位血小板相当于献全血800毫升计算,仅2008年至2009年,郭明义就献血3万多毫升,2006年,郭明义又成为鞍山市第一批遗体、器官捐献志愿者。

（五）郭明义夫妻两人的工资在鞍山属于中上水平,一家人的生活本来完全可以过得更宽裕些,但除了把工资交给妻子用于生活以外,郭明义几乎把所有的奖金、补贴、加班费等,连同各种奖品、慰问品全都捐了;甚至连妻子每月给他的零花钱,他也省下来都捐了。

"为什么不给自己、孩子多存点钱?"

"有人觉得存款多、房子大幸福。可我觉得物质财富,只供个人享受,不算真正的幸福;如果用来帮助困难群众,大家分享,就会带给更多人幸福。对我来说,这55本献血证、200多封感谢信,就是对我最大的奖赏。"郭明义似乎"答非所问"。

"有的人吃龙虾是享受,我帮助别人就是享受。有同志说我傻,可我自己并没有一点做傻事的感觉。人活着总是要有一种精神、一种境界的。我选择为鞍钢、为社会多做一些力所能及的事,觉得自己被党组织所信任、被群众所信赖、被社会所需要,我就会感到很充实、很快乐、很幸福。""我愿意做小事,别人不知道的那种。一来小事很简单,适合每一个人;二来生活原本就是简简单单,学雷锋、奉献也应该是这样。""人人都管事,世上无难事。"

(六)郭明义"家徒四壁",住得寒酸。一家三口还住在40平方米的矿区宿舍单室里,水泥地面,3样家具:双人床、老式衣柜、电视机。穿的用的,都堆在床底下,客人超过3个,便只能坐在床上。唯一的电视机所有权还不归郭明义——团市委领导听说他已捐出3台电视机,自己家却不舍得买时,为他买了一台电视机,并一再叮嘱他只有使用权没有所有权,不可以"随便处置"。按同事的说法,郭明义是个捐献狂,生生把自己"捐"成个穷人。

这些年,郭明义把家里能捐的都捐了。他经常跟妻子说,又发现了一个特困家庭,再捐一次吧,也许是最后一次了。妻子总是笑着说,你别糊弄我啦,也别说什么最后一次,反正家里就这么一点积蓄,捐完了也就清静了。

汶川地震时他捐款多,连女儿那个月的生活费都不够了。"真是挺亏待她们的。"

郭明义的妻子是鞍山市第四医院高级护师,品行高尚、业务出色、富有爱心,自己也参加了许多公益活动;郭明义的女儿为了支持父亲的善举,在填报大学志愿时首先考虑的是"低学费"专业。女儿上大学后给家里写信说:"一想起那不足40平方米的家就感到特别的温暖。""我们的家虽然简陋,但温暖;虽然平凡,但高尚。"这样的家庭环境,为郭明义的施爱助人提供了巨大的支持。

(七)郭明义的善举,不断延伸,影响着、带动着越来越多的同事、朋友和毫不相识的人们……

2006年,郭明义先后听说一位工友13岁的女儿患上了白血病、一名职工15岁的儿子患上重度再生障碍性贫血。由于国内捐献造血干细胞的人不多。配型成功的几率很低。想着两个花季少年的生命健康,郭明义感到单凭自己一个人的力量是远远不够的,他要发动全社会的人都来参与这件事。他首先从两个孩子家长所在班组开始宣传员,这比较容易引起共鸣,因为事情就发生在他们中间。然后是同一岗位倒班的其他班组,再到车间、工区、再扩展到机关干部最后到全矿。到后来,连矿区附近开杂货店的、卖馅饼、包子的,便民复印社打字的,都参与进来了。

2007年2月,郭明义在鞍山市中心血站献血时得知:由于天气严寒,献血的人减少,临床用血快要供不上了。回到家里他赶紧写了份无偿献血倡议书,立即带到班组向工友们宣读。很快,郭明义的倡议得到了干部职工的积极响应。3月2日,齐大山铁矿和矿业设备检修协力中心等单位100多名干部职工参加了郭明义组织的无偿献血活动。鞍山市中心血站的工作人员原定大约有50人参加献血活动，没想到一下子来了100多人，体检表差点儿没够用，工作人员欣喜之余也有些措手不及，一个自发组织的无偿献血活动能来那么多人是他们以前从没见过的。其中不少人是工作了一夜，刚下夜班就赶来的，完全不用领导的动员、安排。为了宣传义务献血、捐献造血干细胞和眼角膜，郭明义又想出了在职工浴池里当义务搓澡员的主意，利用搓澡机会宣传献血、捐献造血干细胞的知识和意义。每天下班后，郭明义在铁矿职工浴池里为工友们搓澡，最多时一天要搓20多人。就这样，郭明义执着地向身边的每一个人传递着爱心和真情，用火一样的热情温暖着身边的同志。

还有很多人收过郭明义的手表，这些手表都是郭明义捐血小板换来的纪念品。郭明义每月都来血站献血小板，一个单位的血小板相当于800毫升的全血，捐一个单位，血站就会送一台榨汁机或豆浆机这样较好的纪念品，但郭明义每次都推说家里有，要求换成4块献200毫升血时送的手表。郭明义把那些手表都分别送人，同时他又发动别人也一起献血。

（八）在齐大山矿，很少有没参与过郭明义倡导的公益事业的人，多数人都经历过这样一个过程，从认可到熟悉再到接受，最后参与进来。越来越多的人走向郭明义。郭明义说："我不能拿别人的钱去做慈善，我只能提供一个平台，让别人去表达自己的爱心。"

正如人们所议论的，爱心是有形的，她可以在碰撞中传递，并在无数次的传递中变得越来越厚重，变得越来越宽广！郭明义精神正以裂变的速度传播着。在齐大山铁矿、在鞍钢、在鞍山，乃至全国，郭明义正拥有越来越多的追随者，郭明义爱心团队在迅速地壮大，完成了从一个人到一群人的爱心接力。郭明义精神裂变、迸发出巨大的精神力量。

2008年，郭明义发起成立了鞍山市第一支红十字志愿者服务队、第一支红十字志愿者急救队。鞍山市5000多名捐献造血干细胞志愿者中，将近1/3是由郭明义动员或受他影响加入的。郭明义的"爱心团队"已经有了"郭明义爱心联队""鞍山市红十字会遗体（器官）捐献志愿者俱乐部"等7支志愿者大队，共计5800多人。

在郭明义的带动下，公司70%的"80后"都加入到爱心活动中来，包子铺老板、小吃店服务员、打字员、工人，甚至还有改过的小偷——都被郭明义吸收到义务献血、捐献造血干细胞的队伍里来了。

（九）李树伟是郭明义的小学、初中同学，邻居，铁矿工友。在年轻时，他喜欢打架、赌博。使他走上正道、对他影响最大的就是郭明义。

多年前，李树伟看到郭明义拿着献血宣传单满大街散发，很不解地问："献血给钱么？"郭明义回答："不给！""那你傻么？"郭明义说："小伟，你要一直向钱看，这辈子能把你累死。"郭明义的言行，逐渐感染、影响着他。李树伟毫不避讳自己曾走过的弯路："年轻时，我爱'狂赌'。如今，在郭明义影响下，我成为了鞍山市第501号慈善义工。"2004年李树伟在郭明义带动下献血，他说："我这辈子什么先进、奖品都没得过。到了快50岁,拿到了红彤彤的献血证书。活了大半辈子,第一次被表彰,很激动,感觉自己活着很值。"从此他参加了郭明义全部7个爱心组织。

李树伟对郭明义最深的印象是:"平时木讷,一做公益事儿,马上就成'厚脸皮'。""我真佩服他,到街头上,散发献血宣传单,追着路人发,有时被不理解的路人胳膊一甩,我都替他委屈,可郭明义根本不当回事。我说他'脸皮真厚',他嘿嘿一笑。"

李树伟的妻子谭桂华对丈夫的社会交往"管"得特别严:"别人的电话,我就是'纪委',我先给你滤一遍。郭明义的电话,你随便接,随便唠;跟郭明义活动,缺钱我给你拿钱。"

(十)媒体、同事、网友的评价、感言。

《人民日报》近日发表长篇报道《郭明义是新时期的道德模范》,同时配发社论《公民道德的高度和力量》。

鞍钢矿业公司党委宣传部部长聂振勇:一个人做一件好事并不难,难的是一辈子做好事;一个人一时不图名利容易,一辈子不图名利难;一个人做好事容易,能带动一个群体、一个团队做好事难。郭明义就是这样一个人。

鞍钢矿业公司质计中心王世第:郭明义的人生思考,朴素而高尚,他感觉自己非常富足,所以懂得珍惜,懂得感恩。这种淡泊物欲的心态,与其说是懂得享受朴素,能够保持淡泊宁静,利于致远的境界,毋宁说是崇高伟大的追求,使他自然而然地选择了助人为乐、为建设和谐社会奉献爱心。

平凡的人,在平凡的岗位上,干了平凡的事,但就是这些平凡,震撼着我们的心灵。

如果他这么做是傻子,那傻得对,为了更多的人通过造血干细胞活下来,我也宁可做这个傻子。他为了别人奉献自己"傻"得令人尊敬。

郭明义就生活在我们的时代,就生活在我们中间,他的所作所为、所思所想都是我们看得见的,这样的模范人物更具说服力,这样的"雷锋"更现实、更具体。

郭明义的事迹让我们感动。学习郭明义,从身边的点点滴滴做起,虽然不能做得他那么无私和伟大,至少,我们要摸着良心做一个好人。

郭明义二十年如一日爱心坚守的一个重要原因是,他把名利看得很淡薄。因此,党员领导干部要像郭明义那样树立起正确的名利观,多想想别人、少想想自己,立志做一个有益于党和人民的人。唯有如此,才能活得更加快乐、更有意义。

郭明义是时代先锋,是创先争优的生动教材。领导干部做"郭明义",是对自身权力欲、人生价值观的挑战,是整个社会降低执政成本、提高信任领导干部指数的有效途径,是广大民众能够共享发展成果的福音。由此,我想认真地问一声:"领导干部能不能做一回郭明义?"

郭明义引发的群体效应证明,我们在任何时候都需要雷锋精神。这种精神在新时期依然会感染我们每一个中国人。我们这个时代需要更多的、在各个岗位上的郭明义!

1. 请依据材料简要分析归纳,郭明义的先进事迹从哪些方面体现出"助人为乐"的社会公德?(20分)

要求:准确精要,条理清楚,逻辑严谨,语言简洁。限200字内。

2. 郭明义说:"有同志说我傻,可我自己并没有一点做傻事的感觉……为社会多做一些力所能及的事,觉得自己被党组织所信任、被群众所信赖、被社会所需要,就会感到很充实、很快乐、很幸福。"你怎么理解郭明义的幸福观?请加以阐述。(30分)

要求:观点鲜明,阐述具体;逻辑性强,语言顺畅。限500字内。

3. 如材料(八)中所言,"郭明义精神正以裂变的速度传播着""郭明义精神裂变、迸发出巨大的精神力量"。对此你有什么领悟,受到什么启示?请以"——也谈裂变的力量"为副标题,自拟标题,自选角度,联系社会生活和自身实际,写一篇800—1000字的议论文。(50分)

要求:观点鲜明,论据充分;阐述深刻,结构完整;条理清晰,语言流畅;书写工整,卷面整洁。

附　录　党政机关公文格式

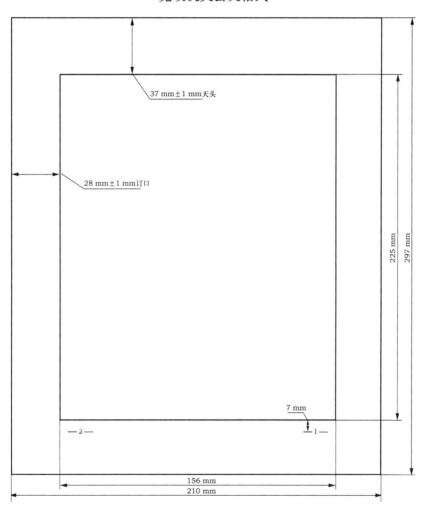

图1　A4型公文用纸页边及版心尺寸

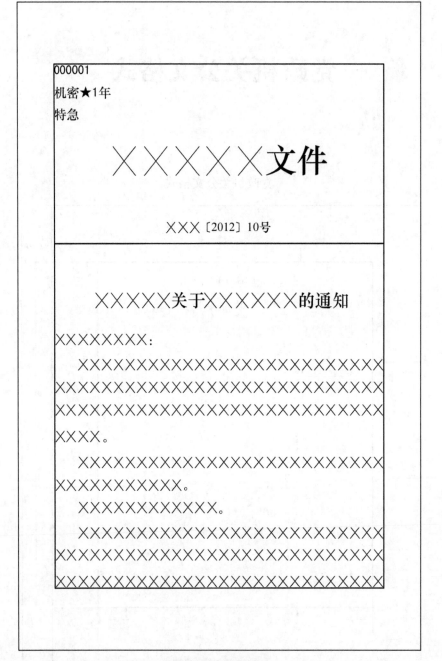

图2　公文首页版式

注：版心实线框仅为示意，在印制公文时并不印出。

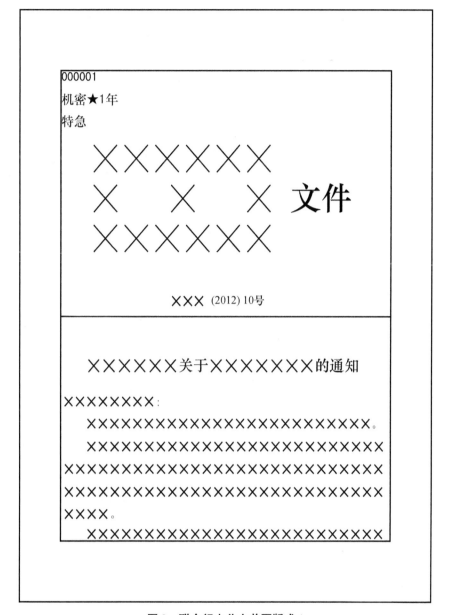

图 3　联合行文公文首页版式 1

注：版心实线框仅为示意，在印制公文时并不印出。

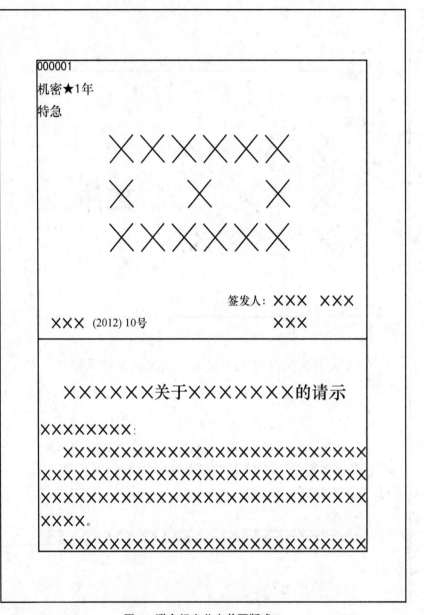

图4　联合行文公文首页版式2

注：版心实线框仅为示意，在印制公文时并不印出。

图 5　公文末页版式 1

注：版心实线框仅为示意，在印制公文时并不印出。

```
┌─────────────────────────────────────────┐
│    ×××××××××××××。                      │
│       ××××××××××××××××××××              │
│    ××××××××××××××××××××××               │
│    ××××××。                             │
│                                         │
│                      ×××××××××          │
│                      2012年7月1日       │
│                                         │
│    (×××××)                              │
│                                         │
│                                         │
│                                         │
│                                         │
│                                         │
│                                         │
│                                         │
│                                         │
│                                         │
│─────────────────────────────────────────│
│  抄送：×××××××，××××××，×××××，×××××，│
│        ×××××。                          │
│─────────────────────────────────────────│
│    ×××××××××            2012年7月1日印发│
└─────────────────────────────────────────┘
— 2 —
```

图6 公文末页版式2

注：版心实线框仅为示意，在印制公文时并不印出。

附录 党政机关公文格式 | 279

图 7　联合行文公文末页版式 1

注：版心实线框仅为示意，在印制公文时并不印出。

图 8　联合行文公文末页版式 2

注：版心实线框仅为示意，在印制公文时并不印出。

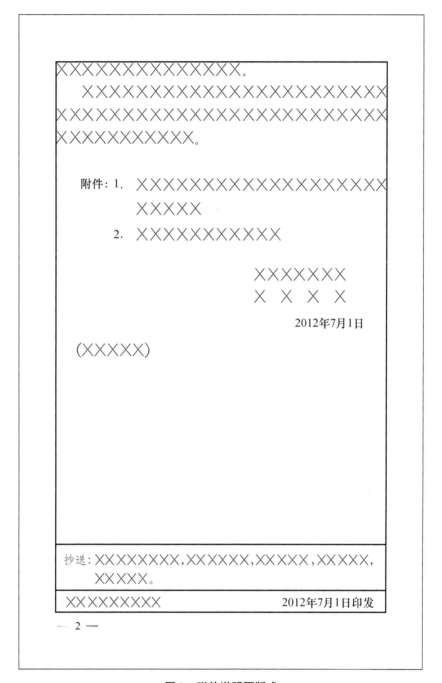

图 9　附件说明页版式

注:版心实线框仅为示意,在印制公文时并不印出。

图 10　带附件公文末页版式

注：版心实线框仅为示意，在印制公文时并不印出。

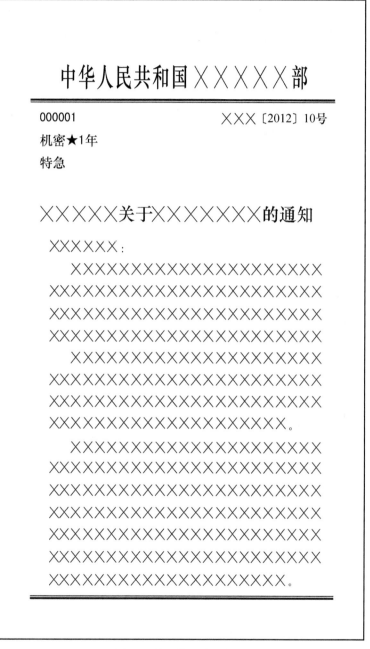

图 11　信函格式首页版式

注：版心实线框仅为示意，在印制公文时并不印出。

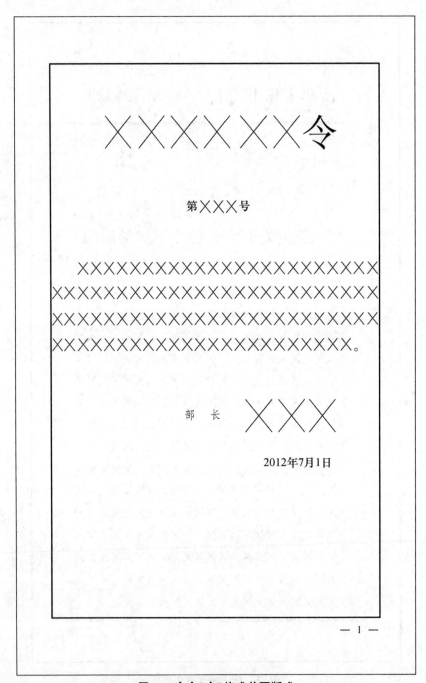

图 12 命令(令)格式首页版式

注:版心实线框仅为示意,在印制公文时并不印出。

参考文献

[1] 吴兆基.唐诗三百首[M].西安:三秦出版社,2013.
[2] 上疆村民.宋词三百首[M].西安:三秦出版社,2013.
[3] 林可夫.现代写作学:开拓与耕耘[M].南京:南京师范大学出版社,2002.
[4] 王志彬.20世纪中国写作理论史[M].南京:南京大学出版社,2002.
[5] 李白坚,等.大学题型写作训练规程[M].上海:上海大学出版社,2004.
[6] 董小玉.现代写作教程[M].北京:高等教育出版社,2000.
[7] 李德龙,谢志礼.写作思维训练学[M].北京:语文出版社,1998.
[8] 袁行霈.中国诗歌艺术研究[M].北京:北京大学出版社,1987.
[9] 蓝棣之.现代派诗选[M].北京:人民文学出版社,1986.
[10] 鲁迅.野草[M].北京:人民文学出版社,1979.
[11] 郭沫若.女神[M].北京:人民文学出版社,1978.
[12] 但丁.神曲[M].王维克,译.北京:人民文学出版社,1980.
[13] 泰戈尔.泰戈尔诗选[M].冰心,译.长沙:湖南人民出版社,1981.
[14] 波德莱尔.恶之花[M].钱春绮,译.北京:人民文学出版社,1991.
[15] 惠特曼.草叶集[M].楚图南,译.北京:人民文学出版社,1978.
[16] 普希金.叶普盖尼·奥涅金[M].吕荧,译.北京:人民文学出版社,1954.
[17] 曹雪芹,高鹗.红楼梦[M].北京:人民文学出版社,1982.
[18] 朱光潜.谈文学[M].南宁:广西师范大学出版社,2004.
[19] 王蒙.漫谈小说创作[M].上海:上海文艺出版社,1983.
[20] 余光中.余光中散文[M].杭州:浙江文艺出版社,1997.
[21] 童庆炳.文体与文体的创造[M].昆明:云南人民出版社,1995.
[22] 巴金.家[M].北京:人民文学出版社,1979.
[23] 司汤达.红与黑[M].郝运,译,上海:译文出版社,1986.
[24] 巴尔扎克.高老头[M].傅雷,译,北京:人民文学出版社,1954.
[25] 托尔斯泰.安娜·卡列尼娜[M].周扬,谢索台,译,北京:人民文学出版社,1978.
[26] 尉天骄.基础写作教程[M].北京:高等教育出版社,2010.
[27] 裴显生.应用写作[M].北京:高等教育出版社,2010.
[28] 余书伦.应用写作教程[M].成都:四川大学出版社,2002.
[29] 李光.应用文写作实用教程[M].北京:科学出版社,2011.
[30] 刘明华,徐泓,张征.新闻写作教程[M].北京:中国人民大学出版社,2002.
[31] 张灿贤,徐文明.新编写作教程[M].北京:北京大学出版社,2005.

[32] 汪莉.新闻应用写作[M].北京:中国人民大学出版社,2010.
[33] 叶澜涛,王燕子.现代网络写作[M].武汉:武汉大学出版社,2011.
[34] 赵宪章.论网络写作及其对传统写作的挑战[J].东南大学学报,2002(1).
[35] 姜葵.论网络写作对传统写作的传承与变革[J].应用写作,2006(7).
[36] 覃思.试论网络写作思维的特点[J].钦州师范高等专科学校学报,2006(4).
[37] 裘伟廷.网络写作刍议[J].湖州职业技术学院学报,2003(1).
[38] 王丹阳.网络写作与传统写作比较[J].绥化学院学报,2011(6).
[39] 陈建中,陈星野.实用经济文书写作指要[M].北京:中国经济出版社,2012.
[40] 郭林虎.法律文书情境写作教程(修订版)[M].北京:中国检察出版社,2012.
[41] 张鸣芳.常用法律文书写作教程[M].北京:民主与建设出版社,2011.
[42] 邹爱华,彭彦.法律文书写作[M].武汉:武汉大学出版社,2012.